注意力是互联网的核心资源
我们希望尽量让更多的人得到注意力
提升每个人独特的幸福感
——
快手科技创始人兼首席执行官 宿华

快手是一个连接器
连接每一个人
尤其是容易被忽略的大多数
——
快手科技创始人 程一笑

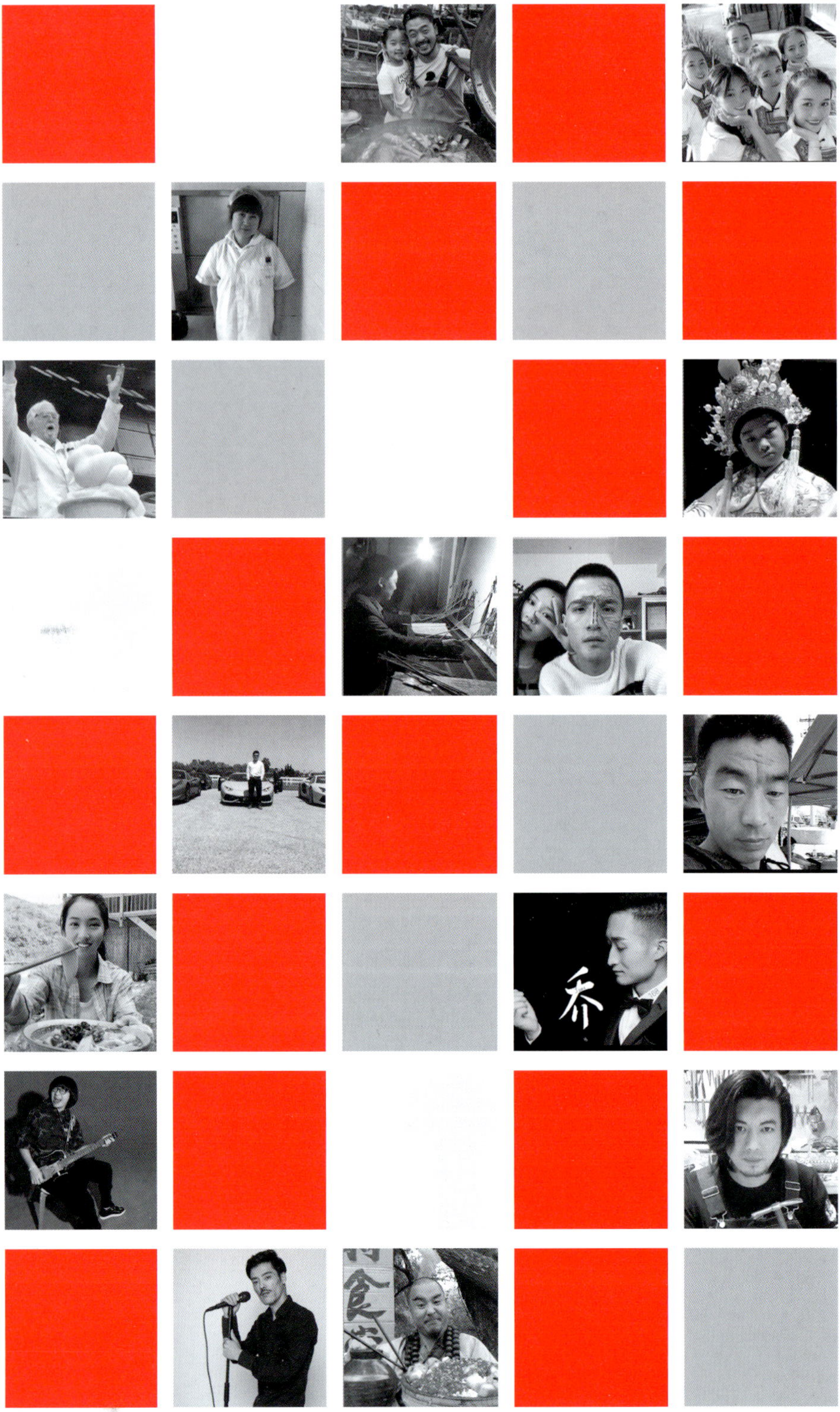
乔

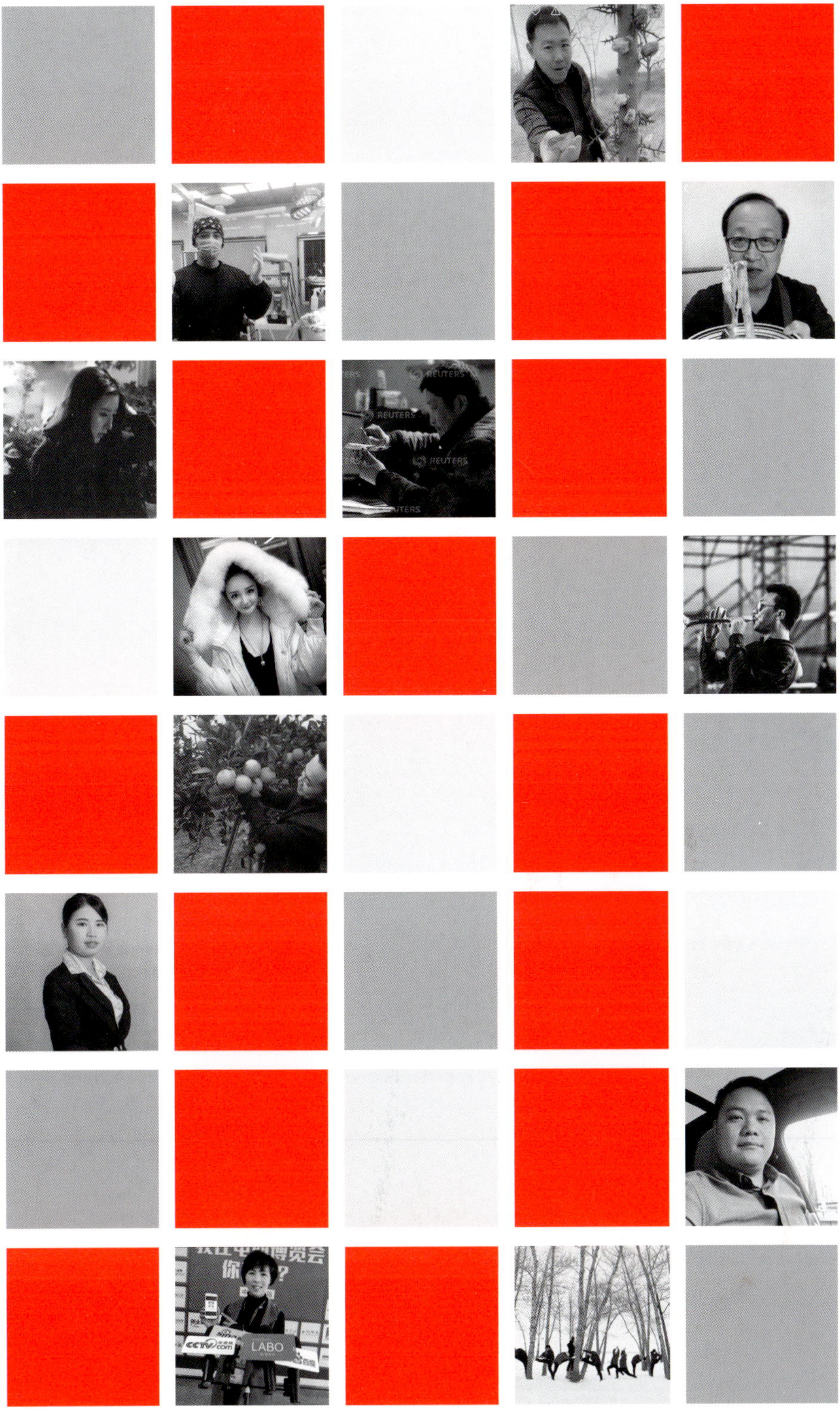
REUTERS
LABO

快手是什么

《被看见的力量》
思维导图

```
        ┌─────────────┐         ┌─────────────┐
        │ 智能手机普及 │         │ 4G资费下降  │
        └─────────────┘         └─────────────┘
              支付便捷                物流通达
           ┌────────────────────────────────────┐
           │  中国在互联网基础设施上的长期投入  │
           └────────────────────────────────────┘

┌──────────────┐   ┌──────────────────┐   ┌──────────────────┐
│ 快手的普惠理念│   │从图文时代迈入视频时代│  │人工智能技术的应用│
└──────────────┘   └──────────────────┘   └──────────────────┘

        ┌────────────────────────────────────┐
        │  注意力价格下降，普通人也可以享用  │
        └────────────────────────────────────┘

     ┌──────────────────────────────────────────┐
     │  注意力分配更加普惠，跨过"注意力鸿沟"    │
     └──────────────────────────────────────────┘

┌──────────────┐ > ┌──────────────┐ > ┌──────────────────────┐
│ 少数人被关注 │   │ 所有人被关注 │   │每一个生活都可以被看见│
└──────────────┘   └──────────────┘   └──────────────────────┘
```

每一个物品	快手电商
每一个才能	快手教育
每一个声音	快手音乐人
每一个企业	快手商家号
每一个乡村	快手扶贫
每一个传承	快手非遗
每一个群落、产业带	快手村
机构化地帮助个人和组织	快手MCN

〈 被看见 〉

提升每一个人独特的幸福感

被看见的力量
快手是什么

快手研究院 —— 著

中信出版集团 | 北京

图书在版编目（CIP）数据

被看见的力量 / 快手研究院著 . -- 北京：中信出版社 , 2020.1（2020.2重印）
ISBN 978-7-5217-1163-9

Ⅰ.①被… Ⅱ.①快… Ⅲ.①网络营销 Ⅳ.
① F713.365.2

中国版本图书馆 CIP 数据核字 (2019) 第 232170 号

被看见的力量

著　　者：快手研究院
出版发行：中信出版集团股份有限公司
　　　　　（北京市朝阳区惠新东街甲 4 号富盛大厦 2 座　邮编　100029）
承　印　者：三河市中晟雅豪印务有限公司

开　　本：787mm×1092mm　1/16　印　张：20.75　字　数：230 千字　插页：4
版　　次：2020 年 1 月第 1 版　　　　印　次：2020 年 2 月第 5 次印刷
广告经营许可证：京朝工商广字第 8087 号
书　　号：ISBN 978-7-5217-1163-9
定　　价：68.00 元

版权所有·侵权必究
如有印刷、装订问题，本公司负责调换。
服务热线：400-600-8099
投稿邮箱：author@citicpub.com

目录

序一 提升每个人独特的幸福感 | 宿华 / 005

序二 还原被神秘化的快手 | 张斐 / 017

导 言 快手是什么

第一章 让每一个生活都可以被看见

手工耿：脑洞大开闻名海内外的"废材爱迪生" / 021

牛津戴博士：英国皇家化学学会专家教你做实验 / 028

农民老朱：我造了一架"农民号"空客 A320 / 036

卡车司机宝哥：一路走一路拍,没想到竟成了焦点人物 / 042

第二章 快手电商:让老铁们买到源头好货

娃娃夫妇：我们如何一小时直播做成 11 万单生意 / 056

罗拉快跑：通过快手把"树上熟"卖向全国 / 062

山村二哥：在快手切一个橙子,意外成为"水果猎人" / 072

咸阳二乔：从快手"厨神"到油泼辣子电商大王 / 078

浩东：重庆"耙耳朵"的表演梦和生意经 / 087

001

第三章　快手教育：重新定义"知识"

兰瑞员的 Excel 教学：我在农村，向全世界讲课 / 101

宠物医生安爸：在快手传播了知识收获了爱情 / 108

乔三：在快手教视频制作，艺术赚钱两不误 / 115

闫妈妈：自创 84 个口味韩式料理的餐饮辅导老师 / 121

第四章　快手音乐人：做音乐不再是少数人的专利

胡子歌：一把吉他闯荡天涯，流浪歌手一夜成名 / 134

曲肖冰：不用"端着"的互联网时代新音乐人 / 140

刘鹏远：很多人都有音乐梦，在快手梦想被放大 / 144

第五章　快手号会是企业的标配

商家号：视频直播成为企业发现客户的新大陆 / 157

员工号：快手"网红"重构员工与企业的关系 / 162

第六章　快手扶贫：看见每一个乡村

爱笑的雪莉：推广世外桃源的留守青年 / 178

侗家七仙女：用视频连通古老侗寨与现代文明 / 186

山村里的味道：快手"鲁智深"，山中扶贫王 / 195

中国瑜伽第一村：快手让世界直接"看见"玉狗梁神话 / 203

第七章　快手非遗：看见每一个传承

魏宗富：快手让魏氏道情皮影戏有了新活法 / 218

唢呐陈力宝：一上快手学生多了 500 倍 / 225

唱戏阿杰：玩快手才知家里有个"小神童" / 233

第八章　快手村：星星之火可以燎原

凉山"悦姐"：同是草根，他能赚钱，我也可以 / 248

李文龙：我一炮走红是受了《摔跤吧！爸爸》的启发 / 254

华仔：我如何把洗碗布卖向全中国甚至东南亚 / 257

海头镇：一年 3 亿元电商交易额是如何做到的 / 261

第九章　快手 MCN：把握从图文向视频迁徙的趋势

晋商行：MCN 机构要抓住稍纵即逝的机会 / 277

五月美妆：让普通男孩女孩成为网红达人 / 282

跋　　展望 5G 时代：视频强势崛起唱主角 ｜喻国明 / 289

后记　快手的力量 / 293

序一
提升每个人独特的幸福感

宿华　快手科技创始人兼首席执行官

幸福感的演变

从小到大，在不同的人生阶段，幸福感对我意味着完全不同的东西，有很不一样的定义。

5岁时，我的幸福感核心是"要有光"。

我出生在湖南湘西一个土家小山寨，这个中国毛细血管末梢的地方，风景秀丽但闭塞落后。当时村里还没有通电，天一黑什么都干不了。

没有电就没有电灯，更没有电视。晚上几乎没有娱乐活动，就在大树下听故事、看星星。家里唯一的电器就是手电筒，不过电池也很贵，经常舍不得用，晚上出门就带个松树枝当火把。山里没有公路，家里酱油用完了，要走两小时的土路到镇上，再走两个小时回来，才能买到酱油。

当时我最渴望的是天黑之后有光，有光就能玩，很快乐。这是特别奇怪的一个幸福感来源。后来我养成了一个很坏的习惯——睡觉不关灯，我怕黑，不开灯睡不着觉。我这个坏习惯直到结婚后才彻底改掉。

10多岁时,我的幸福感来源是"要考好大学"。

读书的时候,我随父母到了县城。在这个小县城,最有名的除了县长,就是每年考上清华、北大的学生。每年7月,县城唯一的也是最繁华的电影院门口就会张贴考上大学的学生名单。

高考是个很好的制度,它让每个人都有机会靠自己的努力去改变命运,推进了整个社会的阶层流动,因此很多地方越穷越重视教育,我就是在这样的大环境下考上清华大学的。

20岁出头时,我的幸福感叫作"要有好工作"。

刚上大学时,老师教育我们说,有一个师兄特别厉害,刚找到一份工作,年薪10万元。我当时就觉得,能找到一份年薪10万元的工作,是很厉害的事情。后来听说谷歌薪水高,我就去谷歌面试,谷歌给我开出15万元的年薪,比我最厉害的师兄还多50%,那一刻我非常满足。一年之后又给我发了期权,后来翻了倍,我觉得自己幸福感爆棚。

快到30岁时,我的幸福感是"要有好出息"。

在谷歌工作时,我跑到硅谷待了一年多,最大的冲击是发现两个社会,不说深层的结构,连表面的结构都不一样。2007年,北京的车没现在这么多,而硅谷遍地都是汽车。那时候就觉得自己之前那点儿出息是不是太浅了,我应该能够做更多的事情,能够更加有出息,但是当时并不知道自己的出息在哪儿。

2008年金融危机刚发生的第二个月,我离开谷歌去创业,想让自己的想法得到验证,看看我到底能为这个社会贡献什么,或者能够收获什么。干了一年多,惨淡收场。

第二年我加入百度,做了很多有意思的事情,特别是在做"凤巢"机器学习系统时发现，我掌握的跟人工智能、并行计算、数据分析有关的能力是可以产生巨大能量的。

升职加薪，成家买房。但我一直有些焦虑，为什么想要的东西都得到了，却还是不满足？我的想法在某一个时间点发生了一个比较大的转变。我以前的幸福感来源于自身，我要怎样，要有光、要考好大学、要有好工作、要有好出息。都是怎么能让自己有成就感，让妻儿开心，让父母有面子，这些当然都是实实在在很幸福的事情，但除此之外，人生中是不是存在一种更大的幸福？后来我发现，相比于满足自己的欲望来利己，更好的方向是去探索怎样利他，如果有能力成为一个支点，让更多的人幸福，自己的幸福感会成倍地放大。

利他不是简单地帮助某个人做成某件事，这也是一个逐步探索的过程。我在谷歌工作时，心态就是以我个人的力量能够帮到所有人。我的技术很好，作为工程师，很多团队找我，从写网页服务器、做机器学习系统到进行大规模并行计算，只要你需要，我都能办到。那时候我好像是消防队员，到处帮人灭火，但现实很骨感，因为我的精力被分散了，所以到评职级的时候升不了职，得不到别人的认可。

去百度验证过我们的技术能量以后，我就继续创业了。我们的小团队做了很多类似雇佣军的事，到处去帮别人处理技术问题，把我们的能量放大，但后来我们发现也并不能帮助很多人。我意识到，如果要利他，不应该凭借我个人的力量利他，应该以机制的力量、价值观的力量利他，利他最好的是能利所有的人。这就不能以己度人，需要广泛理解更多人——他们的公共痛点在哪里？幸福感缺失的原因是什么？幸福感能够得到满足的最大公约数是什么？要能够找到所有人幸福感提升的最大公约数。

快手的独特之处

快手的形态其实很简单,它把每个人拍的生活小片段放在这里,通过推荐算法让所有人去看,但背后的思路和其他创业者会有点儿差别。

第一,我们非常在乎所有人的感受,包括那些被忽视的大多数人。根据国家统计局的数据,2018年,中国大专及以上受教育程度人口占总人口比为13%,还有约87%的人没接受过高等教育。从这个维度看,我们每天的所思所想、所关注的对象,偏差非常大,因此我们做了更多的选择,让那87%的人能更好地表达和被关注。

第二,注意力的分配。幸福感的来源有一个核心问题,即资源是怎么分配的。互联网的核心资源是注意力,这一资源分配不均的程度可能比其他资源更严重。总的来说,整个社会关注到的人,一年下来可能就几千人,平均两三天关注几个人,所有的媒体都看向他们、推送他们的消息。中国14亿人口,大多数人一生都得不到关注。

我们在做注意力分配时,希望尽量让更多的人得到关注,哪怕降低一些观看的效率。从价值观上来讲,还是非常有希望能够实现公平普惠的。注意力作为一种资源、一种能量,能够像阳光一样洒到更多人身上,而不是像聚光灯一样聚焦到少数人身上,这是快手背后的一条简单的思路。

用户主导的社区演变

建设短视频社区,最重要的是底层的价值。这些在社区里如何体现?

这几年时间,快手社区的氛围或观感、体验已经发生了巨变。我们作为社区的维护者,最大的特点是尽量不去定义它。我们常做的是把规则设计好之后,用户凭借他们自己的聪明才智、自己的想法,以及他们之间的化学反应,去完成社区秩序的演变。实际上,快手在历史上的每一次转变,都是用户驱动的,我们负责在旁边观察,看他们哪儿高兴哪儿不高兴,哪儿对哪儿不对,哪些地方破坏了价值,哪些地方又适应了时代需求。

这里分享一些用户主导社区演变的故事。

第一个是陈阿姨的故事。2013年,当时的社区、媒体都追求精致,但陈阿姨不一样。她曾是一个在日本留学的中国学生,长相还可以,但不爱打扮。因为离家特别远,又失恋,人生地不熟。她每天在快手上拍各种各样的段子,特点是自黑,暴露自己的缺点,讲自己哪儿做得不好,又被人欺负了,等等。她发现,在社区里其实不用靠颜值或者打扮得很精致,只要大家觉得你很真实、你的生活很有温度,就会认可你。大多数留学生只展现自己光鲜的一面,而陈阿姨却勇敢地把自己过得不好、做得不好的地方展现给大家。所以在快手社区里形成了一种风格——这里非常讲究真实有趣,以及真善美三方面价值,对"真"的要求会很高。

第二个是张静茹的故事。当年她还是初中生的时候,在快手上有很多网友喜欢她,她拍的很多小视频传到微博上,很多网友会问她是谁、在哪儿。因为转发量大,她的粉丝就会在微博上告诉别人,她是快手用户,名字叫什么,账号是什么。她验证了社区内部的内容如果散播到外部去,反过来可以把外部的人引进来的观点。从她开始,快手很多粉丝会把她的视频到处散播,形成反馈,散得越多，认识她的人越多，反过来会有人去快手上找她。她的粉丝越多，忠粉、铁粉就会越高兴，喜欢她的人就变得更有力量了。

第三个是黄文煜的故事。黄文煜是个情商很高的人，拍了大量视频去关怀社会各阶层，特别是女生。他会从星座、血型各种维度去表达观点。那个时候大家发现，快手上不仅可以自黑，不光是真实，也有更多关心别人、关心社会、关心这个世界的其他人，整个社区的氛围在一定程度上发生了变化。

最近两年，大家感受比较直接的社区变化和直播有关。快手上有大量的人，对直播的理解非常深刻，也非常需要这种实时互动，所以我们上线直播功能的时候推广特别顺畅。

我们发现快手直播和其他平台有很多不同，最大的不同点是快手上的用户把直播当作生活的一部分，而不是当成工作。快手上很多人是下班后直播，比如，我关注最久的一个婚礼主持人，他每次主持完婚礼都是半夜，所以他每次会半夜开直播或者拍短视频。他的视频系列叫"到饭点了"，因为他每天半夜 12 点下班去聚餐。我睡得晚，每天都要看看他今天吃什么，每次聚餐都是主人请客，每次吃的东西都很好，而且还不重样，已经持续了好几年。

还有一个在酒吧跳舞的女孩，我也关注了好几年。她每次上班前一边上妆一边直播，下班后就一边卸妆一边直播，和大家聊聊天。很多人在现实世界中得不到别人的理解，你也想象不到她的心理世界是什么样的。你可能会以为她是一个生活混乱的人，其实她有家有口，在酒吧跳舞是她的工作。她拍下了很多自己真实的生活，或辛酸，或高兴，她都愿意和大家分享，分享出去就会很开心。

有一次我还看到一个妈妈，她的孩子特别小，把孩子哄睡着之后，她就开始直播，因为孩子睡觉时间短，她也不能出远门，她一个人在家里陪孩子，最渴望的就是有人陪她聊聊天。开直播聊到一半，孩子一声大哭就醒了，说一句"我儿子撒尿了，我去给他换尿布"后，直播就关了，可能才直播了不到 10 分钟。在她看来，直播、短视频都是和这个世界连接的一种方式，也是得到别人的理解和认可的一种方式。

这些都是我们社区里发生过的故事。对于一个社区来说，我们呈现内容的形态、人们表达自己的方式，以及表示理解、赞同或者反对的方式，必然会随着社会、网络速度和一些秩序的进化而演变，所以我们还在演变中。

每个人都有自己的故事

每个人都有自己的故事，有的在城市上班，有的在草原养狼，有的在森林伐木，每个人的生活看起来都是微不足道的，不同的人生活状态会非常不一样。大家都在不停地解决各种各样的问题、冲突、矛盾等，生活充满着挑战。

我爱拉二胡，曾经拉到半夜两点，隔壁卖豆腐的大爷早上碰到我说："娃娃，你昨天拉得不错。"那时候听不懂这句话是说我吵到他们了。我生活在小镇上，不会有人骂我，他家做豆腐，锅炉烧得咕噜咕噜响，我也没有骂过他，这体现了民俗社会的包容性。

我关注了快手上一位拉二胡的大爷，他发的所有视频都是他一个人在拉二胡，而且拉二胡的时候左右都是反的，右手握弦，左手拉弓。可以看出，这是前置摄像头自拍的。如果一个人在家里常年都在自拍，就说明没有人陪伴。对这样一个老人来说，他最害怕的是什么？就是天黑的时候没电没光，害怕孤独，害怕没有人陪伴。但是他运气比较好，很早就发现了快手，因为普惠的原则，我们会尽量帮助每个人找到他的粉丝，找到会喜欢他、理解他的人。在快手上，这位大爷找到了9万多粉丝（截至2019年10月），其中就有我。每天晚上七八点，这9万多粉丝里恰好有二三十人有空陪着他、听他拉二胡。他只想有人陪陪他，骂他拉得臭都行，那也比没有人理他要好。

老人的孤独感是非常严重的社会问题，并且这个问题的解决难度非常大。快手实际上提供了一个方案，并且是一个通用化的方案，不是针对他一个人的，而是针对这一个群体的，孤独感是很多人感到不幸福的重要原因。

再讲一位侗族小姑娘的故事，她来自贵州天柱，本名叫袁桂花，但在快手上她取了一个洋气的名字，叫"雪莉"。最早她是在快手上发很多展示乡村生活场景的视频，她自己修的茅草房子、自己做的弓箭，她找到曼珠沙华，即红色彼岸花，漫山遍野都是，受到很多粉丝的喜欢，因为很多城市里的人接触不到这些田园风光，这就是所谓的诗和远方。

她18岁高考失利，回家务农，白天没事了就给大家拍点儿视频上传。后来发现有很多粉丝喜欢看她和她生活的场景，很多人说要去看她，但她说家里破破烂烂，没有地方可以住。有一天，她在家旁边找到一个池塘，池塘旁边有一个山窝，山窝里有一个半圆的地方，她说要不我在这里给你们造个房子吧。她开始给粉丝们造房子。这个姑娘啥都能干，她有一次发了单手切砖的视频，还能扛一根原木到屋顶上。

本来她经历了很大的挫折，上不了大学，走不出生活的农村，但是快手给了她一个机会，她走不出去，那就让别人进来。桂花现在是村里最厉害的人，带着全村的人造房子。她不只是改善了自己的生活，还带着全村的人干，卖家乡各种各样的农产品，宣传村里的田园风光，改善整个村子的生活。

大家可能会认为桂花是一个孤例，实际上中国约87%的人没接受过高等教育，大多只能留在家乡找出路、找机会。怎么找？当快手把注意力给他们时，他们就可以找到自己的方案，改善生活。桂花一开始只是改善自己的生活，慢慢开始可以照顾家人，现在可以带动家乡发展旅游业。桂花是根据个人和粉丝互动的情况，自己来运作这个方案的。

当我们把注意力以普惠的方式像阳光一样洒向更多人的时候，这些人会找到最合适自己的个性方案，更有针对性、更有效率。张家界导游小哥周天送就是这样的例子。

我的老家就在天门山的西南角，张家界附近。周天送为人特别热情，他在快手上拍摄视频介绍张家界的自然风光，冬天的雪景、树上结的冰、清晨的云遮雾罩，大家非常喜欢，他也因此涨了很多粉丝。因为粉丝多了，所以他自己创业成立了一家公司，现在手下有几十个人。也是属于87%群体的他，将快手和当地的风景、当地的资源结合，找到了出路。当注意力分配更加普惠的时候，就可以帮更多的人创业。快手的普惠理念创造了更多的机会，但并不是快手选择他来做这件事情的，机会是他自己抓住的。

小远是一位来自安徽凤阳的小姑娘，在合肥的大排档里唱歌。我在快手上关注她快4年了，看着她一点点地变化。最早的时候，我们在评论里问她："小远，你的理想是什么？"她回答："我的理想就是今天能够唱10首歌，差不多能挣两三百元，养活自己。"到2018年的时候，我又问小远同样的问题，她说她要给她的妈妈买一套房。三年里她的理想变了，从养活自己变成要孝顺妈妈。

在大排档唱歌的女生,家境往往很困难。4年间,她最大的变化是自信了,这个自信写在她的脸上、写在她的言谈举止中。这个自信是怎么来的呢?有时候粉丝说,小远,你今天眉毛画得像毛毛虫一样。她就知道自己画得不好,第二天就画细一点。有时粉丝又会说,小远,你这条连衣裙不错,看着挺苗条的。她就知道什么样的衣服会显身材、适合自己。在这种互动中,小远一点点改进自己,互动多了,她就会变得越来越自信。

注意力可以让一个人变得更自信。当我们把注意力给更多的人时,就可以让他们在跟人的互动中变得越来越好。当然这种变化不是快手定义的,我们提供的是一个介质,让人们去相互影响,自己找到自己应该怎样改变的路径,这里面就有千千万万个小远。

快手里面也有很多名校大学生,高学历的有博士,还有国外名校的毕业生和老师,身份标签很光鲜,但不具有代表意义。我上面讲述的这些故事其实是关于中国今天的大多数人,是对社会真正有借鉴意义的代表案例。

提升每个人独特的幸福感

我给快手团队提出一个使命,就是提升每个人独特的幸福感。为什么要说"独特的",我认为每个人的幸福感来源是有差别的,他们的痛点不一样,情感缺失的原因不一样,有的人因为孤独,有的人因为贫困,有的人渴望得到理解。那么快手怎么去做到这一点呢?

幸福感最底层的逻辑是资源的分配。社会分配资源的时候容易出现"马太效应",即头部人很少,但得到的资源很多;尾部很长,但得到的资源非常少。就像《圣经》说的:凡有的,还要加倍给他,叫他多余;没有的,连他所有的也要夺过来。《老子》也说:天之道,损有余而补不足;人之道,则不然,损不足以奉有余。

快手要做的就是公允,在资源匹配上尽量把尾巴往上抬一抬,把头部往下压一压,让分配稍微平均一些。这样做是有代价的,总体效率会下降,这也是考验技术能力和执行能力的时候,如何让效率不下降,或者说下降得少一点。

当我们做资源分配的时候,尽量要保持自由,本质上是说,在契约、规则确定的情况下,尽量少改,别让人杀进去干预资源分配,尽量有一个大家都能够理解的、公平的规则或契约,如果觉得有问题也是先讨论再修改,而不是杀进去做各种干预。我觉得幸福感的来源核心在于,我们在做资源分配的时候,在资源平等和效率之间,在效率和损失可以接受的情况下,自由和平等这两者可以往前排一排。

我的幸福感从何而来

最后回到我的幸福感这个话题。前面说过,我选择利他,并发现最好的利他是能帮到全社会的人,能够找到天下人幸福感提升的最大公约数。我相信注意力的分配是其中一个计量方式。

在不同的社会、不同的经济发展阶段,会有不同的因素影响人的幸福感,注意力的分配是我们今天找到的一个因素,我们还会持续去寻找其他的因素,这是我对自己幸福感来源的定义。

有人可能问我,作为快手的 CEO(首席执行官),你是不是全天下认识网红最多的人,我的答案特别简单:恰恰相反,我是全天下认识网红最少的人之一,我关注的网红我一个也没有见过。因为我担心,当你掌握了资源,又制定了资源的分配规则时,会成为一个非常有 power（权力）的人，就会有人因为利益来找你，请求资源倾斜，破坏机制。权力使用的早期你会感觉很爽，享受使用权力的快感，非常像《魔戒》里的情节，戴上魔戒的瞬间你可以变得很强大，可以操控很多人和事，但是时间一长，你所有的行为就被权力定义，实际上是这个魔戒在操纵你，是权力在操控你。这是我心中特别恐慌的事情，为了防止这件事发生，我做了很多机制性的建设，建了很多"防火墙"。

我特别希望大家能够一起做更多的事情，让这个社会变得更好，让更多的人变得更加有幸福感。今天我们处在一个特别有意思的时代，互联网能够跨越距离的限制，让人和人之间更快、更便捷地连接起来。我们有大规模计算的能力，有做 AI（人工智能）、机器学习的能力，这是世界上很多人不具备的能力。我们应该发挥好这种能力，去帮助那些不掌握这种能力和资源的人，在快速变化的时代也能够变得更好。这是科技革命带来的进步和效率的提升，把效率产生的增量反哺到国民身上，这是我一直在想的事情，希望未来也能够一起探索把这件事持续做下去。

序二
还原被神秘化的快手

张斐[①] **晨兴资本合伙人**

投资快手的逻辑

2011年我们就下定决心只做与信息流相关的事情,并开始系统地看所有与移动的社交和视频相关的项目,快手正是在这样的大逻辑下被我们发现的。

其实每一代互联网的演进都是由于生态系统发生了巨大的变化,而每一次生态系统的变化都会产生许多机会,其中你可以有很多选择。但如果你关注最本源的东西,就会发现网络结构和内容两个因素主导着整个互联网的大生态系统。

主导因素一:网络结构

网络结构在PC(个人计算机)网页时代与移动互联网时代有着根本的不同。

在PC网页时代,网页是基础节点,它是静态的,不能私有,

[①] 张斐,快手的第一位投资人,拥有逾18年风险投资经验,专注通信、互联网及媒体领域。此文由《捕手志》创始人李曌采访并整理成文,首发于《捕手志》。

所以搜索引擎就成了一个非常强势的结构，它是一个典型的树状索引。用户从谷歌或百度进来，搜索引擎会根据网站的内容相关度、链接权重，推荐给用户。基本网络拓扑结构如图 0.1 所示。

而在移动互联网时代，人通过手机成为基础节点，网络结构以半封闭 App（应用程序）为主导，节点链接更加复杂，网络去中心化程度非常高，所以搜索引擎在移动时代失去了核心的位置。

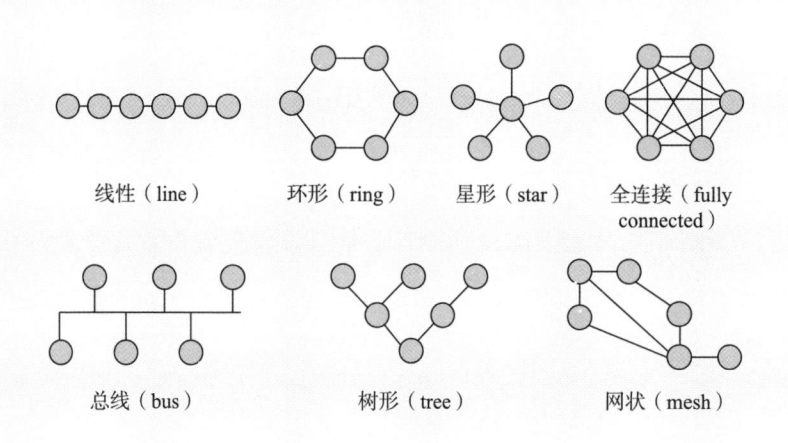

线性（line）　环形（ring）　星形（star）　全连接（fully connected）

总线（bus）　树形（tree）　网状（mesh）

图 0.1　基本网络拓扑结构

主导因素二：内容

如果内容是不能流动的，那么它的价值就非常低，就如同放在一个静寂山谷中的一本书，没有任何商业价值。PC 互联网时代下的内容分发和获取成本很高，如果你对某个内容感兴趣，就需要输入准确的关键字，通过搜索引擎，打开许多不同的网页才能获取。

2004 年 RSS Feeds（聚合内容）这个新的基因出现后，给内容的分发带来了巨大的改变，内容由过去你主动抓取转变为你被动接受，它可以根据你的特点与需求及时精准地推送给你，用户的体验得到了极大的提升。

水的价值体现在流动带来的生态系统,如同水一样,内容也需要流转,而信息流有力地加速了内容的流动,所以信息流是整个互联网生态系统中非常核心的东西。

同时,社交网络可以和信息流结合得非常好,Facebook(脸书)是非常典型的案例。从校园里开始帮助学生增加人与人的连接,并帮助他们分发内容,到帮助全世界的人增加连接和分发内容,如今Facebook的月活跃用户接近20亿,日活跃用户达13亿,已经演变成了一个非常复杂的网络结构。最终,你会发现做社交项目的都是在构建一个网络结构。无论是一对一、一对多,还是多对多的链接,都是为了分发内容,网络结构决定了内容分发的路径和效率。

而在社交网络中,内容本身是一个非常核心的要素,是分发的基本单位。形态可以是多种多样的,比如文字、图片、音乐、视频,将来可能是VR(虚拟现实)。而视频作为一种新的内容载体,比文字的表达更直观,加之视频生产门槛及成本不断降低,与信息流结合所带来的更高效分发,必然会使视频内容迎来大爆发。

我一直对视频非常感兴趣,也投资了很多相关的企业,比如早期的PPS(网络电视软件)、迅雷,在2004年我还投资了一个在手机上做直播的公司,团队的技术能力很强,但最后却没有成功。经历过那个阶段,你会发现当时的应用程序可以做得很好,但大环境还没有成熟。

到了2011年,我们就觉察到Everything is ready(一切都准备好了)。当时Facebook与微博发展得已经不错了,而信息流也成了一个相对主流的形态,与手机紧密结合,能够实现非常好的传播效果。(2012年全球移动互联网用户使用App时间增速最快的5类应用见图0.2。)

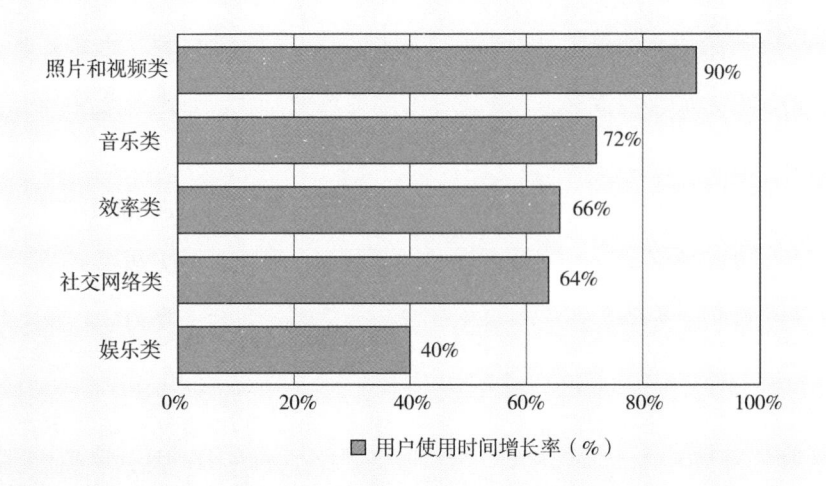

类别	用户使用时间增长率
照片和视频类	90%
音乐类	72%
效率类	66%
社交网络类	64%
娱乐类	40%

图 0.2　2012 年全球移动互联网用户使用
App 时间增速最快的 5 类应用

资料来源：艾瑞咨询。

注：本次调查分析了 800 万个移动用户使用的所有应用程序分类，包括苹果的 iOS（移动操作系统）、安卓系统、微软手机操作系统、黑莓手机操作系统等平台的应用程序。

总结来看，在新的生态系统中，只有改变网络结构及内容，你才可能在一个领域里成为巨无霸。

从 2011 年开始，我们就在寻找这样的机会，与信息流紧密相关的移动社交与视频便成了我们瞄准的方向。快手、秒拍，包括其他那些被我投资的公司都希望在特定领域里捕捉到生态系统中结构和内容变化所产生的机会。

初见快手

其实我先投资的是秒拍，当时韩坤（"一下科技"创始人兼首席执行官）还在酷 6，我把韩坤拉出来创业，又拉了 PPS 的雷亮、张洪禹和我一起做韩坤的"个人天使"。后来，我的同事 Elwin（晨兴资本合伙人袁野）向我推荐了快手，当时快手还是一个 GIF（图像互换格式）工具，叫作 GIF 快手，直到 2014 年 11 月，才更名为快手。

那个时候，在手机里做一个 GIF 动图，难度挺大的，既要尽可能少占内存，操作又要能够简单易上手。而程一笑（快手科技创始人）把 GIF 这个工具做得非常简单，你只要有一点创意就可以，这样，有趣的动图很容易就在微博上传播起来。所以快手最早的那批用户非常贴切地说是一批有创意的动图爱好者。

虽然快手早期的产品是 GIF 的形态，但它和视频一脉相承，一张一张图片就如一帧一帧的视频，不过它和秒拍却是两个不同的切入点。其实对投资人来说，我们知道大方向是什么，但具体选什么点切入，我们根本无法判定。

当初看快手觉得做 GIF 的切入点挺好的，事后你再看会觉得那个时候直接做视频会更好。但那时候做视频的人都很"傻"，当初韩坤做"一下视频"是很痛苦的，因为根本没有人用，用户也不知道拍什么。

我见程一笑的时候，快手还是一个个人软件，后来我们帮他成立公司，投了 200 万元，占 20% 的股份。我是比较喜欢个人软件的，因为做个人软件的人大多数都是天生型的产品经理，他们愿意去折腾是源于自己内心非常热爱所做的事情。

当初我们去美国交流，发现美国的投资人也讲同样的逻辑，喜欢投具有产品经理特质的创始人，而且通常伟大的社交产品都是第一次创业的创业者做出来的。

实际上，在这个世界上大致有两类人：一类是外向、社交能力很强的人，他们不需要在虚拟世界里寻找情感的表达；另一类是在现实社会中交际、表达受挫的人，他们有很强的动力在虚拟世界里展现自我，如果这是他们唯一沟通的通道，那么他们对如何在虚拟世界里表达自我的认知是超越其他人的。

一笑就属于第二类人。这类人在做社交类的产品上会有天然的优势，在我看来一笑是一个非常优秀的产品经理，他的很多认知是非常独特的。

我对他印象最深的是他坚持快手不做转发。当时微博的转发功能很火，照搬过来非常容易，但快手不做。一笑的产品思维是，只要你发一个内容，我一定会给你展示出来，这是一个基于平等的逻辑。

而一旦转发，头部效应就会很明显，就没有办法让每一个人公平地被看到。也正因为不能转发，用户就需要自己生产内容，快手鼓励用户分享自己真实的生活。用户平等的价值观在快手的发展中起着非常重要的作用。

快手的发展瓶颈

2013年的快手上主要有三类内容：美女自拍、小孩、宠物。看一会儿还行，看久了你就会很累。再加上公司在管理和团队建设方面存在问题，所以在发展一段时间后，快手便面临着一连串的发展瓶颈。

第一个瓶颈：转型

GIF快手是一个工具，它所有的生产内容都是在微博上传播的。晨兴投资后的第一个董事会上，我们就向一笑建议要做社区，形成自己的流量和用户的交互，因为做工具会很辛苦，变现也会有很大的挑战。

一开始的推进很难，因为你要把微博这个巨大的流量源断掉，然后再慢慢吸引流量，这个过程是很痛苦的，但如果等到工具做到一定体量时再转型会更痛苦。用户的认知很难扭转，所以越早转越容易。一笑很快就明白了这个道理，在 2012 年 11 月左右公司产品开始往社区转型。

第二个瓶颈：融资

为了转型，一笑尝试了几次都不算成功，产品日活跃用户数也涨不上去，这时我们的第一笔投资也花得差不多了，所以那时候开董事会大家都很痛苦。

当时，我建议一笑去获取更多的资源，包括人和钱，但这两点对他来说都很难。投资人对他信心不足，所以基本上他见了一圈投资人，都被拒绝了。

当时除了被老牌基金投资人放鸽子外，我们还遇到一个投资人，她想投我的另一个项目，但因为那个项目快结束了，所以没投成功。所以她就问我还有什么好项目，我觉得快手很好就介绍给她，她看完后就埋怨我总给她推荐不好的项目。

特别困难的时候，一笑甚至和"一下科技"的韩坤沟通，打算让他来并购快手，但当时韩坤也没有看上。后来，当宿华加入的时候，晨兴立即追加了投资，这才让快手慢慢地渡过了难关。

第三个瓶颈：团队

当时，我分析快手的现状，建议一笑找一个 CEO 来和他互补。

因为从一个个人软件到一家公司,他做产品可以做得很好,但真的要成为管理者,组织团队带兵打仗,这对大部分产品经理来说都是一个很大的挑战,绝大多数人都不能胜任这个管理者的岗位。一笑可以做CEO,但他会比较辛苦也会不开心。

后来一笑也同意去找一个CEO。我花了半年多的时间找了非常多的人聊,大部分人聊完后就觉得我们不靠谱。

记得当时我们花了很长时间才和一个在视频领域做得不错的人谈妥了,但最后关头她却改变了主意。这些经历都曾让我和一笑痛苦不已。一笑不太会推销自己和公司。

后来我因为张栋(原百度"凤巢"架构师)认识了宿华,他当时正在做一个名叫圈圈的社会化电商的项目。宿华是一个非常有特质的人,过去在谷歌中国公司研究机器学习在搜索中的应用,之后又被李彦宏挖去负责"凤巢"系统的架构搭建,更难得的是他还有多次创业的经历。这些都证明了他很有能力和野心,你能看到他是那种有巨大能量和激情、能做成一件大事的人,但是过去一直都很不顺。

虽然我对他做的圈圈并不看好,但我很看好他这个人,所以愿意投点钱支持他,哪怕圈圈失败了也可以再试新方向。不过,宿华因为上一家公司被收购了,自己也并不缺钱,所以我并没有投成功。三个月后他关掉圈圈来上海找我,我专门给他一天的时间听他讲了20多个他觉得可以做的方向,但听起来都不太靠谱。这个时候我便提议让他考虑一下快手。

因为宿华找方向难,一笑找人难,宿华是技术和算法驱动方面的人才,而一笑是个很有产品头脑的人,所以两人是一个很好的组合,于是我就安排一笑和宿华见面聊聊,这两人聊了几次,出乎意料地投缘。

后来我和宿华聊起当时他能够理解一笑和快手的原因,总结道:一个优秀的人如果在他很顺的时候,他是很难深入了解自己并进行深度思考的。之前,宿华经历了很多不顺的事情,心态有很大的变化,开始意识到自己的能力边界,也意识到他需要好的搭档和合伙人。

我和一笑都知道宿华是一个有才又有野心的人,通常很难吸引这样的人半路加入创业公司,所以我们需要出一个让他无法拒绝的方案。当时晨兴的股份是20%,一笑他们三个人占股80%,我们双方都稀释一半股权,凑出50%的股份给新团队,其中大部分是给了宿华和他的团队,并且我提议让宿华做CEO,统管公司,一笑负责产品。

对我们而言,当时做这样的决策是非常困难的,因为宿华进来是不是真的能把公司带入新轨道,还是未知数,但我们立马就要失去一半的股份,尤其是一笑,设立期权池后他和团队的股份就降了很多,但我几乎没有花太多时间去说服他。他是一个真正有大智慧的人,明白什么是自己想要的和最重要的,并知道做取舍。宿华基本上也很快就接受了这个方案。

所以,当你知道我们经历过这些事,你就会明白每家创业公司能活下来都算是一个奇迹。

快手的爆发

半年之后宿华和一笑就合作得比较顺畅了,宿华立刻就把快手的工程能力提到了很高的水平,系统性能的稳定性和架构也都得到了很大的提升。

同时，宿华将推荐算法应用到内容分发上，用户的体验立刻得到了改善。这得益于宿华在人工智能领域的经验，他曾参与建立百度的商务搜索引擎"凤巢"。当年宿华的方法论和今日头条的方法论是一模一样的，但快手对算法的运用要比今日头条早，并且比今日头条做得更好。

他们合作了很短的时间，用户就涨了十倍以上，百万的日活跃用户数就达到了，再后来用户一直涨到了一百倍以上，最后的效果超出了我们所有人的想象。当时拉宿华加盟有两个原因：第一是希望宿华能够给公司招更好的人，第二是借助宿华的工程能力提高快手的后端实力。这两点都是我们非常坚信的。实际上当时我问过不少人，他们都不是很看好宿华的加入，但宿华最后却给了我们一个很大的惊喜。

对于推荐算法应用到内容分发这一点，我们当时也是拍脑袋决定的，大家都是摸索后才知道这种方法确实很有效。那个时候，大家对信息流的应用还停留在时间轴上，按时间顺序来分发内容。我们没想过宿华将算法和兴趣结合后能够大幅地提升用户的体验并且达到超乎想象的分发效果。从另一个角度看，这也符合我们的价值观——优秀的人总能找到一个更好的方法来解决问题。

快手之所以能爆发，和它满足了用户生产和分享内容的动机也有关。我们把复杂的概念先放在一边，回到人的本性来看，无论年龄大小，人都有表达自己和被他人认同的需求。

快手满足了年轻人表达和拓展自己交际圈的需求。我们在2013年发现很多孩子都喜欢用快手，小学生、中学生、大学生都在玩，尤其是中学生玩得很 High（来劲）。孩子的世界是一片绿草地，他们需要去扩展自己的世界，如果你的平台能够让他们扩展，那么一定会很受他们的欢迎。他们有一些很有创意、很搞怪的娱乐方式，比如翻跟头和手指舞，但他们缺乏一个能够简单、快速生产并传播的平台。

微博是明星、大V（活跃着大群粉丝的用户）的天下，这和普通人的现实生活并没有太多关系，普通人很难在上面去拓展平级的关系。QQ（社交软件）空间里是相对熟悉的人，无法满足他们拓展自己交友圈的需求。而快手不仅解决了拍摄难的问题，也能够让他们创作的内容被更多人看到并且得到喜欢，还能够结识更多有共同爱好的人，这对于年轻人来说是很强的需求动力。

新的人群、新的关系都是新的差别点。你会发现所有新的领域里争取到年轻用户的支持是最关键的，因为年纪大的人容易被旧事物束缚，几乎所有新的应用的突破都是由年轻人来主导的，而这些新的应用代表着更高的效率和更充分的自我表达。

当初，快手在遇到瓶颈时我们之所以没有放弃它，还有一个重要的原因就是，我们发现用户是真心喜欢这个产品的，当你去看评论的时候会很惊讶，一个作品下可能有几千条评论，这其实是很不容易的。

当初的社区也不像如今这样网络喷子云集，评论当中有挺多真实的赞扬和激励。被他人尊重，这在马斯洛需求里已经属于第四层了，是非常高层次的需求，而且人对这个需求是会上瘾的。试想当一个创作者在这里得到了这么多人的认同和尊重，他是不会轻易选择离开的，这种良好的社区氛围也一直在带动快手成长。

快手兴起背后的逻辑

我们生活在一个很荒诞的世界里，何勇的歌里说"有人减肥，有人饿死没粮",我们少部分人生活在繁荣的一线城市,而大部分人都生活在很贫困的地方。

其实在我看来,快手是一个非常中性的平台。很多人觉得它很新鲜、很令人惊讶,或者很难接受。我觉得这很正常,换句话说,我们的世界被割裂得太厉害了。互联网最大的特点就是让你有能力、有机会去看到和你完全不一样的人。

我在快手上关注了很多人,中国有很多人因为贫困辍学,快手上有很多关于贫困家庭孩子的视频,它们是留守儿童的生活写实,因为我自己亲身接触过这些孩子,所以能判断出上面大部分内容都是非常真实的。

中国有很多留守儿童,生活在被父母忽视、被社会忽视的环境里。但他们在这里,快手给了他们一个快乐的平台,让他们能够展示自己。你觉得这是低俗吗?这其实是件非常高尚的事情,普通人能够在快手上获得精神上甚至是一些物质上的激励。

"搬砖小伟"就是一个非常典型的例子,有一次我在上海给一个中欧商学院的校友看"搬砖小伟"的视频,她一下子惊呆了,她说这个人身材这么好。我说,是啊,人家虽然搬砖但也可以练出这么好的身材。其实大部分人是生活在一个相对封闭的空间里的,他们对自己关注点以外的世界并不了解。

过去,为什么这么大一个群体会被长期忽视?主要还是由于以前的网络结构不够好。以前的网络结构是精英主导的结构,建一个网页需要资金、技术,需要生成页面,然后传播推广,所以它的成本会很高。今天移动互联网的网络结构是非常优化的,每个人都有传播的能力,生产内容的门槛也比较低,几乎是免费的。

快手之所以能够深入到三四线城市,并没有大家说得那么神奇，其背后的底层逻辑就是技术升级，这是由技术的进步带来的结果。技术使每个人都有表达的机会，通过推荐算法每个人都可以平等地分发自己的内容，优秀的创意者能够更容易被关注。

以前这些人都存在，只是你触及不到，便以为他们都不存在。如同赵本山在没有上春晚之前就已经存在一样，春晚只是把他的特点放大了而已。今天我们的算法非常优秀，能够让每一个普通的人都有展示自己的机会。

快手App首页的三栏这些年几乎没有变化：第一栏是关注；第二栏现在是发现，以前叫热门；第三栏是同城。同城这个窗口给了所有人一个平等的入口，有人发了内容，你可以立即看到，如果你觉得有意思便可以模仿着玩。技术推动了这些普通人的创作欲望，形成了一个内容生产的正向循环。

快手上许多影响很大的内容，都是用户"投票"的结果。算法不断把某个内容推送给喜欢它的人群，人群又不断生产这类的内容，从而形成了热点。但这并非刻意营造而形成的，快手的运营基本上是靠技术来驱动的。

快手虽然经历了从工具到社区再到社交的过程，但它本质上还是一个网络结构。我们不能简单定义它是一个社区或社交产品来约束它的发展，它会像一个生命有机体一样，不断进化、演变。宿华希望把快手做成一个10亿用户的产品，这就要求快手这个平台的开放度要足够大，不会给自己设很多的围栏。就像微信一样，它不会说只接纳某一类人、不接纳另外一类人，微信向每个人开放。

未来，快手一定也会去影响那些精英化的人群，当然第一步是要改变他们对快手的刻板印象，毕竟多元丰富才是这个世界的真相。

导言
快手是什么

被看见的力量

1990年，美国未来学家托夫勒提出"数字鸿沟"一词。他指出，拥有与未拥有信息时代工具的人之间存在鸿沟。中国积极推行的"宽带中国"、"互联网+"战略、数字中国，乃至接下来的5G（第五代移动通信技术）战略，都是消除数字鸿沟的重要战略举措。

本书提到的"注意力鸿沟"是数字鸿沟的重要组成。在互联网上，注意力是非常宝贵的资源，其分配状况直接影响人们的获得感和幸福感。和很多资源一样，注意力资源有马太效应的自然倾向，即少数群体享受多数资源。

从经济学的角度来看，注意力资源的价格很贵，大部分人没有能力享用，无法自我表达和被社会关注，处于劣势。

如果可以把注意力的鸿沟填平，让更多的普通人被关注，增加人与人之间的连接，发挥更多人的想象力和创造力，则社会会更繁荣，人们生活的幸福感也会更强。

互联网的核心是连接一切。视频时代的到来，还有人工智能技术的发展，加上快手的普惠理念，有机会在更小的颗粒度上创造更多的连接，让原先没有得到关注的人在毛细血管层面得到更多的关注。注意力的鸿沟正在被填平。

中国的长期投入催生视频时代

过去几年，因为中国在互联网领域的长期投入，视频领域的基础条件快速成熟，促进了视频时代的到来。很多条件在中国是得天独厚的。

今天，我们可以在快手上看到很多有意思的视频，它们鲜活地呈现了普通人的生活。

鸭绿江上的放排人，把高山上的木材顺着水流运出来，这种古老的水运方式以前鲜有人知，如今却被数百万人关注。

城市建筑工地的潜水员，很小众的职业，但一二线城市的每一座高楼大厦都需要他们。建高楼打地基时，需要用电钻挖几十米的深坑，电钻头掉了需要他们潜到几十米深的浑浊泥水中，把电钻恢复原位。

卖水果的"罗拉快跑"，他在陕西富平的吊柿前直播，现场品尝吊柿，让几十万用户看到了这个美味的特产，还可以立刻下单购买。

时光倒退五六年，大众是没有机会看到这些内容，并一键下单购买这些商品的。短短几年内，至少有四个条件具备了。

一是智能手机的普及，现在买一部有内置摄像头、功能非常完备的智能手机只要1 000元左右，甚至几百元也能买到。

二是4G（第四代移动通信技术）网络的普及，普通人都可以负担得起移动网络的费用。即使在很偏远的地区，国家都投入了大量的资金用于电信基础设施建设。

在上述两个条件实现之前，上网只能通过电脑连接网线，成本要高许多。而且一旦人员流动，就不便于迁移，而手机和4G网络没有迁移成本。

三是支付的便利。有了智能手机，买东西付钱，随时随地就可以实现。

四是物流网络的发达。

这四个条件同时具备，并且全民可以享受，为视频时代的到来奠定了基础。视频作为新时代的文本，相比于文字，它有自己的特点。一是视频比文字在表达上更真切，内容更丰富。有很多成语描写美女，如沉鱼落雁、闭月羞花，但一图胜千言。而视频鲜活生动的呈现方式，使其又比图片更有表现力。二是视频的拍摄和观看门槛更低，适合全民参与。人类对视频信息的接受是最天然的，一个两岁的小孩子可以不会说话，也可以听不懂你说什么，但是他能够看到、看懂视频表达的大致意思。人类学会写字是要经过长时间训练的，但几秒钟就可以学会用手机拍视频。

正如文字改变了社会的方方面面，视频也会改变社会的一切。这种改变不是简简单单的一个补充，也不是简简单单的一个增量，而是彻底的改变。

未来，如果我们的个人设备从手机进化到眼镜，进化到 VR、AR（增强现实）以后，影像化的产品会更大地改变这个世界。所有的应用，都要重新再设计一遍。

从这个角度看，很多人说快手是一家短视频公司，其实并不是很准确。视频或者短视频并不是一个行业，只是一种新的信息载体。正如虽然文本是一种承载信息的方式，但没有人把文本当成一个行业。

人工智能技术深入快手的骨髓

摄像头内置进手机，人人都可以方便地拍视频，视频数量暴增。因而，视频与人之间的精准匹配成了核心问题。

匹配机制最核心的有三件事：一是理解内容；二是理解人；三是将内容和人连接起来，让它们匹配。门槛在于数据，要有人和内容之间交互的数据去做模型。

首先是理解内容。如果是文本化的内容，理解文本的技术在

10年前就已经非常成熟了，可以分词，做词性标注、提取标题、关键词、实体，以及算重要性、情感等各种各样的文本分析。

最近10年，学术界又发展出一整套用于分析图像、分析文本、分析语音内容的工具。给出一张图像，可以分析出场景。这是在学校还是酒吧？里面有没有人或动物？他们高兴吗？不管这是对文本还是影像，都可以让计算机建立对内容的理解。

第二是理解人。首先需要理解一个人长期的静态属性，这叫用户画像，包括年龄、性别、身高、出生地等。其次是理解这个人的兴趣偏好，比如喜欢什么口味，爱打球还是爱跑步，最近是想旅行还是宅在家里。最后是理解人的意图。一个人使用你的App，他当时脑子里在想什么？是在想要用苹果手机还是三星手机吗？是在想自己饿不饿吗？

如果能够很丰富地在这三个层面建立起对一个用户的理解，就能在人和内容之间建立很好的匹配关系。这个匹配的关系不是靠规则来建立的，而是利用在软件中用户和内容之间相互互动的数据，用现在深度学习的方法做一个模型。这个模型只需要干一件事情，即预测一个新内容和一个新用户之间匹配的概率。如果有这样的预测能力，内容和用户之间的匹配就会变成一个非常简单的问题。但是需要把这个问题拆解成这三方面，每个方面都要有能胜任的人去解决。

快手正是这样一家以AI为核心技术的科技公司，AI技术深入产品骨髓，贯穿于内容生产、内容审核、内容分发、内容消费的全业务流程。

除了分发的环节，快手还在视频创作环节广泛应用AI技术。我们希望每个人都能成为自己生活的导演，用最普通的手机也可以去记录生活，生成相对较高质量的视频。

把AR技术应用在用户拍摄视频的环节，给现实生活的画面加入一些虚拟的元素，这属于增强现实，使虚拟世界和现实世界更好地互动，使人们在记录自己生活的时候有更多的新奇体验。快手之前上线的一款魔法表情叫"快手时光机"，用户可以在几十秒内看到自己容颜变老的过程。一个人拍自己的视频久了会感到乏味，我们希望用户能够看到自己变老以后的样子，从而更加感受到时间的可贵。

我们会运用图像相关的算法，帮助用户矫正拍摄中出现问题的视频，比如脏镜头导致的视频画面模糊，光线问题导致的画面昏暗及画面偏色的问题。

这些玩法和功能的背后是快手对前沿AI技术的开发，涉及人体姿态估计、手势识别、背景分割等多个技术模块。这些都是快手努力将记录形式变得更加有趣的新尝试。

这里有一个挑战，上述技术都要在手机本地实时进行计算与渲染。快手拥有数亿用户，用户的手机机型千差万别，这要求我们的算法必须在所有的机型上都能流畅运行，这对我们的AI能力要求非常高，非常消耗计算资源。为了解决这个问题，快手自研了YCNN深度推理学习引擎，解决了AI技术运行受限于用户设备计算量的问题。

在音频方面，我们也做了非常多的工作。比如之前专业人士在创作视频时，编辑字幕是非常痛苦的事情。现在我们通过语音识别技术，可以帮视频制作者自动添加、编辑字幕，还可以以各种各样的形式展示字幕，借助AI技术极大地降低了生成字幕的成本。

音乐在短视频场景里起了非常重要的作用。据统计，快手的视频中，有 60%~80% 的视频用背景音乐烘托气氛。如何选择恰当的音乐表达心情，其实不容易。让用户尽量贴合音乐的节奏创作动作，对于用户的要求也是非常高的，而具备很强乐感的人其实非常少。

为了降低用户创作视频时选择音乐的门槛，我们开发了智能配乐及 AI 生成音乐技术。智能配乐可以根据视频画面及用户画像为用户推荐合适的且被用户喜欢的背景音乐，供用户选择。AI 生成音乐技术通过 AI 的分析算法，可以感知视频画面中人的动作，然后让生成的音乐节奏匹配人的动作，这样极大地降低了用户创作视频时选择音乐的门槛，让大家更愿意创作自己的视频。

算法之上的普惠价值观

快手服务于普通人的记录与分享，平等普惠是快手的核心价值观。我们认为每个人都值得被记录，无论是明星还是大 V，不管在城市还是乡村，每个人都拥有平等分享和被关注的权利，快手不会特殊对待，不捧明星红人，不进行流量倾斜。

我们保护每一个普通的视频生产者，每个人生产的视频都有机会被分发出去，这是一个公平的起点，不管你是有 100 万粉丝、1 万粉丝，还是只有 1 000 个粉丝，都有通过一个视频立即变火的可能性。

保护普通的视频生产者，带来了拍摄内容的多样性，因为拍的人多了，内容自然就越来越丰富了。

我们在观看需求的多样性和拍摄内容的多样性之间做匹配。由于拍摄者拍了很多新鲜的内容被别人看到了，由于观看者看到了很多他平时看不到的内容，所以最终回到了公平普惠最基本的点上。

如今快手上的视频总数超过 100 亿，几乎都是不重复的生活记录，这在历史上是前所未有的。如何让这100亿个视频与观看视频的用户进行匹配是一个巨大的挑战。

过去，业内常见的做法是运营好长尾曲线中头部的"爆款"视频即可，但快手希望尾部视频同样能被感兴趣的人看到，真正能够让每一个人都得到一些关注。

在视频的分发上，我们不希望头部的视频内容占据太多的曝光度，我们用经济学上的基尼系数控制平台上用户之间的"贫富差距"。

跨过注意力鸿沟

快手从事填平注意力鸿沟的工作，这体现了普惠的理念。看上去这些都是抽象的词，实际上，历史上有很多普惠技术，填平过各种鸿沟。

这也正是技术和经济演进的逻辑。刚开始，某些东西很贵，只有少数人有资格享用，多数人用不起。因为某种技术进步，它的价格降下来了，普通人也可以享用，人与人之间在某一方面接近平等，生活得到了改善，整个社会因此更加进步。

曾经，文字的价格很贵。只有少数人会识字写字，在中世纪的欧洲，读写能力大部分掌握在僧侣手里。印刷术的发明，大大增加了识字的人口数，让思想得以自由交流和生产。当时，这是一个极其重要的普惠技术。

因为没有保鲜技术，所以在中世纪的欧洲，胡椒的价格很贵，只有少数富人能够享用。在大航海时代，葡萄牙的航海家发现通往印度的航线后，大量的东南亚地区的胡椒通过海路运到欧洲，胡椒的价格就降下来了，胡椒成了家家户户都可享用的调料。

在 19 世纪之前，颜料的价格很贵，大部分欧洲人穿的衣服是黑色的。1856 年，18 岁的化学家威廉·珀金合成了苯胺紫染料。颜料便宜了，每件衣服都可以有不同的色彩，每栋房子都可以有不同颜色的涂料，世界从此多姿多彩。

摩托车和汽车也是普惠工具。原来摩托车和汽车只有少数人买得起，现在价格便宜了，普通人也可以拥有私家车。对于山区的人，摩托车更是必不可少的生活和生产工具。

邮政、电话、手机都是重要的普惠技术，它们让普通人可以写信和发信息，具备了自我表达的能力。

快手是在这一基础上的延伸，是让每一个人都可以记录和分享生活的工具。快手利用人工智能技术在内容与用户之间进行精准匹配，让每一个人的生活都有机会展示出来。快手其实降低了注意力的成本，跨越了注意力的鸿沟，让每一个人都有了自我表达的能力。

被看见的世界精彩纷呈

如果信息管道不够粗，注意力比较贵，自我表达就需要排出优先级。结果就是，不是每一个生活都能被看见，生活其实就有了高低之分。优秀的生活有资格被看见，其他生活被认为是平庸的，不值得被记录和分享。

手工耿做的是"无用良品"，本亮大叔的唱功并不专业。按照原来的标准，他们很难被看见。

快手让每一个生活都可以自我表达，被看见，被欣赏。每一个存在都是独特的，生活再无高低之分。这是更加真实的世界的镜像，是一花一世界的境界。在这个基础上，因为可以相互看见，所以一些社群形成了。

中国有 3 000 万名开大卡车的司机,他们为生计长年在外奔波,还可能会遇到车匪路霸,与家人聚少离多,他们有自己的快乐与痛苦,很少被关注,也很难与外人沟通。还有,每个城市都有给殡仪馆开车接送遗体的司机,全世界的海洋上漂着无数的常年不能回家的海员。

而在快手,当一位大卡车司机在驾驶室里不经意间拍下自己工作和生活的场景,被另一位大卡车司机看到时,他们看到了自己的快乐、痛苦和压力,彼此找到了共鸣,也更加自信了。这是一个社群的形成过程和它的力量。

也许,对外人而言,很多视频毫无价值,但对拍摄者自己而言,它却是生活中不可剥离的一部分。这种社会功能,部分可以经由艺术家的创作来实现,但艺术家的创作能力毕竟有限,社群让很多人获得新的知识,得到认同,相互支持,提升了幸福感。

当我们把不同的变量输入"被看见"这个公式时,还可以得到不同的答案。

当每个人的才能可以被看见时,就有了快手教育生态。比如,兰瑞元生活在江西省的一个普通县城,她只有中专学历,却可以教全国的用户如何用好 Excel(电子表格软件),一年赚了 40 多万元。

当每个好的商品可以被看见时,就有了快手电商。比如,"罗拉快跑"在拍猕猴桃的视频时意外发现了商机,现在他已经创立了自己的"俊山农业"品牌。

当非遗文化可以被看见时,就有了快手上对许多原本无人关注的非物质文化遗产的展示。

当一个贫困的乡村可以被看见时,那些不同于城市的美丽风景突然展现在全国人民面前,就有了游客,有了当地人收入的增加,扶贫工作自然而然就有了落脚点。

……

这样的例子还在源源不断地涌现。

每个人心中都有一个渴望，希望自己的状态、情感、灵感，能够被更多的人看见，被更多的人理解。通过短视频实现的记录，让人与人以及人与世界连接起来，而建立这种连接是非常有意义的事情。

快手大事记

2011 年　快手成立，当时叫"GIF 快手"，是一款做 GIF 动图的工具型产品，帮助普通用户用手机拍摄视频，表达自己的情感和小乐趣。由于网络终端等条件限制，当时拍摄出来的视频只能用动图传播。

2013 年 7 月　快手由工具型产品转型为短视频社区。移动互联网兴起，短视频的影响和作用逐渐显现，快手工具增加了内容分享功能，用户产生的内容可以在社区里分享给所有网友。

2013 年底　产品加入智能算法。

2014 年 11 月　去掉 GIF 改名为"快手"。

2015 年 1 月　快手每日活跃用户数（DAU）超过千万。

2017 年 12 月　快手每日活跃用户数突破 1 亿。

2018 年 6 月　快手完成对二次元社区 Acfun 弹幕视频网的整体收购。

2018 年底　快手每日活跃用户数突破 1.6 亿。

2019 年 6 月　快手每日活跃用户数达到 2 亿，月活跃用户数突破 4 亿。

第一章
让每一个生活都可以被看见

本章概述

如果信息管道不够粗,注意力比较贵,自我表达就需要排出优先级。结果是,不是每一个生活都能被看见。如果一个生活被认为不够完美,那么,它便没有资格被广泛分享和传播。

快手让每一个生活都可以自我表达,被看见,被欣赏。每一个存在都是独特的,生活再无高低之分。这是更加真实的世界的镜像,是一花一世界的境界。

存在即完美。

快手是纯粹的视频社区,普惠理念鼓励每个人随手记录生活,只要视频不违背法律和公序良俗,快手都一视同仁,给予流量。因为快手,全民记录和分享第一次得以真正实现。连接创造了大量的社群,这些群落,传递了爱,提升了每一个人独特的幸福感。

本章案例

手工耿：脑洞大开闻名海内外的"废材爱迪生"
牛津戴博士：英国皇家化学学会专家教你做实验
农民老朱：我造了一架"农民号"空客 A320
卡车司机宝哥：一路走一路拍，没想到竟成了焦点人物

让每一个生活都可以被看见

何华峰　快手科技副总裁

敲定这个标题之前,我和同事有过一些讨论。为什么不叫"看见每一个生活"?至少读起来更顺。为什么叫"一个生活",而不是"一种生活"?

我们还是选用了这个略拗口的版本。意思是,每个人都可以把自己独特的生活记录下来,并分享出去,被别人关注,达成自我表达并被关注的目的。其间,快手依托技术和普惠理念,提供了记录和分享的工具,让这一目的得以实现。

在上述基础上,"看见每一个生活"成为可能。

至于"一个"与"一种",并非咬文嚼字。"个"的颗粒度比"种"要小。在快手社区,每个人都可以展示自己独特生活的方方面面,用"个"会更准确。

一

我曾在报纸和杂志工作,报纸和杂志的版面有限,记者想发表文章,需要为版面竞争。辛苦采写的稿件,如果不够优秀,就会被毙掉，符合要求才可发表。

这里有稿件质量好坏的问题，其实还有版面不够多的问题。从另一个角度看，这是由于传输信息的管道不够粗，导致注意力作为一种资源变得比较贵，社会上只有很小比例的人才可以享用注意力。

电视是另一个传输信息的管道。电视频道同样有限，记者为发稿也需要激烈竞争。

不过，视频比文字更有宽度。有些信息不方便通过报纸和杂志传输，却可以通过电视传输。

如果一脸憔悴的尼克松和活力四射的肯尼迪同时出现在电视中，你更倾向于支持哪方？的确，尼克松被认为更富有政治经验，如果只有报纸，尼克松应该会赢。但是，当电视媒介成为主流时，候选人的精神状态也可以影响选举结果。

1960年9月26日，美国举办了历史上第一次总统竞选电视辩论，受电视媒介影响，肯尼迪出人意料地当上了总统。

电视还让方言的精彩得以呈现，20世纪八九十年代的央视春晚，很多小品节目通过方言制造笑料，制造了一种新的语言节目现象。

2005年左右，博客流行起来，专业新闻记者对发稿渠道的垄断被打断。普通人也可以通过写博客文章表达思想、展现个性，内容生产出现了极大的繁荣。

2009年，140个字的微博出现，又一次降低了记录与分享的门槛。不擅长写长文章的普通人也可以成为内容创造者。

微信于2011年面世，当年5月，微信2.0版本推出语音对讲功能，人们不需要打字，就可以表达自我。自我表达进入了自然交互时代。接着，微信又陆续推出视频功能，特别是视频通话功能的普及，让记录与分享的门槛极大地降低。

如今，视频时代悄然到来，我们无须学习新技能即可表达自我。相较文字这一抽象的编码系统，门槛又低了很多。

快手是纯粹的视频社区，普惠理念鼓励每个人随手记录生活，只要视频不违背法律和公序良俗，快手都一视同仁，给予流量。因为快手，全民记录和分享第一次得以真正实现。

二

如果信息管道不够粗，注意力比较贵，自我表达就需要排出优先级。结果是，不是每一个生活都能被看见。如果一个生活被认为不够完美，那么，它便没有资格被广泛分享和传播。

手工耿做的是"无用良品"，本亮大叔的唱功并不专业。按照原来的标准，他们是很难被看见的。

在快手平台上，手工耿和本亮大叔都收获了成百上千万的粉丝，粉丝们在他们身上找到了不同的共鸣点。

2019年7月，一个名为"赵明明的限定杂货铺"的制作团队因为喜欢快手上的视频，自己制作了由160个快手视频组成的合集，配以"存在即完美"的背景音乐，在网上流行，感动了许多人。

视频里是100多个形形色色的普通人，有装了义肢跑步的姑娘，有打玻璃弹子的老太太，有身材肥胖热情跳舞的姑娘。每个人都很普通，却各自有各自的精彩，组成了一个充满烟火气的真实世界。

"赵明明的限定杂货铺"说：

在我真正地打开快手之前，我根本想象不到这是一个如此迷幻的地方。

快手是我见过最具有蓬勃生命力的地方之一。

每个人都尽力在上面展示着自己，展示自己的工作、自己的技能、自己的家人，展示见到的有意思或者没意思的事，展示生活赋予的一切幸与不幸，然后继续努力勇敢生活。

生活一点儿也不完美，但努力和勇敢是让它完美起来的唯一方式。

山海辽阔，人间烟火。

我们脚下这片国土有约960万平方公里，有约13.9亿人，每个地方、每个人都有各自的精彩。

在只有一部分人有机会表达自我时，生活其实有高低之分。优秀的生活有资格被看见，其他生活被认为是平庸的，不值得被记录和分享。

快手让每一个生活都可以自我表达，被看见，被欣赏。每一个存在都是独特的，生活再无高低之分。这是更加真实的世界的镜像，是一花一世界的境界。

存在即完美。

三

艺术家的作用是什么？近期看到一位著名作家发文探讨这个问题。

她的父亲是一位老兵，他自从16岁离家后就再没见过自己的妈妈。她带85岁的父亲去看戏曲《四郎探母》，父亲边看边流泪。

之后,她带父亲去看了好多次,每次她父亲都看得泪水涟涟,心灵震撼。

她写道:

> 文化艺术使孤立的个人,打开深锁自己的门,走出去,找到同类。他发现,他的经验不是孤立的,而是共同的集体的经验,他的痛苦和喜悦,是一种可以与人分享的痛苦和喜悦。孤立的个人因而产生归属感。它(文化艺术)使零散的、疏离的各个小撮团体找到连接点,转型成精神相通、忧戚与共的社群。

人活在世上,有许多不足为外人道,甚至自己也说不清的痛苦。优秀的艺术家捕捉到一些痛苦,写出来或演出来,安抚人们的心灵。

艺术来源于生活,不过,艺术家的数量毕竟有限,能挖掘出来的痛苦也有限,能服务的人群更有限。大量的人,三教九流,贩夫走卒,特别是生活在社会底层的形形色色的人,经常得不到艺术家的服务,得不到足够的关注。比如,中国有 3 000 万名开大卡车的司机,他们为生计长年在外奔波,还可能会遇到车匪路霸,与家人聚少离多,他们有自己的快乐与痛苦,很少被关注,也很难与外人沟通。还有,每个城市都有给殡仪馆开车接送遗体的司机,全世界的海洋上漂着无数的常年不能回家的海员。

而在快手,当一位大卡车司机在驾驶室里不经意间拍下自己工作和生活的场景,被另一位大卡车司机看到时,他们看到了自己的快乐、痛苦和压力,彼此找到了共鸣,也更加自信了。也许,对外人而言，很多视频毫无价值，但对拍摄者自己而言，它却是生活中不可剥离的一部分。

近来看到一句话，"生活是最好的剧本，人间的悲欢可以相通"。这种相通，可以通过专业人士创作的艺术作品来实现，比如，我们有很多戏剧作品。快手提供了另一条相通的途径。在快手上，像大卡车司机这样的群落有无数个。

心理学家说，看见，就是爱。因为快手，大卡车司机的生活可以被其他大卡车司机和相关的人看见。他们得到了爱的滋养，安抚了痛苦，增加了自信和幸福感。

这些群落，传递了爱，提升了每一个人独特的幸福感。

四

我们生活在三维空间，有距离的概念，但在网络世界没有。在快手社区，虽然数亿"屏民"分布于全国，纵使相隔千山万水，但每个人与每个人都是隔壁邻居，指尖轻点，即可推门而入，看见别人家的生活。气味相投，你可尽情在他家游览，还可以通过直播与主人互动；若不投缘，则随时可离开。

20世纪60年代，加拿大学者麦克卢汉提出，电子媒介的出现，使人类终将重归部落化的"地球村"。现实的村子里，去邻居家串门只是抬抬脚的事，并且人与人可以面对面说话，大多数情形下不必通过文字。

快手社区是"地球村"迄今最好的实现形式之一。

手工耿：
脑洞大开闻名海内外的"废材爱迪生"

他颜值在线，被称为"保定樊少皇"；才华横溢，被誉为"废材爱迪生"。他随便发布几段视频便能收获千万播放量，他靠各种"脑洞大开"的手工黑科技狂揽数百万粉丝，被称为"耿哥出品，必属废品""除了正事，什么都干"。

菜刀梳子、如意八宝扇、增进友谊的脑瓜崩辅助器、地震应急吃面神器……发明了诸多"无用良品"的"网红焊工手工耿"，不但登上了央视，还火到了海外。

自在快手"营业"以来，手工耿共发布200多个作品，吸引近350万粉丝。[①] 他以为自己的粉丝都是焊工或者三四线城市的小镇青年。然而某一天，他惊奇地发现，从房地产老板到海外留学生，他的粉丝竟然遍及全网。

手工耿原名耿帅，焊工家庭"三代世袭"，然而他似乎改变了这条家族轨迹。他说，30岁之前，他自己的人生全是低谷，一眼就能望到头。直到登录快手，他才发现了"自己想干的事"，在30岁时迎来了人生的"一个巅峰"。

---

① 书中所有粉丝量数据统计均截止到交稿日。——编者注

小档案

快手名字：V手工~耿

快手号：Vshougong

籍贯：河北保定

年龄：32岁

学历：初中

快手拍摄风格：将天马行空的奇思妙想变成"无用的废品"，却意外撩起了大众对日常生活的有趣想象

对快手老铁的寄语：继续在快手平台上呈现好的设计内容

商业模式：通过有趣的设计品吸引一众粉丝，并将其通过快手平台进行售卖

讲述人：耿帅

人生前30年全是低谷，直到在快手意外走红

我上学上到16岁，那时候，我有点儿厌学，也有点儿自负，认为一元二次方程之类的知识以后根本用不上，学习就是浪费时间。为了早点儿步入社会学习经验，我辍学了，跟着一个舅舅到北京打工。当时，激动之情冲昏了头脑，我心想，终于可以挣钱了。

进入工地，我傻眼了：工人们都戴着安全帽干活，每个人一脸无精打采。我当时好奇，他们的状态为什么是这样的。

我接到的第一个任务是砸墙，听起来很过瘾，我对工友说，看我的吧，然后拿起大锤开始抡。

万万没想到，这份看似"很燃"的工作会这么累，干了一天，我的双手被大锤震肿了，晚上翻来覆去难以入睡，睡着了做梦还是在不断地干活。

我终于意识到，辍学打工的生活一点儿也不美好。

第一章　让每一个生活都可以被看见

我四处打工，一个地方干完了再换另一个地方，没活了就回老家。我做过各种各样的体力劳动，比如，服务员、手机销售，还去安过燃气炉。这样的枯燥生活几乎磨去了我对美好生活的所有向往。

可以说，在30岁接触快手之前，我的人生全是低谷。

2017年，我整整30岁。古话说，三十而立，四十不惑。当时我的存款只有25 000元左右，我想，我应该要做点儿别的尝试，否则30岁"立"不起来，到了40岁就更"立"不起来了。

一个偶然的机会，我的发小提到，快手里有很多焊工，用一些废旧零件焊接出各种小摆件，摆件可以放在网上卖，价格也很诱人。

我茅塞顿开，这事儿正适合我啊！我出生在河北省保定市定兴县杨村，是一个标准的小镇青年，我的祖父、父亲都是焊工，我从小就听着父亲焊接时的敲打声长大，现在，我也有不错的焊接手艺。

我到快手看了看，有人做了个不锈钢机枪，卖2 000元。我心想，这东西是个焊工都能做，没什么了不得的。

不过我有个特点，别人做过的东西我不想重复，我总想做一些新奇的东西。而且，我对作品的要求很严格，各方面都要经过反复揣摩，会花很长时间。

起初，我做了一个视频测试，在快手上发布了制作电焊小蚂蚱的过程，三天时间，视频播放量超过70万。我欣喜若狂，凌晨还睡不着，总是刷新视频，看看有没有新的点赞和评论。

正是这个视频坚定了我要继续做下去的想法。

后来，我研究了一个多月，电焊拖鞋没做出来，却做成了十几个钱包，我把制作视频放到网上去，渐渐地，真的有人开始关注我了。

我的创意一般都来自生活，材料也是生活中比较常见的。很快，我又花上千元买了些原材料，打算做点儿钥匙扣、摆件之类的。其中，我用600个普通螺母制作的摆件，连设想带制作花了一个多月时间，结果，这个视频24小时内就播放超过了百万次，我也涨了10万粉丝。

我们村只有5 000人，10万粉丝对我来说真是相当大的数字了。

快手上第一条好评是"耿哥出品，必属废品"

随着我的粉丝数慢慢增加，我逐渐开始挣到钱了。

出人意料的是，我用心研究的拖鞋钱包、小板凳等有用的东西，大部分一个都没卖出去，但我认为不太有用的东西却很受欢迎，比如，夺命断魂梳（菜刀梳子）、如意八宝扇、脑瓜崩辅助器、地震应急吃面神器等。

第一个"爆款"是螺母手链，本来是我自己做着玩儿的，视频上传到快手上没多久播放量就飙升至40多万，好几百人添加我的微信问怎么卖。

我从热情的网友中挑出了7个人，45元一件，还包邮。那天，我从早上八点半开始做，到第二天凌晨一点打包，天亮发货，总共挣了100多元，我开心得不得了。

2018年11月，我收到了第一条好评。一个螺母手链的买主评论，"耿哥出品，必属废品"。这句调侃被我截图发在了微博上。第二天，螺母手链就爆单了，卖出了70个。

我做的东西中，最红的是脑瓜崩辅助器，弹额头特别疼，我开玩笑说可以"增进友谊",没想到它成了我的店铺里销量最高的一款产品,一个月能卖 100 个左右。

对于手工从业者来说,这个数字已经不少了。甚至,我还因为这个"神器"上过微博热搜,火到了国外,美国《华盛顿邮报》还专门采访过我。

粉丝从我身上找到一种共鸣和寄托

大家为什么喜欢我的视频?其实我通过私聊和评论,发现有很多朋友也非常喜欢手工,但是由于没有时间、场地和精力,没办法去实现自己的喜好。正好我做的事情,他们看起来非常"无用"而有趣,他们或许是通过关注我,来找到一种共鸣和寄托。

有人说我是发明家,我不敢当,正经发明家是那种设计很伟大的、造福人类的东西的人,我觉得我应该算那种搞笑发明家。

对我来说,快手既是窗口,也是舞台:它增加了我的收入,提高了我的生活水平,使我可以维持自己的爱好,我还可以通过这个窗口见识到更广阔的世界和更多有趣的人。

原来我做焊工一个月的工资也就是六七千元,现在我除了卖手工艺品所得的收入外,还可以通过网络直播赚钱。

一开始我以为看我作品的人,多是三四线城市的小青年,后来发现不是这样。一些高端粉丝,比如,房地产老板和文化圈的人都和我互动过。前不久我在快手举办的活动中,还有幸和房地产大佬潘石屹 PK(比试)手艺,最后我虽然输了,但我依然很开心。

我从未想过自己会有"影响力"。2018 年 9 月 22 日,快手官方邀请我去现场卖东西,很多朋友专程从山西、上海等地跑来跟我合影，买我做的东西，这让我感到非常震惊。那时我才感觉自己好像真的火了。

网友给我取了很多外号，"废材爱迪生""保定樊少皇"，外国记者也跑来采访我。还有人在西雅图机场的屏幕上看到CNN（美国有线电视新闻网）关于我的采访视频，发微博@我，我开玩笑说："西雅图机场的场长比较喜欢我。"

我还从网上结交了很多朋友，我们私下聊天时，他们会给我提供很多意见和想法，"桌游烧烤器"就是一个朋友想出来的。他给我发了一张图片，我非常感兴趣，花了两三天做出来实物，效果也非常好。

未来希望批量化生产耿哥的"无用良品"

走红之后，有人开始游说我，要我多直播、多挣钱。也有人找我做广告，比如，在朋友圈宣传某个产品，但我不敢接，因为我不知道产品质量如何。被人关注，是别人信任你的表现，把自己不了解的产品介绍给别人，是不负责任的。

在我看来，只有持续生产好的视频内容，才会获得长久关注。

在此我想分享一下自己做视频的经验。封面一定要有趣，尽量选择动图，勾起观众的好奇心。另外，早期做视频建议拍得稍微短一点，视频越短、内容越紧凑，完播率和播放量就会越高。

如何让视频更有趣，以我自己的作品为例，在拍摄用螺母做宝剑的视频时，在结尾处我用这个宝剑扎了一下鸡屁股。我发现人们就喜欢这种带有喜剧效果的视频。

未来我希望成立一个小团队，并将自己认为有用的东西批量化生产，让喜欢的人都有机会购买。

相比曾经的人生低谷，如今的生活我很知足，我既可以做自己喜欢的东西，也可以参加各类活动，甚至接受采访。这些事情让我的生活充实了许多，这一切多亏了快手。

牛津戴博士：
英国皇家化学学会专家教你做实验

"戴博士实验室"开张一年半以来，共发布200多个有趣的化学实验作品，吸引了300多万粉丝。而实验室的"主角"，是一位名叫戴伟（英文名为David G. Evans）的61岁英国老爷爷，慈祥可爱如圣诞老人，说着一口流利的中文。

他是英国牛津大学博士、英国皇家化学学会北京分会主席、北京化工大学特聘外籍教授、著名化学家、英国官佐勋章获得者。凭借专业扎实的学科背景、幽默趣味的实验与讲解，入驻快手后，他已经成为不少中国中小学生喜爱的"网红老师"。

现在戴伟博士在中国最主要的工作就是从事化学科普教育。走到哪里都系着一条印满化学元素周期表领带的他，希望更多中国中小学生通过他在快手上的呈现和讲解，了解化学的魅力，培养起动手验证的科学精神。

被看见的力量

小档案

快手名字：戴博士实验室
快手号：ukdaiwei
国籍：英国
年龄：61 岁
学历：博士研究生
快手拍摄风格：亲自动手做化学实验，通过深入浅出且不失幽默的讲解，呈现化学的学科魅力，培养孩子们的科学思维
对快手老铁的寄语：希望借助快手平台，让化学的魅力跨越时空局限，传达给更多的中小学生

讲述人：戴伟

化学和中国，是我的两大兴趣

我叫戴伟，快手老铁们叫我戴博士。我没想到会因为在快手上做化学实验，让那么多中国孩子爱上化学这门学科，进而喜欢上科学。经常有粉丝给我留言说，如果你是我的化学老师，我就不会那么讨厌化学了。这让我看到快手的影响力，也让我在中国进行科普事业有了更大的动力。

我和中国，和快手的故事还要慢慢说起。

我从学生时代就对化学十分感兴趣，我喜欢研究各种化合物以及它们发生化学反应之后的变化。我感谢我的父母，他们对我的爱好始终表示支持。11岁时，我就开始做各种化学实验。不过现在回想起来，全凭"初生牛犊不怕虎"的勇敢，其实那时我做的一些化学实验危险系数还挺高的。

如果说化学是我最感兴趣的自然科学，那么中国就是我最感兴

趣的社会科学。它们之间的共同点是变化。

我出生在欧洲，在我读书的年代，关于中国的消息几乎是空白的。20世纪70年代，中美建交后，美国总统尼克松访华，陪同的记者们发布了很多关于中国的消息，从那时起我开始了解中国。随后，有关中国的消息再次空白，但我却对中国有了更深的兴趣，我想要了解中国正在发生的事。中国改革开放伊始，我便争取了机会到中国访问。

1987年，我第一次来中国时，学到的第一句中文其实不是"你好""再见"这种常用语，而是"没有"。我下午5点去吃晚饭，得到的回答是"没有"，去商店买东西也是"没有"，去宾馆住宿还是"没有"。1987—1996年我每年都会来中国一两次，发现中国的变化一年比一年大。

1996年，我正式到北京化工大学担任化学老师，给本科生和研究生上课。当时我的朋友们都认为我疯了。但我觉得，他们只看到了中国的问题，而我却看到了中国的巨大潜力。于是，我在中国一待就是20多年。

这20多年里，中国发生了翻天覆地的变化，从"没有"到"什么都有了"。智能手机、高铁、互联网、共享产品，中国的变化就像化学反应一样，我有幸见证了这个变化的过程。

值得庆幸的是，在中国，我也取得了一定的专业成果。我和中国研究者们共同设计了一款用于塑料大棚薄膜的新型添加剂，它可以提升大棚的保温性能，工艺更加环保，可以让农作物长得好、产量高。此外，我还参与研发了新型电缆阻燃材料，即使电缆着火了也能减小烟雾浓度，保证安全。

快手为我的科普带来新的可能

不少人对化学仍存误解。提到化学,很多人会说化学危险,认为化学会制造污染、引起爆炸等。

不懂化学的人容易被骗,轻信很多生活谣言。比如有人认为喝碱性水可以抗癌,其实,一瓶 1 元的普通水和一瓶 25 元的碱性水,它们对人体健康的影响是完全相同的。

化妆品也有类似的问题。现在不仅女士爱美,男士也爱美。不少人爱用所谓"不含化学成分"的面膜,我们都知道水是由 H_2O 分子组成的,但是你想一想面膜里怎么可能没有 H_2O。除此之外,还有很多化学物质。所以,不要浪费钱买昂贵的"不含化学成分"的化妆品,买普通的就行。

这些误区都源于我们对化学不了解,或者说不那么了解。

于是,从 2011 年开始,我就将自己的工作重心从科研转移到科普工作中来。

当时正好有一个契机,2011 年是国际化学年,非营利机构英国皇家化学学会给予世界各地分会 1 000 英镑,希望各地分会能促进化学的发展。那时我在北京的英国朋友做了一个慈善活动,她组织教师志愿者为北京打工子弟学校的孩子教授英语和美术,她问我能不能去给那里的孩子们讲化学,我说当然可以。

从此,我便开始了科普工作,每天在学校给孩子们做演示实验,或者带北京化工大学的研究生去这些打工子弟学校带领孩子们做实验。

2014 年 10 月,我正式成为北京化工大学知名学者科普报告宣讲团的一员,去更多地方为中小学生讲课。除了没去西藏、江西、广西这三个地方做过科普，中国大陆的其他省份我都去过。我总共为大概 3 万名中小学生面对面做过实验，与他们交流化学的奥秘。

面对面线下授课很有必要，但我认为这还不够。中国有那么多孩子，能够到现场听讲的人是有限的。

2018 年，我的助手回山东过年，他听朋友说到快手这个 App，便建议我们也发一些实验的视频到快手上试一试。当时他说，估计没人看，如果做几个真的没人看，那么我们就不坚持了。

结果视频发出去之后，播放量暴涨，粉丝越来越多，大家也在留言中提出了很多有意思的问题，于是我们决定继续做下去。

粉丝们的互动很活跃，有时还会在留言区相互讨论起来，甚至有人提出问题，其他人代为解答，交流氛围非常好。

另外我发现，不少人希望进行更加系统的化学培训，所以我又开始在快手上录制时间更长的"神奇实验"系列课程，让有进一步需求的用户继续学习。

现在，我在快手上已经有 289 万粉丝。通过快手平台，我的影响力越来越大，很多老师、家长找到我说："孩子只是看你做实验还不够，他们也想自己做实验，能不能把你们做实验的设备和材料打包发给我们呢？"于是我们又开发了实验包。可以说，快手帮助我逐渐打开了思路，让我的科普工作更加深入了。

在快手做科普，更"普惠"

中国孩子不是讨厌学习科学，只是没有机会感受科学的魅力。我在中国和英国做化学实验，在课堂上的感受是完全不同的。

初中时期，英国学生和中国学生看到化学实验，他们都会叫："哇，好厉害。"但到了高中，情况发生了变化。

面对英国的高中生,你需要拿出更加刺激的实验,他们才会感到惊喜。但面对中国的高中生,你只需要做一些简单的实验,他们就会"哇"。到了大学也是如此。

这是因为两国孩子学习科学的方式不同。英国的孩子从小学习化学,化学课就是在化学实验室里进行的,老师和学生可以随时随地做实验,一个班的学生最多不到20名,学生们很容易触摸到瓶瓶罐罐之类的实验器材,他们对各种实验很熟悉。而中国学生则显得生疏一些,中国学生通常理论水平很高,但动手能力偏弱。

后来我了解到,中国的班级动辄60多名学生,老师没有那么多精力和时间让学生们亲自去做很多实验,况且实验器材也有限。

所以我在快手上的视频才引起了那么多人的兴趣和关注。通过我的实验展示,我希望让孩子们能够进行"现场学习"以及更深刻的"思维学习"。

举个例子,我做实验时肯定会戴护目镜,在欧洲做实验时,这只是基本操作,但在中国,我发现大家还没有养成这个习惯。

他们会问:"为什么要戴护目镜呢?你又不会往自己的眼睛里滴盐酸。"我告诉他们,造成事故不是我们故意为之,有时,不慎的疏忽也会酿成苦果。

我当场给大家做了一个小实验,把鸡蛋当作人的眼睛,因为鸡蛋清和眼球都含有大量的蛋白质,向鸡蛋里滴了一点盐酸,很快整个鸡蛋萎缩变成了白色。我告诉学生:"看到了吗?化学药品会伤害我们的眼睛,而且这种伤害不可逆转,所以在做实验时一定要用护目镜保护好我们的眼睛。"学生们看了我的实验,更直观地理解了佩戴护目镜的重要性,这就是现场学习的作用。

做化学实验,最重要的是有疑问精神。科学家们都喜欢问为什么，然后用实验验证。在生活中，科学思维指的是，你观察到的东西都可以通过实验验证，这才是真正的学习，这种学习乐趣无穷。

目前，快手是我科普合作的主要平台。我最欣赏快手的三个方面。

第一，流量大。快手每天的日活跃用户超过两亿，我在快手上发布各种化学实验，每条视频都有百万以上的点击量，有的视频点击量更是高达 1 500 万，数据之高让我震惊。

第二，快手是一家新公司，观念很灵活，总在思考怎么创新。我有了新点子，与快手达成共识后，他们就能立刻开始执行，这给了我很大的信心和支持。

2018 年 8 月，我们有一场新活动，这场活动由快手和英国皇家化学学会一起举办。我们会从云南、湖北两省比较偏僻的地区邀请 20 名高一学生和 10 名老师，一起参加我们组织的夏令营。

举办夏令营有两个目的：第一，提高学生对化学的兴趣；第二，为老师做培训，告诉他们做实验的新思路和新方法。传统做实验的方法需要大空间、大量仪器和材料，但现在一些实验可以微型化，比如以前某化学品要 50 毫升，现在只需要 2 毫升就可以了。

如果项目成功，我们会将这个项目进行复制，惠及每个省的中小学生。

除了教学，我们还会做一些其他辅导工作。比如，我们希望能帮助贫困地区的孩子，建立他们的自信心。我要传递给他们的观念是，只要努力，就能改变生活现状。这也是快手带给很多普通人的信念。

第三，我很欣赏快手"普惠"的价值观。快手上有各种各样的用户，包括偏远地区的用户，他们可以平等地观看我发布的内容。

我们之前做线下科普，去的普遍是条件比较好的高中，但在快手，我的讲授可以跨越地域的限制。

在欧洲，很多大学老师都从事科普教育，这是一项传统。他们认为，科研重要，科普同样重要。比如，剑桥大学化学教授彼得·沃瑟斯、诺丁汉大学化学家马丁·波利亚科夫、曼彻斯特大学物理教授布莱恩·考克斯等都是热心科普的专业科研人员。不过，中国的大学老师们一般很忙，他们要写论文、做项目，没有那么多时间去做科普。我认为，做研究和做科普同样重要，我们要对得起我们的学科，也要对得起我们的孩子，才能培养出更多的科学家。

现在，在中国工作和生活的外国人、外国老师越来越多了。有人问我：做化学实验那么辛苦，为什么不去教英语，这岂不是更轻松？我说，能教英语的人很多，但是能做化学科普的人很少，所以，我愿意发挥自己的专长，继续做好化学科普工作。

从我第一次在家里做化学实验到现在，已经过去半个世纪了，我希望更多的中国孩子跟我一样去享受丰富多彩的化学世界……

农民老朱：
我造了一架"农民号"空客A320

拥有自己的飞机曾是许多人的梦想，但真正能把它造出来的人却寥寥无几，老朱就是这样一个人，他亲手制造了一架空客A320，并得到了空客公司官方的认可。

从原本想做一家飞机主题的烧烤餐厅，到制造了一架仿真度极高的飞机模型，再到做出了现在的飞机主题游乐场，快手见证了老朱从0到1再到100的全过程。

老朱说他清楚自己并不是爱迪生，就是"爱发明"，喜欢手工制作一些自己想要的东西。人生会有许多不经意的瞬间，但梦想始终不会动摇。不经意间，他拾起儿时的梦想，造出了一架飞机。

小档案

快手名字：农民工造飞机（开原）
快手号：zhuofeiji8888
籍贯：辽宁铁岭
年龄：40 岁
学历：小学
快手主题：飞机制造
快手拍摄风格：实地拍摄飞机制造全过程 + 飞机主题小品段子
对快手老铁的寄语：只要有梦想，什么时候开始都不算晚

讲述人：朱跃

造飞机的梦想 33 年前就有了

我叫朱跃，是手工制造空客 A320 的主人公老朱，来自辽宁开原，造飞机的梦想其实在 33 年前就有了。

7 岁时，我在电视上看到两个美国人自制飞机完成环球之旅，受到了强烈触动，我也希望像他们那样制造自己的飞机。但事与愿违，我上学时成绩不好，初中就辍学了。辍学后，我先是在家种地，种了一年地发现不对劲——我靠种地养不了家，也找不到媳妇儿，于是就想找师傅学门手艺。

家里把我送进县里的技术学校学习家电维修，学了一年，技校倒闭了，于是我开始在社会上找工作。我从事过许多职业，修摩托车、修理电机，还学过电焊，当过铆工、车工。后来，我自己开了个摩托车修理铺。我不喜欢喝酒、不喜欢唱歌，也不爱打牌，没什么别的爱好，平时就喜欢鼓弄这些机械小玩意儿，有时也会搞一些小发明。

我的微信名字是"我爱发明",这也是我日常生活的写照。但我不是爱迪生,也不知道我的这些"发明"是否会对科技进步有益,多数情况下,我都是手工造一些自己想要的东西。

我制造的"自动叠元宝机"遍布东北

我经常在网上看到老外制造各种奇奇怪怪的乐器、游乐设备,并把这些制作过程拍成视频。我觉得很有意思,于是就对照视频,把他们做的东西也做了出来。我曾造过一台一次只能崩出一颗爆米花的迷你爆米花机,还把废弃的小轿车改装成变形金刚……这些小玩意儿在我家有很多,都是我亲手制作的。

前几年,我看到家里人在清明节祭祀的时候叠"纸元宝",过程很简单,但是比较费时间,我坐着观察她们叠的时候,就想着能不能造出个机器,让机器自动叠。于是我就去找材料,花了几天的时间造出来一个"自动叠元宝机",没想到这个机器还挺有用,被好多人问了之后,我又稍微改进了一下,卖出去了好多台。现在,这台"自动叠元宝机"遍布整个东北。

人生会有许多不经意的瞬间,但梦想始终不会动摇。不经意间,我的这些小发明为朋友们创造了便利;也是这不经意间,我攒了几十万元的存款。我想再拾起儿时的梦想,造一架飞机。

造飞机的难题都是通过快手解决的

说实话,我是一个实用主义者。理想再美好,没有现实的支撑也是寸步难行。在我之前已经有很多人造过飞机了,他们有的成功了,有的失败了。但我的初衷很简单,从一开始,我就没想过让这个庞然大物飞起来,原本我只是想开一家飞机主题的烧烤餐厅,那段时间流行这个。

另外,我已经40岁了,我家旁边就是个军用飞机场,每天看着飞机起起落落,我会期待,啥时候才能有我自己的飞机。有些人说多挣些钱买一个,但像我这样的老农民,哪有钱去买飞机。我有技术,买不了那就造一个。说干就干,这是我儿时的梦想,再不干就老了。

于是我叫了5个好兄弟,又买了50吨钢材,在家附近的废旧厂房里开始了我们的"飞机大业"。

与"快手"的结缘很有趣。在生活中,我是一个十分保守的人,对于互联网的使用不是很熟练。在工厂里看到别人玩手机我都会去阻止,我觉得每天玩手机不认真干活是在偷懒。

直到有一次,配件厂一个年轻小伙子把我改造水管做乐器的过程拍成视频上传到快手上,一下子成了热门,有好多人来问我,我才发现快手挺有趣,能够认识很多人,也能被很多人认识。快手更像一个大号的"朋友圈",这个朋友圈面向的是全世界,是天南海北各式各样的人。

建造飞机的时间比较长,我们用快手记录了每天工作的进程。就是这样一个干巴巴的钢筋焊接视频,在这个大号"朋友圈",被许多和我有同样爱好的人关注。他们中有专程从北京来的航空爱好者,有专业的航拍飞手,有航空公司的空姐,有做摄像头的,有搞装修的,有做汽车整漆的,有卖保温材料的,还有货真价实做航空配件的技术大拿。

在我看来,快手就是一个认识世界的窗口,我在这里关注了很多人。不同人的生活状态都通过快手呈现出来,好像自己也能体会他们的生活一样。

要问造飞机难不难,不难才怪呢!最开始我们缺乏经验,飞机头制作一直失败，大改了 5 次，小改了无数次，所有的东西都是一点一滴从铁板割型，割完了以后对接，然后又焊。

我们也有图纸。在做飞机翅膀的时候，我听说这个翅膀是利用树叶的原理做的。我让人摘了两片榆树叶拿来分析，再把树叶扫描到电脑上，最后利用 CAD（计算机辅助设计）扫描这片树叶的形状，做出了飞机翅膀。靠着这种方法，我和我的工友们积攒的图纸有 20 多斤。一路走过来，反倒不觉得有多难了。我们经常把工作进度录个视频上传到快手上，有时会把问题记下来在评论下面和网友互动。这个大号"朋友圈"十分神奇，我在这里学到了很多东西，建造飞机的过程中的许多难题都是通过快手解决的。

有一天，我团队的一个哥们儿蹲在角落里哭呢，挺大个老爷们儿，平时干活铁锤子砸脚上他都不喊疼。我问他干啥呢，他说没事。我说到底啥事啊，他说在看快手上我们拍的造飞机的照片和视频，再被背景音乐一渲染，感动了。

快手让我成为"开原第二名人"

我完全没想到我们的视频在快手上可以这么火爆。最火的那段时间，有路人从工厂经过，顺手拍个造飞机的视频都能成为热门。也正因为看的人多，好多人都来找我打广告。2018 年初，我在快手上接到一个活儿，只要在飞机上粘几个字就能赚 6 000 元，这让我十分开心。还有快手上搞装修的朋友联系我，想给我免费装修，条件是要帮他的装修公司宣传。我根本不懂什么是流量变现和资源置换，但是我知道这些能帮助我实现造飞机的梦想。其实我也不是什么广告都接，对粉丝可能不好的广告，我还是会权衡一下。

通过快手，我被更多的人知道，当然这也给我带来了一些麻烦，我现在每天都能收到媒体要采访的消息，这让我有一种"出名"的感觉。

我的家乡开原出了一个赵本山，现在有人说我是"开原第二名人"，说就说吧，大家开心就好。但是当各种报纸、电视台，还有一些我没听说过的互联网媒体，甚至外国的电视台都来采访我的时候，我开始反思如果再继续执行原计划——花 80 万元做一个用来开烧烤店的壳子，实在有愧于人们的关注。

我是一个农民，造了一架"农民号"飞机

我开始拜访全国各地制作飞机模型的工厂，去认识所有在这方面有经验的人，去消防队参观用于消防演练的飞机模型。

许多专业人士也与我建立了联系。比如，造驾驶舱时，得到了包括清华大学航空爱好者在内的大量业内人士的帮助。现在就是专业的飞行员到我的驾驶舱，基本都挑不出毛病来。

造这架飞机前前后后用了两年多的时间，总共花费了 200 多万元，我为此付出了全部的心力。从一台淘宝上买的小模型开始，到被空客公司官方都认可的 1∶1 比例的大飞机。空客公司甚至邀请我去参加新飞机的交付仪式。这对我来说是一种莫大的鼓舞。

我是一个农民，我建造了一架"农民号"飞机。有一次，一位 90 岁的老奶奶从外地来到我们的工地。那时飞机还没造好，她坐在轮椅上，请求我们让她上飞机看看，圆自己的飞机梦。当时我十分激动，毫不犹豫就同意让她上去参观了，我带着她逐个介绍飞机上的功能，还在驾驶舱模拟了开飞机的体验。

那一刻，我觉得我做了一件无比正确的事，自己的人生价值仿佛得到了升华。

卡车司机宝哥：
一路走一路拍，没想到竟成了焦点人物

　　32岁之前，宝哥是典型的沉默的大多数中的一员。

　　他生长在农村，家贫、地少，也没有读过几年书，人生的前景怎么看都黯淡无光。他从事大卡车长途运输这一高危行业，每天孤独行进在路途中。一直以来，他的生活点滴似乎都与外界无关。

　　2017年之前，他只看微信朋友圈，没接触过直播和短视频，也没想过与亲友、货主之外的人互动。

　　宝哥考了大货车驾照，结婚后开始跑长途运输。玩快手后，无聊的运输生活才变得有趣起来。如今，快手已经成为宝哥最重要的社交工具，不仅提高了他的收入，还让他和背后的卡车司机群体被更多人看见。

　　开始玩快手的2017年，宝哥32岁，人生有了不一样的滋味。

被看见的力量

小档案

快手名字：河北沧州开卡车的宝哥

快手号：wang376612192

籍贯：河北沧州

年龄：34 岁

学历：小学

快手主题：卡车司机日常

拍摄风格：工作与生活的原生态呈现

对快手老铁的寄语：祝卡友们一路顺风，运费越来越高

讲述人：宝哥

我的命运从这个视频开始改变

我从 2017 年下半年开始玩快手。当时一个朋友告诉我，下载快手吧，里面有很多老铁，可以广交朋友。朋友比我玩得早，但他不发视频，一直到现在也不怎么发。不像我，我玩快手不久后就开始拍小视频上传。

朋友跟我提到快手时，我完全没有抵触，下了快手就开始玩。怎么上传视频，怎么与老铁互动，都是我自己摸索的，很快就学会了，不难。

刚上快手我感觉挺好，大家互称老铁，朋友越来越多。我的视频基本都是跟车的老婆给我拍的，拍完我就把它发到快手上，没有事先策划，运什么货就拍什么货，吃什么菜就拍什么菜，路上遇到什么好玩的事也把它拍下来，有什么就拍什么。其实简单录个视频，也不花什么精力。

一开始，粉丝涨得并不快，但有些粉丝已经习惯看我的视频，

043

如果哪天没发，就会有人问我：今天怎么没发啊？

我发第一条视频是在 2017 年 11 月 26 日，内容是我把大卡车车厢的侧栏打开，等待卸货，我在货车旁边的水泥地上，用脸盆盛上水，打香皂洗脸。这是我老婆拍的，到现在为止这条视频一共有 69 万多播放量、7 000 多点赞、3 000 多条评论。现在还有人不断涌进来留言。

"你的命运从这个视频开始改变。"有老铁在视频下给我这样评论。他说的很对。

那天我共上传了两段视频。另一段是我拍的，我特意写了说明："老婆怕我开车困，所以给我买来大苹果。"这个视频的场景是在驾驶室里，我老婆拎着一袋苹果上车了，我又拍了车前的空地，还拍了自己的脸，我做了个"666"的手势。我也希望涨粉啊，我在视频说明里写下了这句话："老铁们给个双击加关注吧，每天不定时直播。"

我还为这段视频配了歌曲："我俩心相映，爱情常相守。我俩手牵手，温情暖心头。我俩手牵手，黄土变成金……"这是杨钰莹唱的《心相印手牵手》。我喜欢这首歌。我的视频配歌基本都是这种甜歌风格的。

这段视频的播放量更高，一共有 90 多万。

老铁们最喜欢看我做饭

装货、卸车，路上遇到堵车或意外事件我都拍下来，堵车的时候就就地做饭，晚上不敢熟睡以防偷油贼……开卡车送货的间歇，我会跳一段"宝式"舞蹈，很多老铁点赞。除了开车的路途见闻，我也会拍些家人的日常生活。

第一章　让每一个生活都可以被看见

我拍的比较多的视频是做饭，服务区的饭太贵了，自己做省钱。很多老铁封我为"厨神"，因为一直都是我做饭，我老婆不做，也有人说我是"最暖卡车老公"。还有老铁不断问我这饭菜是咋做的，我也都告诉他们。我拍的做饭视频特别多，关注的人也多。为什么他们喜欢看我做饭，我也不清楚。

拍这些东西的想法来自我自己，我觉得好玩，我老婆也支持我。

"喜欢宝哥卡嫂这么接地气的性格""看懂了宝哥做人，也明白这就是人生""加油，这才是真正的卡车生活""生活不易，且行且珍惜"……老铁们的留言让人感动，他们更看重原汁原味的底层生活日常。我从没想过自己竟有了这样一个舞台。

我家在农村，家里地不多。以前我做点小买卖，卖圆珠笔、液化气之类的，收入还凑合，不如开卡车赚得多，但也不像开卡车那样承担人身风险。

我 2004 年考取大车驾照，到 2008 年才开始专职开车拉货。拉一单货，往返时间从五六天到半个月不等。

我原来的社交生活比较单调，除了同学，就是村里的人，现在我在全国各地都有老铁，在快手上熟识后就加微信，加了 3 000 多人。我们经常在一起吃饭聊天，生活比以前丰富多了。

现在我每次拉货，路上一般都能碰到老铁。不仅有开卡车的卡友，各行各业认识的人都有。前两天，我拉货途中在路边做饭，录了视频，一个卖马夹的女人距离我两公里，看到我的视频后专门骑电动车赶过来，还送给我一件马夹。

我印象最深的是曾在拉货途中偶遇一个开路虎的女人，她是石家庄人，在北京开鞋城卖鞋。2019 年 3 月，我们在一个服务区偶遇，她是我的粉丝，看到我后，就问能不能给我录一段视频，我说可以，她还送了我一双大皮鞋。我和她老公也加了微信，我们一直到现在还有联系，像亲戚一样走动。她知道我家地址，经常给我们邮寄拖鞋、凉鞋、棉鞋等，把我们穿的鞋都包下来了，我不要都不行。

有一次我运了一车西瓜回家，她也准备从北京开路虎过来帮我卖。

老婆紧张我有女老铁

中国有3 000万卡车司机，这是个高危行业。以前没有多少人关注我们，是快手把我们展现给了成百上千万的老铁们。以前很多人觉得我们是奇怪的物种，路上见了大车就紧张，想赶快躲开。现在他们看到了我们和他们有相通的人性。

玩快手一年多，我上传的印象最深的一个视频，一共有2 000多万点击量。那个视频是我做油泼土豆丝，土豆丝大家经常吃，但这道油泼土豆丝好多人没吃过。在视频里，油烧热后，火苗子蹿了1米多高。我还在油里放了几颗花椒粒，这道菜就倍儿好吃。我发完这段视频后继续赶路，第二天一上线，大吃一惊，涨了10万多粉丝。

粉丝涨得最猛的阶段是在2019年。我买了一辆二手的、长9.6米的大货车，把原来3.88米长的货车替换掉了，这辆车花了我20万元。这车太长了，不容易倒车。很多粉丝好奇，宝哥能开得了这车吗？我当然能，我开车技术特别好。买了这辆车之后，我出一趟门跑一次运输能涨40万粉丝。我基本上一天发两三条视频，出一次门在路上大概一周时间，会在快手上发十几条视频。买这辆车之前，我有约 60 万名粉丝，现在已经涨到 318 万多了。

我的粉丝越来越多，有一个阶段我老婆不想给我拍了。因为有好多女粉丝留言说："宝哥，我要嫁给你……"她开始以为这些女粉丝都是认真的，就不给我拍了。后来她知道大家是开玩笑的，才继续给我拍。

不到两年时间，我已经上传了 1 000 多条视频。我也关注了几百个老铁，他们大多是卡车司机。线下我们经常见面。打开快手同城，就能看见哪个老铁在附近。

老铁们经常给我联系拉货，线上沟通，线下接活，这给我省了信息费。不上快手的时候，我接一车货要交 500 元。通过快手，我现在每月能多接几单货。

有时到一个陌生的地方，我也常会寻求老铁的帮助。比如拉树苗去云南，那边山路多，小路特别窄，手机地图看不出能不能通大车，我就通过微信向在快手上认识的卡友问路。哪条路不好走，哪里的货不要拉，哪里的罚款太黑，等等，大家都互通消息。路上遇到困难，直播的时候说一声，就有附近的老铁来帮忙。有一次，我在衡水办临时通行证，居然是一个在直播里总骂我的黑粉前来帮忙的。

世界很大，我成了焦点

我还有带货能力。2019 年 6 月，我帮一个老板拉了一批紫洋葱到北京。原以为很快他就能卖完货给我结账，没想到过去两天了，他才卖了一半都不到。紫洋葱容易坏，我就低价收购了这车洋葱，然后在快手上发了一个 57 秒的小视频。

"老铁们，宣布个事儿，这车洋葱我包了，路费没要，我还贴了些钱,这车洋葱老板处理给我了。干啥都不容易。我跟老铁们说一下,给自己打个广告,明天有买洋葱的,西高集桥头,便宜处理,老铁们有要的过来,谢谢老铁们支持。"我一阵吆喝。

结果附近开卡车的老铁们纷纷过来,把洋葱拉走去卖。一上午16吨全部卖光了。我本以为要卖两天呢!有些无法到现场的网友,还希望直接转钱以示心意。还有沈阳和石家庄的卡友,开车200多公里特地来北京见我。

那次卖了洋葱之后,我有了经验。现在拉货去一个地方,看到当地有便宜的特产,我就不再从货主那儿接活了,而是自己买些特产拉回老家卖。比如,有一次我买了一车西瓜回来卖,一两天就卖完了,比拉货多赚五六千元。在玩快手之前,我没这样做过,现在老铁和粉丝多了,才敢这样做。

虽然有带货能力,但我不接广告,因为我不了解产品,怕产品不好老铁们骂我。我也不怎么开直播,我没有才艺,看的人不是很多。我更多是每天拍小视频,然后上传。

这两天我给何二蛋拉了一辆劳斯莱斯,从石家庄送到沧州,他是我的老乡,买了这台豪车让我运输。何二蛋在卡友圈子里无人不知。我们是在快手上认识的,他给我刷了礼物,请我吃饭,有活就让我干。

我也不会别的,就用手机拍拍我的生活、运输工作,拍拍我见到的花花世界。我没想到这会让我成为焦点,目前我打算就按照这个路数继续向前走。

我现在只在快手上发短视频,几乎每天都发。离开快手就感觉缺点儿什么。我有点儿想不明白,这个快手怎么这么神奇呢?

第二章

快手电商：让老铁们买到源头好货

本章概述

目前，快手电商每天覆盖的用户规模超过1亿人，还在快速发展中。2019年6月，有"互联网女皇"之称的玛丽·米克尔在《2019年互联网趋势报告》中将快手直播购物和快手小店作为线上零售创新的代表。

分析"罗拉快跑"的案例，可以看到快手电商发展的动力。首先是中国在互联网领域的长期基础性投入。其次是短视频作为内容载体的威力。最后是直播比视频有更及时的互动，进一步缩短了买家与卖家的距离。

短视频电商被称为电商4.0版——从电商1.0版的文字传播，进化到2.0版的图文结合，再到以广播、电视等形式传播商业信息的3.0版，进而发展到以快手为代表的互动式实时传播。

本章案例

娃娃夫妇：我们如何一小时直播做成 11 万单生意

罗拉快跑：通过快手把"树上熟"卖向全国

山村二哥：在快手切一个橙子，意外成为"水果猎人"

咸阳二乔：从快手"厨神"到油泼辣子电商大王

浩东：重庆"炕耳朵"的表演梦和生意经

快手电商：让老铁们买到源头好货

白嘉乐　快手电商运营负责人

申俊山原来是卖瓷砖的，2017年的一天，他用自己的快手账号"罗拉快跑"（现已更名为"俊山农业"）上传了一个猕猴桃果园的视频，获得了40多万的点击和数百个订单。

之后，他不再卖瓷砖，专心在快手上做起了水果生意。如今，他不仅年入几百万元，在全国建起数个水果基地，还有了"俊山农业"自有品牌。

"罗拉快跑"是快手电商的一个典型案例。目前，快手电商正在快速发展中。2019年6月，有"互联网女皇"之称的玛丽·米克尔在《2019年互联网趋势报告》中将快手直播购物和快手小店作为线上零售创新的代表。

电商4.0

分析"罗拉快跑"的案例，我们可以看到快手电商发展的动力。

首先是中国在互联网领域的长期基础性投入。"罗拉快跑"可以从事电商工作，至少要具备四个条件：一是智能手机的普及；二是

4G网络普及，并且普通人也可以负担得起；三是支付的便利；四是物流网络的发达。这些条件同时具备，可能目前是中国独有的。快手电商正是在这样的前提下诞生和发展的。

其次是短视频作为内容载体的威力。过去，商品信息的表达，靠文字、图片和音频。视频大幅提升了商品信息量的表达，提升了消费者购买决策的效力。比如，"罗拉快跑"在陕西富平的柿子基地，现场掰开一个柿子来吃，这种直观的感觉传递是图文和音频无法做到的。

最后是直播比视频有更及时的互动，进一步缩短了买家与卖家的距离。"罗拉快跑"天天做直播，买家有任何问题，随时提出，卖家在第一时间解答，打消买家的顾虑。直播还有监督功能，如果卖家卖的货不好，做直播时，有买家吃了亏，就会当众提出来，这对卖家有很大的压力。

短视频电商被称为电商4.0版——从电商1.0版的文字传播，进化到2.0版的图文结合，再到以广播、电视等形式传播商业信息的3.0版，进而发展到以快手为代表的互动式实时传播。

启动快手电商

2018年底，我们发现，快手平台上每天与商业需求相关的评论超过190万条。经过再三衡量，我们决定小心尝试，让快手电商慢慢地去拓宽局面。经过半年的努力，快手电商有了很大的提升。

我们的工作主要在以下几个方面。

一是提供更简单易用的内容创作工具。让卖家通过工具创造更好的商品展示，我们把内容更精准地分发给感兴趣的人，其实是在做商业各个环节之间信息的匹配和对接，降低信息的不对称性。基于普惠的原则，让每个用户都有机会被发现，降低了个体参与商业中各个环节的门槛。

二是让交易的各个环节更加便利。商家可通过个人主页上线商品，并通过视频页及直播画面开启"小黄车"功能，用户点击"小黄车"可直接进入商品展示页面，在站内直接完成购买。

三是让用户买得放心。快手与多家电商平台合作引入"源头好货"，可售卖平台包括淘宝、京东、拼多多、魔筷等。

老铁社区

电商考验的是整体运营能力，卖家不仅要关注商品的曝光和转化，发货、售后、复购等成交之后的流程也是非常重要的环节。对快手站内小商家来说，他们可能资金有限，需要提升电商能力，对货品的把控也需要官方赋能。对站外大品牌商家而言，他们可能缺少流量，不了解快手生态，很难涨粉卖动货。针对不同体量、不同行业商家的商业诉求，快手电商需要开发全面多样的电商功能及业务。

一是品牌商入驻。快手从2018年开始大批量引进优质品牌入驻快手，现在已经有超过3 000个不同品类的头部品牌在快手通过视频宣传分发自家的产品。2018年，平台联合商家分别举办了快手卖货王、快手年货节等，超过10万的平台卖家及主播参与到活动中，达成了数亿元销售额，以及超过1 000万次的用户点击链接，商家与主播建立了密切的合作关系，创造性开拓"网红卖货"的新模式。

二是快手小店。快手小店是快手电商新推出的电商交易功能，用户可直接在端内完成商品信息编辑及管理，实现交易闭环。快手小店订单系统完善，支持多种付款方式，能够满足三四线城市用户的支付场景，有效提高购买转化。同时，简单的商品上下架流程，降低了小商家做电商的门槛。在流量的获取上，快手电商更是取代传统电商拿钱买流量的形式，让更多有内容创作能力的用户通过短视频卖货涨粉，既降低了获客成本，也真正实现了粉丝流量变现，让创作更有动力。

三是电商服务市场。快手电商引入了一批优质电商服务商，对站内用户完成电商知识培训，同时实现上游供应商与红人的双向对接。通过向用户提供供应链能力和电商销售技能的支持，为用户解决无货可卖、无方法可卖的痛点。首批接入的服务商包括如涵、网红猫、金镝互动、卡美啦等，这些服务商可为商家提供可靠的供应链资源、电商销售培训和服务，甚至店铺的代运营服务。

未来之路

一个平台强烈追逐自身商业利益最大化的行动是短视的、不健康的。只有让更多用户通过平台获益，生态才是长久的、有生命力的。基于此，快手电商提出生态安全、生态繁荣、生态共荣的发展策略，致力于为用户、商家、平台三方实现共赢，实现快手电商生态的长远发展。

首先是生态安全，业务高速发展的同时不能忽视用户体验。快手始终把用户利益放在首位，在完善服务能力的同时，快手更是将消费者保障作为工作的重中之重。快手电商推出"雷霆计划"，意在提升快手电商平台 NPS（净推荐值）指标，将平台商家 DSR（商品描述、服务水平、配送物流）动态评分提升至 4.6 分以上，并且保持稳定。主要通过打击典型、加强管控和提升服务等手段，实现快手电商产品能力与运营能力的提升。"雷霆计划"启动后，共处理关停 1 038 家商家，处理主播 1 500 余人，下架商品达 30 000 多种，平台整体 DSR 评分大幅提升，用户满意度也提升了 50%。

其次是生态繁荣，快手电商希望通过"种草"内容让用户产生关注，从关注中实现交易转化，丰富平台创作者的种类，展现更加丰富的生活场景。2018 年末，快手电商发布麦田计划，以"内容＋社交"为驱动，打通快手电商和快手其他生态形式，更好地在电商的"人、货、场"等方面为用户赋能，并以"新国货、新农商、新公益、新娱乐、新匠人、新课堂"六大方向为发展重点，立足垂直领域、稀缺内容的探索与深耕，建立快手电商的独特竞争力。

最后是生态共荣，快手电商希望实现头部达人与中长尾商家共荣、线上交易与线下消费共荣、富裕地区与贫困地区共荣。为此，快手电商将推动中长尾的电商商家数量提升，给予内容创作者更多价值上的支持。同时，快手电商将与商业化部门共同合作打造零售宝，将线下的交易映射到线上，减少实体商家被互联网电商影响的现状，让实体商家更好地实现互联网转型。同时，面对贫困地区，快手电商将用流量和技术优势，挖掘与推广贫困地区的特色物产，系统性支持物产背后的新农人，反哺贫困地区，实现精准扶贫和恢复乡村造血功能。

娃娃夫妇：
我们如何一小时直播做成 11 万单生意

从摆地摊到做快手电商，从日收入 200 元到年收入过亿元，娃娃夫妇可以说是电商时代创业成功的典范，经历过跌入谷底的昏暗，最终实现了逆袭。2017 年低迷时期，娃娃夫妇接触了快手，通过积累粉丝和做直播导流，快手最终帮助他们重回事业巅峰，甚至比以前做得更好。

在他们看来，快手是一个充满欢乐和正能量的地方，与其他平台相比，快手最大的不同在于对用户的真诚度。快手的每一步成长，都包含了用户和平台共同前进的身影。

如今，娃娃夫妇在快手的粉丝已经达到了 1 100 多万，通过快手直播进行商品售卖，转化率可以高达 10%。他们爱这个平台，也爱在这个平台上喜爱他们的粉丝，他们愿意在未来与快手一同成长。

> 被看见的力量

小档案

快手名字：娃娃（每周一6点）
快手号：wawawawa
籍贯：江苏徐州
年龄：33 岁
学历：初中
快手主题：用直播做电商
快手拍摄风格：由娃娃穿戴店铺服饰，进行直播，与粉丝互动
对快手老铁的寄语：晴天总在风雨后，柳暗花明又一村
商业模式：快手直播销售，带领家乡人民一起创业

讲述人：娃娃夫妇

快手将店铺带出低迷期

我是小亮，娃娃是我的妻子。在来快手做直播前，我们的生意和生活都陷入了低谷，是快手给了我们二次创业的机会和重生的希望。

我们夫妻俩在外打拼多年，最初以摆地摊来维持生计，主要是卖箱包、饰品和衣服等。因为年轻，接受新鲜事物快，与消费者审美契合，加上我们走薄利多销的路线，2008 年，我们每天的营收可以达到 200 元。后来进驻商场，由于接触网络比较早，我们开始从网上进货，一天的营业额有 4 000 元，2009 年的日营业额就达到了 10 000 元。

后来，我们把结婚的房子卖了，拿着卖房子的 12 万元和存下的钱一起去了广州，准备开网店。最先做的是箱包生意，2011 年后转为服装生意。那阵子我俩每天只睡三五个小时，因为一件爆款

057

衣服，不到两个月的时间赚了 200 万元。

再后来，我们的业务经历了快速增长期，最顺利的时候是从 2010 年底到 2014 年底，我们赚了一亿元。但之后，就进入了持续的低迷期，加上家里亲人去世，我们的生意在这段时间一蹶不振。灰心之下，我们把经营场所从广州搬回老家徐州，也是在这个时候，我接触到了快手。

起初只是听说这个 App 很好玩，也只是以一个用户的身份在玩快手。因为娃娃喜欢穿好看的衣服拍照，我们就把娃娃的这些照片上传到快手上，结果有很多人关注我们，我们就继续发一些产品的展示和穿搭，2017 年，我们已经积攒了 500 万的粉丝。

其间，粉丝会发私信询问购买地址，我们把网店的地址发给他们。就这样，快手拯救了我们的网店生意，再一次将我们的事业推向了高峰。2017 年"双 11"期间，通过快手导入的流量，我们半小时就实现了 500 多万元的销售额。

起初我们没有刻意去经营快手，更像是"无心插柳"，我们只是把产品放到了快手的平台上进行展示，结果喜欢的人就渐渐在我们的账号下聚集起来，成了我们的粉丝，这与传统的电商销售完全不同。而快手粉丝的转化率出乎意料地高。

平台的真诚与粉丝的热情带来高转化率

从订单来分析，2019 年之前，快手的粉丝大多分布在乡镇和村子。2019 年后，基本已经和淘宝用户的分布拉平。而相比其他平台，快手粉丝的消费力和忠诚度都很高，官方对我们也很支持。一方面，支持我们传播正能量；另一方面，电商功能的相关测试也会邀请我们。2017 年，快手帮我们放了一个立即购买的测试，我们的一款马甲当天卖了3万件,刷新了之前的纪录。

之前一个月的销量也达不到3万件。但在快手,一两个小时就做到了。于是我们开始思考:快手粉丝的购买热情为什么会这么高?

我们有一个十分明显的感受,那就是在快手,我们不仅是买卖关系,大家都是朋友。我们的经营理念也是童叟无欺、薄利多销。卖得便宜不是关键,更重要的是老铁们对娃娃和我的信任。将心比心地做生意,时刻把自己当成消费者,从消费者的角度去思考问题,就一定能够在事业上取得成就。

而我们能在一帮人里做得还算好,也有两方面的心得。首先,主播要有亲和力。作为主播,一定不能传播负能量。大家来快手这个平台大都是为了休闲娱乐,不能把自己的负面情绪传给观众。同时也要注意自己的言行,不文明用语一定不能出现在直播中,不然会大大降低观众对你的好感度。其次,你需要找到和观众的共通点,比如,在形象气质上、在穿着风格上等,让观众知道,所见即所得,主播穿上是什么样子,自己买回去穿也是这个样子。

在快手上,老铁的信任和忠诚就是真金白银。

如今,我们快手上的粉丝已经达到了1 100多万。一场直播可以卖出七八十万元的商品,再好一些的情况可以卖出一两百万元。如果直播人数达到10万,转化率最少可以达到10%。同时,因为快手的导流,网店的复购率也达到了75%~80%。

我们比较分析过,快手的转化率在各平台中应该是最有竞争力的。在别的平台,我的一个妹妹有1 200万粉丝,6个模特,每人3个小时,一天做18个小时的直播,一天也只有15万元左右的销售额。

快手曾见证我们的逆袭，我们也希望与快手一同成长

电商时代给了我们这些草根逆袭的机会，而快手则见证了我们走出低谷、重回巅峰的过程，也让我们对这个时代更加心怀感恩。

我和妻子小时候家里都没什么钱，上学上到初中就辍学了。创业时，我们从徐州到广州，一开始舍不得打车，就骑着自行车找了三天才租到房子。一天只睡三五个小时，全部订单都是手写的。请不起模特和摄影师，娃娃就自己当模特，我当摄影师。

生意渐渐好起来后，我们请了员工，从3个到10个，再到50个、100个。最高的时候有180人。我们把父母也接到了广州，店铺的打理，他们出了很多力。我父亲之前是跑运输的，母亲开过足疗店。到广州后，他们开始帮我拿货、搬货。再后来，二姨、三姨、母亲的其他姐妹、家里的亲戚都过来帮忙，我们也算在广州安居乐业了。

但谁也预料不到，我在广州的第七个年头，人生突然180度大翻转。首先是生意变得十分惨淡，销售量从日均10 000单降到1 000单，最后连600单都不到，都养不起员工了，员工从100多个减少到60个。

另外，我父亲在这一年突发脑溢血去世，母亲身体也出了点儿状况。那阵子我十分迷茫，感觉非常累。作为儿子，我不知所措，即便手脚并用也还是无能为力，连自己家人都保护不了，挣再多钱有什么用，不如回家吧。

我记得很清楚，背着爸爸的骨灰上火车的瞬间，我就再也没心思在外面飘荡了。

许多在广州做生意成功的人回到家乡都失败了，我也有些担心。这时，我的妻子娃娃给了我很大的鼓励，她告诉我，回到家乡我们也一定可以。然后，我们逐渐将重心转回了徐州。

2018年6月1日，我们正式将公司搬回江苏徐州老家，在快手上开启了第二次创业。那时候前途未卜，心里有些忐忑。

但很快，快手给了我们极大的信心。不怕吹牛，2018年我们正式在快手上经营以来，3个月的成绩相当于过去整整3年的销售额。最近的一次，在一个万人左右的直播间，经过一个小时的直播，就完成了147万元的成交额，将近11万单，这在以前是万万不敢想的。

如今，回到家乡一年多，我们的生意竟然比在广州时还好。公司员工超过200人，去年一年的营业额有四五亿元。能够取得这样的成绩，快手真是一个神奇的地方，在这里，我又重新找到了自信，找到了人生的方向。

下一步，我也希望通过快手将自己成功的经验传递出去，带领家乡人民一起创业，免费培训他们开网上商店，将家乡的土特产，比如，土豆、黄瓜、橘子等农产品通过快手卖向全国。

罗拉快跑：
通过快手把"树上熟"卖向全国

名为"罗拉快跑"（现已更名为"俊山农业"）的账号现在有50多万粉丝，每天有几百单水果订单，老客户回购率超过80%。账号的主人申俊山自称是快手上销售富平柿饼第一人，一年能够卖出300多吨柿饼。

2015年用快手之前，申俊山的建材生意做得也不错，但在快手卖水果，不仅让他实现了从"骑自行车"到"开宝马"的转变，还帮助不少当地贫困户改善了生存状况。

申俊山还在全国建立了四个水果基地，成立了公司，打造了自己的品牌"俊山农业"。他的心愿是，把公司开到首都北京去，让关注他的人都可以吃到优质水果。

被看见的力量

小档案

快手名字：俊山农业

快手号：v4444444

籍贯：河南安阳

年龄：40岁

学历：初中

快手主题：果园、水果

快手拍摄风格：亲身展示果园里的当季水果 + 直播互动

对快手老铁的寄语：想做快手电商，一定要有自己的特点和定位，卖水果必须要有监督，必须要在场

商业模式：成立公司，在水果产地合作承包果园，通过快手平台销售高品质水果和水果制成品，也对下游经销商做批发

讲述人：申俊山

一段视频引发的水果生意经

我在快手上走红十分偶然，但似乎也是冥冥之中天注定。

我曾无意中上传了一个猕猴桃的视频，这一举动改变了我的人生。当时我一下子就上了热门，我记得很清楚，一天的时间有40多万的点击量，这让我非常震惊。

其实那个视频中的猕猴桃是我房东的，那时候房东家的猕猴桃成熟了，他说："走吧，小申，去我地里摘猕猴桃吃。"我当时就随口答应说"行，一块儿去"。然后我就顺便在快手里传了我的第一个视频。

让我意想不到的是，开始有很多朋友给我发私信，问我这个猕猴桃卖不卖。我也随口应付说卖。他们就问我多少钱一斤，我随口说了一句，20元一斤。其实当时猕猴桃的市场价没有那么高，从

063

地里采摘一斤在 2.3~2.7 元。我就是随口说了个价格，没想到还会有下文。

当时我是做瓷砖生意的，一年的收入也挺可观，差不多有几十万元，根本没有想过我还能卖水果。对方说给个联系方式，我在私信里把我的微信号给了他，这个人我看着挺老练的，他把地址、电话、姓名一起发给我，并给我发了个微信红包，我点开一看，200 元，当时就傻眼了，心想这个人脑子是不是有问题，我们不认识，一下子给我转了 200 元，这是第一单。接着第二天、第三天，我又接了好多单要买猕猴桃。尝到了拍视频的甜头，我就又拍了一个视频上传。渐渐有点儿名气了，我爱人建议我把微信号也放上去。结果往那儿一坐，手机就开始响，好多人都要来买猕猴桃。第一天 20 多单，第二天、第三天，每天几百单，当时把我给急慌了，我说这水果怎么邮寄呀！跟身边人打听，附近哪家快递公司最好，他们说顺丰，于是我联系上顺丰，一单 10 斤，36~38 元一个包裹，东北地区 38 元。那时候地里一斤猕猴桃的价格是 2.3 元，加上这个箱子一单能赚 100 多元。我跟房东说，把你们家的火龙果、猕猴桃供应给我，我邮寄猕猴桃的时候附送一个火龙果，送给他们品尝，这也是我的一个策略，其实是想打广告。

那个时候水果生意好，我特别激动。我不卖瓷砖了，改让工人打包水果。我交代他们，白天打包，晚上发走，结果第一天发了 300 多单，我回来一算都懵圈了，一天下来赚的钱比我以前做瓷砖生意几天都多。

要说我和快手的结缘，更是偶然。我有个外甥，是快手的铁杆粉丝。他每天目不转睛地盯着手机，我就很好奇他到底在看些什么。有天我问他："这是什么东西？跟小品似的。"他说："舅舅，你 out（落伍）了，我给你下载一个。"然后他就在我手机上安装了快手 App。从那以后，我晚上睡觉之前都会看快手，里边有很多搞怪的、搞笑的、深入人心的短视频，当时也没有想过其中会有商机，纯粹是娱乐，就跟看小品一样。我注册了快手账号，叫"罗拉快跑"。有很多朋友问我是不是姓罗，我说我不姓罗，也不叫罗拉。我有名字，我姓申，全名叫申俊山，来自河南安阳的某个县城，今年 40 岁。

有了账号，才有了上述猕猴桃的故事，也才有了后来把"树上熟"卖向全国的故事。

风里来雨里去，跟着"新鲜"跑

第一个月卖了很多猕猴桃，最终的单量是多少我记不得了，当时就知道上快手可以赚钱，于是天天开车去地里采摘，然后发货。在这个过程中，有很多朋友信任我，觉得我们家的猕猴桃好吃，后来他们问我："你们那儿有榴梿吗？"

我说这里不产榴梿，我当时都还不知道榴梿是什么东西，连见都没见过。我去网上搜，说马来西亚、泰国产榴梿，我稀里糊涂地就去订机票。订完机票又有很多人问我有没有签证。签证是干啥的，我也不知道，护照也没有。

没办法，我就办了一个加急的护照，8 天就收到了。然后我外甥又帮我加急办了签证。带着护照和签证，我直接坐飞机去了泰国。我不懂当地的语言，机场旁边有一些租车的会中文，我问租车一天多少钱，他们跟我用中文交流，说一天 1 000 元。我问能不能帮我找个翻译，他们说翻译一天 800 元。我感觉被坑了，因为租车一天要 1 000 元，坐飞机也用不了 1 000 元啊，但是人生地不熟，我也没办法。

他们给我配了一辆车和一个翻译，我让他们带我去有榴梿的地方。他们说"行啊，保证你满意"。我们就去了榴梿的生产基地，那个地方全部是榴梿，就跟玉米地一样，看得我眼花缭乱。我在那里拍了很多视频传到快手上，很多人问我多少钱一斤，我说晚上给他们回复，因为我要跑市场，要看当地榴梿的价位是多少，我还要谈价。总不能进价40元，我跟你要30元吧。

我在市场上转了一圈，跟当地果农交谈。后来我给我的朋友打电话，问国内市场榴梿的价格怎样，得到的答案是在国内大概26元一斤，在泰国当地合人民币12~16元一斤，我说这不行，拉回去运费贵，不赚钱。他们告诉我说这是公斤，不是在中国的斤，当时我心里就有谱了。

泰国水果市场上有很多给中国商人拉榴梿的车，我跟他们谈价，当地叫代办，可以帮你代收榴梿，一车可以拉26吨，当时的价位是一车要几十万元，再找纸箱厂，用了几天时间我就收了一车榴梿。

我把榴梿拉到南宁的一个水果批发市场，然后在快手上宣传我的榴梿，当然比市场上要便宜。当时市场上也有很多卖榴梿的，他们从我这批发拿货，我也在快手上零售榴梿。第一车我赚了15万元，这算是我赚到的第一桶金。

当时我真的睡不着，做瓷砖生意一车才赚一两万元，而且要几个月时间。我从去泰国收榴梿到回国销售总共10天的时间，赚了15万元。

得到了客户的信任以后，他们又问我："你有杧果和柿子吗？"

我在网上搜杧果产地，首先看到的品种叫新世纪，产地是四川的攀枝花。后来我去了三个杧果产地,海南、广西和四川攀枝花。当地各种杧果我都尝了一遍,整个市场我也转了一遍。我之前是做陶瓷生意的,要去每家公司里问不同花型多少钱,对做生意的套路还是相当了解的。做水果是一样的套路,先去当地市场看价位,再看水果超市的批发价位,南方和北方的水果价格有差别,不管是搞批发还是零售,中间有一定的利润点。

还有蛇皮果,一些人可能不喜欢这个味道,酸得让人睁不开眼,只有瞬间的回味是心里甜。但女士一般会喜欢吃,尤其是孕妇。它的产地是泰国,国内暂时没有。还有火龙果,算国内比较常见的水果。我们的火龙果叫京都1号,是一个特别的品种,外表跟别的火龙果不一样,不像别的火龙果有绿的、有红的,它皮薄,果肉甜度达到18以上,放到太阳地里暴晒一个星期一点问题都没有,这是这个品种的优势。

其实做水果生意也很辛苦,我们整天风里来雨里去,因为运输原因,无法保证收到的水果一定是好的,它不像衣服鞋子,码大码小了可以调换。新鲜的水果收到可能有些已经坏了,有的人上快手说"你给我邮寄的怎么有坏的",其实我们不想给你寄坏的,寄的时候绝对是好的,但是快递公司在运输过程中不会轻拿轻放,我相信网购过水果的朋友应该会有这样的经历。有坏的,跟我们反馈,我们按比例赔付。我对我的客户说,坏了你拍照片,我们会赔付,不要感觉不好意思。

我们邮递的杧果一箱有9~10个,如果坏了一两个我们按比例赔付,如果坏的超过一半我们重新发一箱。售后我们会逐渐做得更好,我们也会在包装上下功夫。

快手上销售富平柿饼第一人

我可能是第一个在网络上销售富平柿饼的。它也叫溏心柿饼，因为好多老铁对我的信任，富平柿饼已经是网红柿饼了。客户收到柿饼吃不完可以放到冰箱里冷冻，放一两年都不会坏。

我们生产的柿饼都是一串一串的，很多人问：上边淋的是面吗？那不是面，是自然产生的柿霜，里面含葡萄糖、果酸、果糖，有口腔溃疡、有胃病的人吃了相当好。

我十分幸运地找到了一个特别聪明的合伙人，她是专门做深加工生意的。我从网上搜到她的联系方式，就直接联系她。柿饼不只陕西富平有，山东也有，广西桂林也产，我不知道大家吃过桂林的柿饼没有，它的口感不一样，这几个产地我都亲自去过。

为什么最后选择富平柿饼呢？因为它的加工程序不一样，首先，摘下来的柿子要用水清洗，然后去皮，要晾晒而不是暴晒，晾晒是重点。

晾晒一般是3~5天，要戴上一次性手套，就像给小孩按摩。给小孩按摩，重了小孩会哭，轻了小孩没感觉，所以手法要到位，也有点像挤牛奶，要让柿子松软，力气也不能太大。

按得重了，柿饼是两层皮，中间就没有溏心，按得轻了，里边是死心，是硬的，所以要把握好手工按摩这个步骤，柿饼的口感才会好。

以前的柿饼都是人工包装，现在已经成了一个产业，用机器包装，出来就是一个个的独立包装了。

之前我没有接触柿饼买卖的时候，它只出口日本和韩国，对产品的要求相当严格，产品好是首要的，价位是其次。现在的柿饼都不再出口了，就在国内销售，而且还不够。不是因为我这个柿饼多牛，而是因为快手的宣传让它变牛了，很多人知道它好吃它才变牛的。

我拍了一些视频，从开始加工到晾晒，再到如何保持卫生，如何上架、售卖等。

确切地说，是快手帮助了我，改变了我的人生，增加了我的收入，现在我每年的收入非常可观。我做陶瓷生意的时候，一年收入大约三五十万元，自从我玩快手以后收入翻了好几番，一年赚几百万元也没问题。

带着困难户一起改变命运

有个奶奶姓丑，富平人，是个建档的贫困户，丑奶奶姓丑，心地却特别善良，别看她年龄大了，手艺可精着呢。她有一套传统的晾晒柿饼的手艺。之前她家产的柿饼主要是自己吃，有多余的就卖掉，因为没有规模，她没有从自己这独特的手艺中得到多少收益，她的生活条件也不好。当时我们在快手上卖柿饼，销量特别好，于是开始收购柿饼，仅丑奶奶一家是不够的，一年加工 2 000 斤都不够卖。

丑奶奶不玩手机，也不知道快手是什么，但通过快手，她的东西卖出去了，快手改变的是实实在在的生活。

不是每个柿子都可以加工成柿饼的，我们召集了一些贫困户，给他们提供柿子，他们可以大胆地加工；或者提供树苗，让他们种植，帮助他们脱贫。以前，富平柿饼的销量不是很好，有些企业积压了很多货物卖不出去。自从找到了快手这个平台，富平柿饼一下子变得供不应求。有的贫困户以前一年收入才几千元，现在一年收入超过了 8 万元，翻了 15 倍。我收购他们的柿饼，第一年一斤五六元，自从柿饼在快手上走红以后，一路飙升到 15 元一斤。我跟他们签的不只是合作协议，他们的收入还跟我们公司的收益挂钩。公司的收益高了，大家的回报也会跟着水涨船高。公司的收入下降了，大家的收入也会跟着降低。我们投入人力物力财力，大家只投入一份干股就行了，这份干股就是用心去做产品。

丑奶奶是有技术的，别看她年龄大，干起活儿来可麻利了。每年 10 月我们开始加工柿饼，以后我会专门出一个系列视频放在快手上，让大家看看丑奶奶的手艺。

大多数人冬天很难吃到自然熟的杧果。但我们是真实的自然熟的杧果。冬天邮寄的是全熟，在树上长熟了之后直接发出去，其他季节邮寄的是八成熟的，客户一收到就可以直接吃新鲜的杧果。

快手的老铁们因为相信我，到我这里买水果，以后还会回购。尤其是到了中秋、春节，发货都忙不过来。中国是礼仪之邦，过年过节会提点东西去长辈家，以前是提饮料提点心，现在是提水果。80% 的老铁都会在我们这儿复购送礼。

我不帅，但我想表达"在现场"

我们的水果卖得相当好，一些朋友经常来问我的经营秘诀是什么。其实我没有秘诀，脚踏实地干就行了。在这里我也希望后来的朋友，想做快手电商，一定要有一个定位，定好你是想搞笑还是想卖东西。

你要是想卖东西，一定要实地去加工厂商那里考察一下，看看质量行不行，但是卖水果必须要有监督，你必须要在场。了解我或者看过我的视频的老铁应该知道，大部分视频都是我在场的，卖杧果时，我就在杧果旁边。

很多人说："卖水果就好好卖水果，为什么把你自己放进去？你长得很帅吗？"我知道我不帅，我这个小小的动作想表达的意思是：我在现场。

把公司开到首都北京去

现在我自己有四个水果生长基地，分别在攀枝花、西双版纳、海南和漳州，都是承包的果园，生意做大了，越来越多的朋友支持我。但谁是真正的支持者？就是我的粉丝，快手的老铁们。

我现在有自己的品牌了，箱子上都写着"俊山农业"，不再像以前箱子上面什么标识都没有。我还开始尝试水果深加工，有杧果干、枇杷膏，也许以后你会吃到我们家生产的果脯、果酱。

因为之前没有小黄车（快手小店直达链接），我都是把所有在快手关注我的人导入微信，我有16个微信号，每个微信号里有约5 000个好友，每天从早上一睁眼开始接单，还有3个客服同时接单，直到凌晨4点。自从快手有了小黄车，对我们电商来说就方便多了，客户可以直接下单。

我的下一个目标是想在一二线城市开自己的实体店，虽然北京房租会贵一些，雇人也会贵一些，甚至我可能赚不了钱，但是我会在北京开一个属于自己的水果实体店，把公司开到首都去，这是我为自己定的目标。

山村二哥：
在快手切一个橙子，意外成为"水果猎人"

"山村二哥"原本是一个美发店老板，他的快手生意起源于一次"意外"：在快手上随手拍了朋友家果园里的橙子，却成了"发现页"的热门视频，人生轨迹从此被改变。

当商机出现时，二哥果断转型为全职"水果猎人"，南溪血橙过季之后，他就去云南或者海南找杧果，6月底又回四川卖李子，一年四季不留空档期。二哥说，在快手上做生意，不仅是买卖关系，更是老铁之间的"朋友"关系，"不能让朋友失望"，这就是他的生意能越做越大的"秘诀"。

被看见的力量

小档案

快手名字：山村二哥 - 汇奉源

快手号：miaosi11

籍贯：四川宜宾

年龄：32 岁

学历：初中

快手主题：展示血橙等水果

快手拍摄风格：展示产地新鲜水果的鲜甜多汁

对快手老铁的寄语：在快手上卖货，排在第一位的就是口碑。必须对品质有很高的要求，因为维护一个客户真的很不容易，何况很多客户都把我们当朋友

商业模式：在各地收购高品质的南溪血橙等特色水果，通过快手小店售卖给全国各地的老铁

讲述人：缪利

从快手卖出去的第一箱橙子

牛顿被苹果砸了脑袋，发现了万有引力，我在快手上切了个橙子，变成了全职"水果猎人"。

我叫缪利，快手昵称"山村二哥"，1987 年生，家在四川宜宾，初中毕业后学美发，开了一家美发店。

我有一个朋友叫易松，我们是通过快手认识的。我跟他都喜欢玩户外运动，我喜欢钓鱼、摸鱼抓虾，感觉有些不务正业。

有次回家，我到易松家的果园里摘橙子吃。当时随手拍了一个视频传到快手上，视频也没有什么特别之处，就是很简单地把橙子对半切开。结果一下子就上了热门，来问的人特别多。

我摘的橙子在我们这边叫血橙。我们这里的果园沿着长江，夏天白天温度高，晚上江面上的风一吹，温度马上降下来，昼夜温差

大，有利于积累糖分，所以血橙口感很甜。我们之前没有测糖度，感觉口感比糖还甜，我用刀划了下橙子，刀能粘在手上不掉。后来我们买了测糖仪来测，血橙的糖度能达到16，现在市面上橙子糖度能到14或15就算是比较甜的了。

有快手用户看到视频，问我们橙子卖不卖，我朋友说卖，反正家里也有货，这是我们在快手上卖出的第一单。

当时卖出去了10斤，售价是48元。我们没有包装箱，从发货的邮政快递那里买的箱子，加上网套，包装箱4.5元一个。最开始快递费要贵一些，15元一单。橙子的成本大概是13元，算下来48元的橙子我们可以挣十几元。

我们玩快手已经有很长时间了，但是还没发现这是一个商机，也没注意到快手上有人在做生意。这单生意给了我启发，原来快手不单好玩，还能赚钱。

后来，买的人越来越多，销量越来越好，很多人买了之后还会复购，有的人还会跟着发视频帮我们宣传，给我们介绍了很多客源。因为第一个视频，我们卖了好几百斤的橙子。也正是从血橙开始，我决定专门去做这件事，为大家寻找优质水果，卖给快手上的老铁。

除了血橙，我还在快手上卖过家乡的李子。

2018年8月底，我们这边的李子卖完了，当时我也没有什么事情做，恰好汶川那边李子还没上市，于是我就到汶川去进李子。当时我找到了快手上认识的陈荣，跟她合作，在汶川本地直发快递进行销售，一直卖到10月，一共卖出了两万多斤的李子。

从汶川回来，我开始着手组建团队。我的家乡不可能一年四季都有水果卖，这边能卖出去的只有李子、橙子，过了这些水果的成熟季节就没有其他品种了，我必须出去寻找更多的水果，所以，我成了一个真正的"水果猎人"。

在快手上，也有很多人的家乡有好货。通过快手，我结识了最早做水果生意的这批人，大家聊着聊着就互相熟悉了，相互之间展开合作。后来我加了家乡的群，认识了更多的人，他们大多分布在云南、海南，陕西富平也有，都是盛产水果的地方。

2018年我注册成立了公司，股东是我和我的朋友易松。易松原来在一家安防公司工作，是装摄像头的，他有个之前在武汉打工的弟弟，也回来了，公司刚建立时只有我们三个人。后来陆续有人加入，现在团队有7个人。

7个人相当于分销商，是员工也是伙伴。我们7个人都是通过快手认识的。我没有刻意安排他们怎么做，无论什么事情，大家都是一起做、一起聊。采购、打包、发货，平时都在一起。比如，订单来的时候，今天这个人有多少单、那个人有多少单，一起报上来，公司统一一起打包发货就可以。

每个人卖货可以自己掌握利润，比如，公司卖成本价50元一箱，他交给公司50元钱就可以了，剩余的钱就是他的，我们一起保证公司能正常运作，每批货不亏本，正常开支就行。

用快手小店提速

2012年我就开过网店，帮别人卖电子产品。2018年开始卖李子的时候，也开了网店，评分还挺高。

但是网店运营比较复杂，诸如刷单、关键词、权重等，我不知道该怎么做。如果有一个差评，我一晚上都睡不着，后来干脆放弃了。

8斤装的"爱媛橙"我们卖68元，但在网店上，用户搜出来的除了我的店，还会弹出其他花钱买了"直通车"推广、价格却低很多的"爱媛橙"。我就看到过29元8斤装的"爱媛橙"，这个价格其实连成本都不够。有些消费者不懂这些，只要便宜就买，这些买"直通车"的产品展示权重都很高，交易量很大。

我觉得还是快手小店来得最直接。在快手上积攒粉丝，在快手小店直接下单是最简单的。看到东西好，用户就想直接买，转化率很高。老铁们下单之后我直接在后台导出数据，打包发货，特别方便。快手直播的时候下单率还会更高一些，因为直播这种形式对好吃的水果展示非常直接。

视频成为"发现页"里的热门之后，马上开直播效果更好。老铁们看了视频后会进直播间，如果在直播里看到你在地里现场采摘、打蜡封箱发货，效果更直接，转化率特别高。

在快手，有一次我连上了几次热门，最多的一个播放量有80多万，直播间进来将近1 000个人，一下子预订了很多。有一天凌晨3点多，还有人直接发语音说要订两箱，原来这个人在美国。

货发出去，排在第一位的是口碑。我们对品质把控要求很高，维护一个客户真的很不容易，所以我们不想流失任何一个客户。有客户说坏了几个，我们就按比例赔几个的钱。坏的多了，不用说，直接重新发一箱。

粉丝对我们的信任度也很高，在其他电商平台上，我们和用户就是纯粹的买卖关系，在快手上就有粉丝也是朋友的感觉。

有一次做直播的时候，才几十个人看，但里面就有原来买了很多血橙的老客户。突然有个陌生人进来说血橙红是因为里面打了色素，这时候我的一些粉丝就说："你不懂，你知道正宗的血橙是怎样的吗？你买的是假血橙，当然不知道正宗血橙是怎么样的。"

在大家的七嘴八舌的"声讨"中，那个捣乱的人自己退出了直播房间。

把别人不知道的家乡好物分享出去

接下来，我的规划首先是想办法把销量搞上去。卖货肯定是第一位的，我们要用血橙这种非常有特色的水果做好文章。血橙过季之后，我准备去云南或者海南，找好的杧果给大家。

杧果卖一段时间，差不多到6月底，四川老家的李子又上市了。我们现在都是以销售水果为生，不能留空档期，有空档就没收入了。

我请了专业人员管理美发店，打算用心把快手上的水果生意经营好。等各方面货源彻底稳定，我就可以给别的团队供货，批发兼零售了。

在我看来，我们这样的人都是各自家乡好物的分享者，把别人不知道的家乡的好东西，通过快手分享出去。这样对我们有利、对农户有利，对买到好东西的用户也有利，大家都得到了好处，非常好。

咸阳二乔：
从快手"厨神"到油泼辣子电商大王

计算机专业毕业的乔飞，人称小乔，他和砖厂退休的父亲老乔一起，在快手上创作以陕西美食为主题的短视频。老乔做饭，小乔拍摄，30秒的做饭教程配上陕西方言"再来一瓣蒜"，父子俩收到了全国各地的快手老铁们送出的无数小爱心。不同于制作精美的纪录片，他们用手机在家中就拍出了美食王国和烟火人生。

拥有412万多粉丝的他们，成立了两家公司，在不到一年的时间里卖出了3万多瓶油泼辣子，一个月流水超过30万元。老乔小乔也被CCTV 2（中央电视台财经频道）在内的多家媒体采访报道。去全国各地参加各种短视频相关的活动，已经成为他们生活的一部分，高铁上、飞机上，总有人认出他们。

从普通上班族到退休工人，到短视频创作者，再到电商企业的经营者，老乔和小乔借助快手平台实现了人生的彻底转型，也弥合了父子交流的鸿沟。

小档案

快手名字：陕西老乔小乔父子档

快手号：Shanxilaoqiao

籍贯：陕西咸阳

年龄：63岁（老乔）、33岁（小乔）

学历：高中（老乔）、本科（小乔）

快手主题：陕西美食

快手拍摄风格：家常美食制作教程，父亲老乔出镜

对快手老铁的寄语：在快手上取得成功有6个字的秘诀，坚持、坚持、坚持！

商业模式：成立公司，注册商标，专业生产油泼辣子等陕西美食，再通过快手电商平台售出

讲述人：乔飞

看准移动互联网的未来，选择加入快手

选择在快手创业可能是我这辈子做得最正确的决定之一。

我是小乔，毕业于西安交通大学，学的是计算机专业。我爸爸在砖厂干了一辈子。如果不是快手，谁能想到我们父子俩会变成美食主播，又一步步开启了我们的电商生意，将陕西美食卖向全国各地。

我这人恋家，毕业之后不想离开家，但我们陕西省与互联网相关的工作机会又比较少，所以毕业后我没有从事计算机行业，而是做了园林工作。

2015年看电视新闻说接下来是移动互联网的时代，这句话触动了我，我就开始研究移动互联网。我比较看好快手，因为那时自媒体平台就数快手和微博比较火，快手比微博更接地气，我就想尝

试着玩一玩。

刚开始我想拍搞笑段子,找了很多朋友,想让他们和我一起玩快手。但朋友们没有一个看好这件事情,当时我很失望。

回家之后,我爸老乔就问我发生了什么事情,我就跟他说了我的想法,我爸说,不行咱俩合作。我爸就这样加入了。

我做任何事情我爸一般都挺支持。以前我妈想让我毕业当公务员,但我爸不同意,他觉得公务员工资一个月就三四千元,太少了,而且他觉得我是年轻人,应该出去闯一闯。在我的事业方面,我爸确实比别的父母开明一点。

我们陕西有两样很出名,一个是陕西的历史文化,另一个是陕西的小吃。历史文化的传播和推广需要时间,也需要知识积累,相比较,美食更容易吸引人,所以我们就从美食方面开始。

2016年10月,我注册了快手账号,刚开始是给大家展示各种陕西的美食小吃,没有教怎么做。

后来,很多粉丝就问我们:"这个是怎么做的?"还说"非常想吃"。

刚开始网上没有视频教做菜,我看了一下基本上都是图片,你拿我的图片,我拿你的图片,拼在一起给大家讲怎么做。我觉得这样不生动,视频就更生动直接。比如,我来拍,我爸来演,我爸做到哪一步,我就可以直接拍出来,配上画外音。这样是不是更生动,更吸引人?

而且快手本来就是以视频为主,发图片也很少会被推荐。我们就是从那时开始拍摄做饭教程的,也许是全快手第一个。

我爸从小自己给自己做饭,练就了一身手艺。他对美食也特别感兴趣,喜欢吃、喜欢做,白天没事就在厨房里鼓捣,美食制作方法只看一遍，他就能学会。拍做菜的短视频，对他来说非常容易。

粉丝涨到 4 万的时候我们遇到了瓶颈，那半个月的时间里，看着粉丝数不涨，我吃不下饭，睡不着觉。但我没想过放弃，我成功的秘诀就 6 个字，"坚持、坚持、坚持"。我开始研究作品，比如封面怎样才能更吸引人，题材怎么让更多人感兴趣。

之后我们发布了一个制作凉皮的作品，一下子就火了，一夜之间在快手涨了 10 万粉丝。这儿就是一个爆点，很多报纸、电视台的记者来采访我们。

其实这个作品内容上和以往的没有区别，主要是我们选取的点很吸引人。全国各地的人都知道陕西凉皮，而且也比较喜欢吃，但不知道怎么做，我们是第一个把这个方法分享出来的。再加上当时是夏天，大家都想吃凉皮了。

另一个我印象比较深的作品是羊肉泡馍和擀面皮。为了拍羊肉泡馍的作品，光买材料就花了 300 多元，我还专门花钱，找泡馍做得好的师傅学习，让他把配方和方法告诉我们。作品里的擀面皮，是纯手工制作的，单单拍摄就花了 36 个小时。

大部分美食都是一次性制作完成的，失败的很少，但是拍视频的时候我和我爸也有分歧。我爸要按照他的方法来做，我要按照我的方法来做，我们经常会吵架。

比如在做饭的时候，因为镜头推得比较靠前，我说这个盐就不能按正常的量放，要不然拍出来的效果会差一点，但是我爸不同意，他觉得要按正常的量放，我们就吵起来了。但是在大的方向上他非常支持我。

油泼辣子开启电商之路

刚开始拍快手,也没有直播,没有收入。我那时候的想法很简单,只要有粉丝,就有基础,未来可以卖东西等,不愁赚钱。

过了半年,粉丝到 70 多万的时候,我开始卖手工制作的油泼辣子。油泼辣子都是我爸和我妈在家里炒的,制作的时候先把包装瓶消毒,再把油泼辣子泼好,油泼辣子晾凉之后再灌到瓶子里去,外面还要进行塑封,然后再装到盒子里面。

印象深刻的就是邮寄那些辣子,当时还要在微信上接单,我还要负责下单、填快递号,很麻烦。这些工作非常烦琐、非常累,从早晨一直忙到晚上,不停地忙,我妈的腰都累出病了。就这样卖了半年。

后来我进行了调整,觉得不能这样一味苦干,我想先把粉丝积累起来,然后再干一件大事。我用一年的时间组建了自己的团队,然后申请商标,办理所有手续,开始正式进入电商行业。

我也看了快手上其他人是怎么做电商的,觉得他们那种做法不长久。因为他们都在推荐别人的东西,相当于把粉丝贡献给了别人。如果这个粉丝买了这个东西觉得还可以,他复购就不会找你了,买到东西不好又会怪你,这样粉丝容易流失。

所以我一直投入很多时间在产品上,组建好自己的团队,自己开公司,研发自己的产品,创立自己的品牌。

我现在一个月的销售额有 30 多万元,净利润能到百分之十几。主要卖油泼辣子、牛肉、柿饼、小米,还有辣椒面,现在还在陆陆续续上其他产品,基本上都是陕西的特产。

我们自己主打的产品,如油泼辣子,就用我们自己的配方,然后找厂家帮我们代生产。新款的油泼辣子全部都是工厂生产的，我的专业团队为此跑了将近一年的时间。老版的手工油泼辣子停产了之后，我一直在跑市场、做调研，包括配方、味道，都是找了将近1 000多个人品尝，最后才定下来。

现在国家对食品安全监管很严，不能售卖"三无"产品。没有生产许可证、食品流通许可证，你的产品就不能挂到平台上去卖。

第一批生产了2 000瓶油泼辣子，很快就卖空了。油泼辣子是很有代表性的陕西特产，所以粉丝们都比较喜欢，有时候没货，整个直播间都在问什么时候有。

有个粉丝买了两瓶，回去尝了一下，觉得特别好吃。因为没有货，半个多月的时间，他每天给我发私信，我一开直播，他就给我刷礼物，就是为了让我赶紧把油泼辣子生产出来，他要买。等下一批生产出来之后，他一次性买了10瓶。

油泼辣子的价格是两瓶38.8元。2018年底的时候，新版的油泼辣子已经发出去5 000多瓶了。像油泼辣子这类主打产品，我们也是一个点、一个点往外推，不然一下子全部推出去，就没有爆点。

2018年我还卖过甜瓜、红薯、猕猴桃、石榴这些农产品。我一直在参与扶贫的公益活动，所以我们也会对接政府，销售贫困地区的农产品等。

我们尽量挑选最好的货源，我和我爸把粉丝看得比较重，也许我们卖的产品不是最便宜的，但质量要好。

对粉丝负责，这也是我的原则。包括我们现在卖油泼辣子也是一样，只要粉丝收到说不好吃，我给你全额退款。

刚开始的时候，平台是不支持作者变现的，从2018年上半年开始，快手平台才正式开始帮作者变现，快手开通了快手小店，通过作品、直播，引导粉丝进入商家店铺购物。

以前我们都是通过微信卖，你加我微信，我再卖给你。我觉得这种形式不太方便，因为我实在是没有那么多精力一一回复，再让客户输地址，再去填单号。

我现在开了网店，直接通过平台卖。平台有第三方的保险，第三方负责直接把控产品质量。我卖的食品能上传到平台上显示销售页面，说明人家就已经审核过了，所以我就不用担心，包括售后，我们也都不用管了。

快手开放电商入口后的两个月时间，我们的成交单数增长到2万多单。

快手本身就像是一个购物平台，我相信不久的将来很多人会在快手上直接买东西。还有些老用户，哪怕他在其他平台买了快手上看到的东西，他买完了，还是会去看快手。

未来：品牌化运营，计划成立美食MCN

我现在有两家公司，合伙人是我的两个同学，是他们主动来找我要求加入的。

之前，我们的快手粉丝大概100万的时候，我家就被挤爆了，我很多同学都想参与合伙创业，我就在筛选。

我选人的标准首先是人品好。我的这两个同学做事非常认真，其中一个对于细节的很多方面有很好的掌控，哪怕是打包发货，他都要亲自在那儿看着。因此我也比较省事，我不用为这些细节而操心。

因为我爸已经60多岁了，公司的事情他都不管。现在，所有平台上的视频内容，都是我一个人在做，我的合伙人负责电商和产品，还有公司运营、售前、售后等。

合伙人也会对我的视频内容提建议，比如他之前建议，视频可以请专业的团队，用专业的设备，加上专业的制作，弄成像好莱坞大片一样。

我也尝试过，但是最后没有采纳，因为好多人看了之后觉得这不是我们的风格。我们起步的风格就是接地气，突然改变风格，粉丝不接受。

全网自媒体教做饭的，最少有几万人，甚至十几万人，为什么我们就脱颖而出了，就是因为我们的风格比较亲切、接地气，这就是一个很好的卖点。一个人物有他的属性和 IP（知识产权），你不能把这个 IP 改掉。

2019 年 1 月，我还接待了一个从苏州来的 MCN（Multi-Channel Network，一种生产专业化内容，在多个平台上持续输出，进而获得变现的商业机构），他们有 200 多位美食作者，有测评的、探店的、制作的，还有与情感美食相关的。我对他们的态度就是想学一点经验，未来自己也弄一个 MCN 机构。

2019 年底我们准备注册肖像，然后再注册一个商标。因为我找市场做分析，自己也研究过，几乎所有的大品牌商标，都不会超过 5 个字，所以"老乔-瓣蒜"这个商标可能就不能再继续用了。

网上传言我们开了面馆，目前还没有，但是我计划 2019 年开，已经在日程计划里了。

其实快手是我们的一种情怀，我们陕西人就是这种性格，比较忠厚老实。快手是第一个把我带火的平台，我从快手起步，重心还是放在快手。

变现方面，全网最厉害的可能就是快手了。举个例子，我卖的油泼辣子，别的平台加起来，两个月卖了 4 700 多单，而在快手上两个月最少得 1 万单。我听专业的人分析其他视频平台，有一个平台的视频播放量是 1 000 万，视频中可以挂商品，但只成交了 4 单。相比之下，快手的销售、转化率高得多。

现在，我和我爸知名度很高，走在路上，甚至是坐高铁和飞机，都会有人认出我们。我爸性格比较外向，我就腼腆些。每次参加活动或者上电视，我不愿意去，也不愿意露面，我爸在节目上就比较健谈。

我小时候，我爸为了生计要出去挣钱，所以我俩常年不在一起。现在我和我爸的关系非常亲密，这也要感谢快手。因为快手，我们有了共同的生意，也有了共同的话题，父子之间的代沟，不存在的。

浩东：
重庆"炮耳朵"的表演梦和生意经

　　浩东，一个喜欢表演的重庆小伙儿，被粉丝们称为胡歌与吕子乔的结合体。他在快手上的视频风格，有着《爱情公寓》一般的情感和喜剧效果，深受网友喜爱。

　　做过小吃摊和企业销售的浩东，如今在快手上已经拥有了超过420万粉丝。他和妻子创办了自己的化妆品品牌和自热小火锅品牌。在快手和粉丝的影响下，浩东夫妇的生活一路升级，化妆品品牌拥有了3 000万元销售额，自热小火锅推出三四个月，销售额也达到了200万元左右。可以说，不论是头顶的梦想还是脚下的生活都越来越有奔头了。

小档案

快手名字：浩东大大

快手号：AAAA9999

籍贯：重庆

年龄：24 岁

学历：中专

快手主题：搞笑情景剧

快手拍摄风格：与老婆的日常点滴生活

对快手老铁的寄语：喜欢与用心会酿造出作品的灵魂

商业模式：卖自有品牌化妆品和自热小火锅

讲述人：浩东

快手释放我对表演的热爱

要是有舞台，谁不想当聚光灯下的明星呢？我本是山城一个普通娃儿，但现在我也有自己的舞台、自己的粉丝，那就是快手和老铁，这一切就像做梦一样。

我本名叫浩东，来自重庆，毕业于职业学校，专业方向是网站运营中的线上人群分析。2012 年毕业后，找工作的过程一度比较艰辛。我摆过路边摊，卖过炸土豆，还在大企业里做过销售工作。也是在这个时候，我接触到了快手。

2014 年 3 月，我拍摄了一个视频，随手发布在快手上，没想到被推荐上了热门，那时候画质还不行，剪辑也很基础，但是创意和表演比较用心。这让我切身体会到了一个道理：如果是认真在表演，大家就能看到你。从此以后，我决定在快手上发展。视频的内容类似于情景剧，我和老婆两个人自编自导自演，有时一天能有

15~18 个小时用来构思。

其实我从小就有一个表演梦，特别想考艺校，但无论是唱歌还是表演，家人都比较反对，觉得不切实际，小人物就应该老老实实干自己能干的事。但这个小梦想一直埋在我心里。遇到快手后，我知道这是一个机会，错过了很难会有下一个。在这里努力，虽然可能当不了大明星，但或许能闯出自己的天地，甚至和明星们同台演出。

找准定位是成功的一半

决定认真拍快手短视频之后，我们就开始研究快手怎么玩、拍什么内容、用什么样的画风等。我发现那时平台上的夫妻档特别少，为数不多的几个也是在讲家庭琐事，缺少抓人眼球的特色。我们重庆有一个词叫"炮耳朵"，意思是很怕老婆的男人。我们以此为灵感设计出了重庆话与普通话的结合，来演一个重庆本土男人很怕老婆的种种故事。

在这个过程里，我们还做过很多调整。比如以前采用手机横屏拍摄，后来改为更符合观众手机观看习惯的竖屏，并且逐渐开始用快手剪辑、配音。调整后的一个作品拥有了 600 万播放量。之后一个月左右的时间，我们的粉丝就突破了百万。

我认为，"找准自己"是我们这个阶段成功的关键。长相甜美的不能演一个傻子，长得憨厚的不能演一个高富帅。表演中的形象一定要和自己的形象挂钩，要有一个契合点，这很重要。找准自己，将人物定型，才能让观众记住你是一个什么样的人，从而愿意观看你的其他作品。

让作品拥有自己的灵魂

我们现在发展得挺不错，成立了一个 14 人的团队，有负责剪辑的、负责数据分析的、负责后期处理的等。之前我们邀请了 20 多个编导来剪辑，却没有一个人能剪到点子上。最终在创作方面，我们还是坚持自己来。不论多忙我们每天都会花 5~6 个小时来思考，有时会写剧本到凌晨。

在我看来，作品的内容最好贴近生活，因为你最熟悉的还是自己身边的人和事，观众能从中找到共鸣。也只有你自己才知道自己最想要表达的是什么，你最熟悉你的观众的口味。同时，我也希望观众看到我们的作品，可以缓解他们在工作中积压的负面情绪。

对于创作者而言，除了脑袋里要有想法，也一定要爱好表演，为了挣钱去拍的作品是"死"的。比如一些公司运作的账号，他们是量产，一天可以拍几十条，每天都是一个模式，能让人耳目一新、记住人物形象的作品非常少。这就是为了挣钱和出于爱好的区别，爱好会给作品注入灵魂。而真正有创意、有灵魂的作品，看一遍就能记住。

怀抱表演梦的"火锅英雄"

最开始在快手上传视频，我没有去思考怎么通过这个平台赚钱，只是想完成一直以来的梦想。那时没有收入，也没有积蓄，偶尔还会问家里要钱度日。后来，我们成了快手直播内测的第一批用户，也是带货卖货最早的一批人。再后来，为了让老婆用上好的化妆品，我们研发了一个自己的品牌；因为重庆是火锅发源地，我们又推出了自热小火锅，也是复购率很高的产品。

我发现，自热小火锅特别适合我来卖，因为我在快手上的形象就是一个爱老婆、有点怕老婆的重庆男人，男人卖化妆品始终隔了一层，但重庆人卖小火锅就特别适合。所以在做商业方面的尝试时，选择与自身形象契合的产品，效果会更好。

在这个过程中，我明白了一个道理：粉丝的数量不一定要非常多，但是要垂直，要精准，这样才能提高粉丝的黏性和转化率。粉丝对创作者有喜欢也有崇拜，但我相信更多的是一份信任。他们看着你从一个小透明，慢慢做大做强到如今的大V，会产生成就感，从而愿意为你埋单。2018年我们的彩妆通过快手带来的流量有3 000万，自热小火锅推出三四个月后的销售额达到了200万元，这些都是粉丝对我们的认可。

在未来，我想通过快手这个平台，把小火锅做成一个品牌，但我的重点，仍然还在视频创作上。表演是我一直深埋在心里的梦想种子，因为快手，这个种子得以开花结果。我们希望今后的视频还可以拥有更大的上升空间。现在，我希望把系列剧拍好，为我的粉丝带来更多、更好、更切合需求的作品。这个初心，我们从未改变。

第三章

快手教育：重新定义"知识"

本章概述

快手教育生态的发布，是为了让更多的创作者来到快手平台，愿意以这种模式提供免费的视频内容，提供社交式的教育服务，这样产生的社会正向效益才是最大的。快手课堂的初心是希望更多教育从业人员看到这些案例后会受到触动，并参与此事。

在这个基础上，快手教育形成了一个十分友好的生态，在这个生态里，每一种才能都可以被看见，每一种才能都可以发挥它的价值。三人行必有我师焉。每一个用户只需要发挥自己的特长就可以离幸福更近一些，每一个用户根据自己的情况学习相关的课程也可以离幸福更近一些。

这是快手教育生态最终的愿景：通过快手平台，借助其"普惠"的价值观、技术与产品的实践，让每一种才能发挥自己应有的价值，让追求幸福变得更加简单。

本章案例

兰瑞员的 Excel 教学：我在农村，向全世界讲课
宠物医生安爸：在快手传播了知识收获了爱情
乔三：在快手教视频制作，艺术赚钱两不误
闫妈妈：自创 84 个口味韩式料理的餐饮辅导老师

快手教育：重新定义"知识"

涂志军　快手教育生态负责人
李　卓　快手课堂运营总监

她只有中专学历，住在农村，操着南方口音，向全世界讲课。

靠着一部手机和一台电脑的连接，兰瑞员为86万学员解答Excel中的问题，一年比之前多收入40多万元。30岁的她不仅为学员创造了价值，自己的生活也在这日积月累的教学过程中悄然改变。

兰瑞员这样的故事每天都在快手上发生着，他们拥有一个共同的身份——快手课堂的讲师。

通过"短视频+直播"的形式，快手极大地拓展了知识和教育的内涵，实现了人人可教、人人可学、人人能通过知识改变命运且十分友好的教育生态。

快手极大地拓展了知识和教育的内涵

装修如何粉刷，怎么和水泥贴瓷砖，饺子的不同包法，山羊养殖的病后护理，这些内容从来没有被网络化、结构化、知识化，它们一直以师徒方式口口相传，作为经验或技能被小范围分享。快手通过短视频和直播，建立人与人之间的联系，形成了一种丰富的社交生态，也产生了一种强大的力量，经验或技能变成了可复制、可教授、可传播，甚至可转换成线下实践的"知识"。

原来，我们对知识传播的理解指向教育的结果。比如通过科举考试，金榜题名，荣登翰林。到了现代，教育的目的也总是希望孩子可以"出人头地"。

但是，知识却不是这样的。比如一个包子铺的老板今天在快手上学会了如何包这种样式的包子，调这种包子馅儿，第二天在店里就可以做这种包子拿出来卖。店里的客人看到这么别致的包子愿意多买几个，或者只是随口夸奖几句，使老板得到了心理上的安慰，由此提升了幸福感。

与传统教育资源不同，这种知识不是很"学术"，但它具有高度的实用性。这种实用性，未必是老师教给学生，学生通过一个学期的学习再去考试，通过成绩来检验是否掌握，再获得学历学位，获得社会身份，然后通过这个身份去置换其他资源。

现在，快手教育生态已经拥有数万门课程，超过360行的用户在快手上记录和分享他们人生的经验。快手教育生态有几种教学模式，第一种是刚才说的实用性技术教学，第二种其实是兴趣类教学。一个人在温饱解决之后会有更高的精神需求，比如动漫、手工，也许这并不能转化成实际的收入，但它可以丰富一个人的精神世界。第三种是纯知识性的教学，比如，历史评书等，可以用来陶冶情操。

快手上当然也有很多传统意义的知识教学。有一位清华大学的哲学博士，他在快手上分享苏格拉底、柏拉图、亚里士多德等哲人的思想，有几十万粉丝，他的课也能卖出去。快手教育生态中 70%以上的内容属于第一种，但是这种传统教学的形态还在演变，未来可以有更多可能性，这也是我们一直期待的。

可以说，快手这样的新型社区生态，极大地拓展了传统知识和教育的内涵。

"短视频 + 直播"形成一种传播知识的富媒体

小时候上语文课，读莫泊桑的小说《我的叔叔于勒》，其中提到在海边吃牡蛎，且不说那种"高贵的吃法"无法想象，作为内陆地区的学生，牡蛎长成啥样也是困扰我多年的问题。

老师还讲了一个成语：昙花一现。什么是昙花？为什么开花只有一个瞬间？无论绘画多么栩栩如生，图片拍得多么精美，对于多数孩子来说，完整的认知依然很难建立。

文字的传播当然有独到的逻辑和价值，但也不可避免地会留有遗憾。快手完全可以给每一篇语文课文配上相应的视频，学生读书时，结合视频就能拥有更加生动的理解。如果你愿意，你可以随时随地看到昙花绽放，看到牡蛎的 100 种吃法。

短视频是多种传播符号的结合。它一定有文字，但文字不是主体，更多的是影像，还关联着音乐、同期声以及时间关系等。尤其是快手直播，可以面对面适时交流互动。"短视频 + 直播"形成一种传播知识富媒体，是目前能看到的最完美的传播符号的结合。这种多符号一定会带来知识更多元的传播模式，或者一种更沉浸式的传播模式。

我觉得，视频类的百科全书在未来一定会出现，随着 5G 时代的接近与交互硬件的进步，未来掌握知识的方式会越来越多、越来越便捷。它会给社会带来什么样的变化？是否会让整个社会结构和社会组织产生巨大的变革？是否会产生新的社会关系？

从这个角度看，快手教育生态，未来有着巨大的想象空间。

快手课堂实现了一个教育者最伟大的理想

现在的教育是一种高成本的教育，这并不是指国家投入或者学校投入的资源多，而在于它的淘汰率太高。这背后有许多原因，比如，不同地域的师资力量不均衡、教育基础设施不同、一些孩子在现实中上学需要走太远的路——各种各样的因素造成许多人没有享受过真正完整的教育。在传统教育系统里，此路不通的时候，意味着他们的社会身份一定程度上已经被决定了。

快手教育生态其实是针对这一现实的微观优化。快手的教育项目一直在进化，不仅仅变得更加有趣，更重要的是，建立在短视频及直播的社交生态基础上，快手课堂也实现了自己的一些突破。

自 2018 年 6 月正式上线以来，已经有超过 1 万名生产者通过快手课堂获得了一份持续性的知识收入。过去一年，超过 150 万用户在快手上购买课程。每天购买课堂产品的用户，平均学习时间都超过 30 分钟。基于这种生产关系，以往已经排斥在教育系统以外的人，又被重新纳入进来。

快手传达了一种价值观念，当生产关系真正能够帮助用户改变自身生活的时候，用户是会主动学习的。在某种意义上，快手课堂实现了一个教育者最伟大的理想：人人可教、人人可学、人人能通过知识改变命运。在过去，这些学习机会，被高昂的信息传递成本所限制，知识只能在"少数人"的范围内传播，比如，某些经典阅读、某场学术演讲，一部分人并没有运气触碰到这些，但今天快手提供了连接这些学习机会的可能。

快手教育形成了一个十分友好的生态

用户在快手上学习技术，今天包子的馅料没调好，在修车中遇到困难，他可以随时去问老师，老师可以在线上实时进行指导。大道至简，快手强调人与人之间通过知识的连接产生的可能性。

如果用一句话概括快手教育生态的核心理念，那就是：让每一种才能都被看见。无论用户拥有怎样的才能，都可以无差别地得到展示机会。

快手教育生态和传统在线付费教育有根本差别。传统在线付费课程更多是去复原线下课堂，仍旧是单向地、线性地去传输，它更加强调市场化逻辑，核心是诱导用户购买课程，变成了一种单纯的获利性工具。当 A 在向 B 传输的时候一定是借助了 B 的某种心理，或者是一种高度市场化的逻辑，它的创新本质上与教育生态无关。而快手教育生态真正建立在兴趣基础之上，更加符合人们内心的真实需要。

一些平台会宣传一些造富神话，比如某某通过这个平台赚了数千万元。当然，在快手上类似的例子并不缺乏。但这件事的目的是什么需要我们反复思考，比如，是通过这件事让更多的人来购买某某的课程，还是告诉更多的生产者到这个平台来学习。

快手教育生态的发布，是为了让更多的创作者来到快手平台，愿意以这种模式提供免费的视频内容，提供社交式的教育服务，这样产生的社会正向效益才是最大的。快手课堂的初心是希望更多的教育从业人员看到这些案例后会受到触动，并参与此事。但是我们不希望通过这件事去制造某种效应，让更多人来买课。

在这个基础上,快手教育形成了一个十分友好的生态,在这个生态里,每一种才能都可以被看见,每一种才能都可以发挥它的价值。三人行必有我师焉。每一个用户只需要发挥自己的特长就可以离幸福更近一些,每一个用户根据自己的情况学习相关的课程也可以离幸福更近一些。

这就是快手教育生态最终的愿景:通过快手平台,借助其"普惠"的价值观、技术与产品的实践,让每一种才能发挥自己应有的价值,让追求幸福变得更加简单。

兰瑞员的 Excel 教学：
我在农村，向全世界讲课

　　一边是快手课堂，另一边是江西省的偏僻农村，兰瑞员凭借一台电脑、一部麦克风，用带着南方口音的普通话，讲授着 Excel 软件的操作技巧和知识。观看她的直播时偶尔还能听到屋外的鸡鸣。她的学员可能来自全国各地，甚至不乏海外华人。

　　一年多时间，兰瑞员通过快手课堂获得了 80 多万元的收入。从一名自学 Excel 的电商客服到成为培训师，从线下授课转到线上授课，30 岁的兰瑞员不仅为学员创造了价值，也悄然改变了自己的人生轨迹。

小档案

快手名字：兰瑞员 Excel 办公教学
快手号：lanruiyuan
籍贯：江西抚州
年龄：30 岁
学历：中专
快手主题：Excel 技术教学
快手拍摄风格：用电脑录屏，分享干货小技巧
对快手老铁的寄语：通过快手，只要你做得好，就有机会获得收入
商业模式：拍摄小技巧类作品积累粉丝，通过快手课堂付费课程实现盈利

讲述人：兰瑞员

初心：成就自己，帮助他人

在江西的农村，你可能想象不到，一个 30 岁的中专毕业生，在快手上向全世界教授 Excel 使用技巧。这样的神奇故事，也许在快手上不算稀奇，但对我来说却是人生的奇迹。

2008 年我中专毕业，学的是计算机专业。作为一个底层员工，我在电商平台干过客服、运营助理，工作十分辛苦，每天上班目不转睛地对着电脑十多个小时。熬了四五年我觉得这个工作不适合自己，当时萌生了一个想法，我想试着做讲师。那时我还没想过，几年后，我会在快手上拥有自己的"课堂"。

一开始是在一些 QQ 群里，有人问关于 Excel 操作的问题，我就试着解答一下。因为这，我被"我爱自学网""Excel 精英培训网"的人邀请去做讲师，因为他们觉得我用 Excel 这款办公软件很厉害。

我的 Excel 操作技能都是自学的，通过上网，零零散散地学。比如，我遇到不会的，就在搜索引擎上搜，很容易就学会了。但是

网上的方法也有缺点，比如有的步骤特别复杂，于是我就自己摸索更简单的方法，然后记下这些小技巧。

之后我就签约做线上讲师，去了很多平台，比如"我爱自学网""我要自学网""Excel 精英培训网""腾讯课堂"。我在当地有了一定知名度，当地的企业就开始邀请我，去给他们的员工做培训，一节课的价格是两三万元。

2018 年 3 月，我注册了快手账号。当时我还是一名讲师，也没想过通过快手赚钱，就是想利用自己的一技之长来帮助别人。在快手上发一点 Excel 小技巧的视频，教观众怎么提升一下自己的工作效率，这就是我的出发点。

我拍摄的视频的主题都是 Excel 小技巧，用的工具很简单，一台电脑和一个麦克风，用软件对电脑进行录屏，这样既有声音也有画面。

刚开始拍快手的时候总是控制不好时长。我以前讲课比较慢，比较啰唆，但是快手对一个视频有时长要求，按传统的讲课方式，时间不够，我就加快语速讲，结果很多学员说："你讲得太快了，我听不懂。"

后来我总结出经验，一个视频只讲一个小技巧，这个技巧不能过于复杂，如果是一个比较复杂的技巧，我就拆分成好几个小视频去录。

每一次录好视频，我都会自己先看一遍，有时候还会发给朋友，让他们给我提意见，再修改。基本上每个视频我都要拍四五遍。印象比较深的一次，有一个视频我录了二十几遍，一分钟不到的视频我录了一下午，其实操作起来我还是很熟悉的，但就是不知道怎么把它讲好，讲了几十遍自己才满意。

这些作品的灵感都来自我自己，我会在每天晚上睡觉之前，想好明天拍什么主题的作品，第二天就把它录好，再上传快手。

我刚开始拍快手视频的时候，上面已经有几个人在教 Excel 使用技巧了，而且做得还不错，但是我的优势是，我之前做过多年的培训讲师，比他们多一点教学经验。他们甚至还会私下加我微信，请教我一些问题。

记得 2018 年的一天，我的作品登上了一次热门，播放量超过了 200 万，那一次给我增加了很多粉丝。我用快手还不到一年，粉丝都已经有 80 多万了。

我是第一批开通快手课堂的。2018 年 7 月，快手官方开始支持开设付费课程，我就去找了快手官方的小助手，给我打开了快手课堂的权限。

快手课堂：从传统授课到新课堂

从开课到现在，我已经赚了将近 80 万元。

我的课程名称是"Excel 速成班"，定价是 89 元，一共 10 节课，课程的形式是录制视频课，购买之后可以立即观看，还可以重复观看。

我花了几天的时间才整理出课程大纲。本来我自己就是讲师，大纲和课件都有现成的，但我还是想把这些现有资料整理一下，让它们更适合零基础的学员。同时也会借鉴一下别人的课程的长处，看人家是怎么做的，再结合一下自己的，我的课就形成了。

我的付费课程和我的作品差异很大，作品里的技巧都是零散式的，比如今天教这里，明天教那里。而付费课不一样，我是系统性地教，每个工具栏我都是挨着讲的，这样学员就能对这个软件有一个完整的认识。

学完正式课之后，学员会感觉对 Excel 这个工具完全懂了，学会了，但如果你只看我快手里的短视频，还是会感觉一知半解。

据我了解，我的学生做文职工作的偏多，如财务、文员类等岗位。我的课适合零基础的人学，通过这套课程，学员可以掌握 Excel 的基本操作、表格美化、数据分析等常用技巧。

快手上的学员和我之前在培训机构接触的学员基础不太一样，很多完全是白纸，我之前都没接触过这么"白"的。

在没上正式课之前，我在快手上讲过一些免费的公开课，讲了将近一个月，发现有的学员连键盘都不认识。我之前培训都是不介绍键盘的，这次录课增加了键盘使用的内容。我之前做培训是不介绍 Excel 怎么打开和关闭的，这套付费课里都会介绍 Excel 怎么新建、怎么打开、怎么关闭。

虽然没有任何基础，但是我能看得出，他们真的很想学。只要他们想学，就能学会。有些学员今天我讲这个知识点，他会来听，明天我再讲同一个知识点，他还会过来听，还反馈昨天没怎么懂，今天听第二遍就懂了。

成功的秘诀是提供有价值的内容和人勤奋

我在快手上的学员来自全国各地，国外的华人也会来学习。

现在我住在农村，全职在快手上教学。我已经和之前所在的培训机构解约了，线下的培训邀请我也不去了。

我丈夫是货车司机，我现在的收入比他高多了。虽然他对我在网上讲的内容完全不懂，但是他非常支持我。

快手上所有的视频都是我一个人来拍的，自从做了快手课堂之后，我请了两个助手来解答问题，现在我们是三个人的小团队。

这两个伙伴是我很熟悉的朋友，也是在同一个平台做 Excel 培训的讲师。上午 8 点左右开始，到晚上 11 点结束，学员在课程里有不懂的，这两位讲师就会帮忙解答。

我认为我的课程卖得好的原因有两个：有价值和人勤奋。

第一，要给人们创造价值，让他们有所收获，他们才会购买你的课程。

我卖课的技巧就是不断告诉粉丝，学习是可以让自己有所提升的。在我的正式学员中，有很多人反馈情况，通过学习我的课程，工作效率提升了，工资也涨了，生活质量也提高了，所以人也很开心，通过这些口碑的传播，就有更多的人想买我的课。

第二，想做成事，人就得勤奋。我每天都要直播 3~4 个小时，每天都跟粉丝有互动，知识给他们带来一定的帮助，他们才会买我的课。

直播的时候，我不鼓励他们送礼物。他们刷礼物我都会告诉他们，你们刷礼物，我就只能说一声谢谢，如果真的感觉我讲得好，建议购买我的课程，反正都是花钱，花在正途上还可以提升自己。购买课程不但支持了我，还能学到知识，但刷礼物对他们自己的帮助并不大。

另外，我每天在快手上更新小技巧视频时，也会在作品下面告诉大家，我有这个课程在售中，你想系统学可以购买，这样也能吸引很多看到我作品的人买课。

总之，通过快手，只要你做得好，就一定会有收入。

快手官方对我们也很好，有问题都能给我们解决。有一次，我们录好的视频课不能全屏观看，因为学员更希望全屏观看，所以我就跟小助手反映。不久之后这个功能就上线了，快手在反馈用户需求这方面做得真的很好，我只要有一点问题，跟小助手反馈，都会得到及时解答、及时改善。

我现在已经开始录制快手课堂的新课程了，也是属于 Excel 的系统学习课程。新课程会更加细致、更加完善。目前推出的一个 10 集的 Excel 课程，定价 89 元，已经有 10 000 多人购买了，我还会继续推出更多更好的课程。

宠物医生安爸：
在快手传播了知识收获了爱情

安爸堪称快手上第一个宠物医生，早在2014年他就开始玩快手、拍宠物。5年过去了，虽然安爸的粉丝只有10多万，而很多宠物主播的粉丝数量是他的十几二十倍，但这10多万粉丝每年能给他创造100万元以上的利润，比很多中小企业利润都高。

为什么这么少的粉丝却能让他赚到这么多钱呢？

答案就是"精准"。

安爸从一开始就聚焦于宠物医疗和科普，关注他的都是养宠物、爱宠物的老铁，都是精准的潜在客户。这样高质量的粉丝，虽然人数并不多，但购买力非常强，这对很多想在快手上挖掘商机的朋友来说，是很有益的启示。

▮被看见的力量

小档案

快手名字：私人宠物医生 安爸
快手号：Anbayisheng
籍贯：吉林延吉
年龄：28 岁
学历：本科
快手主题：宠物医疗
快手拍摄风格：宠物病例和治疗过程
对快手老铁的寄语：只需要做自己就可以，不需要跟风和模仿，就会拥有志同道合的粉丝
商业模式：通过快手小店等方式售卖宠物用品

讲述人：安爸

因为童年遗憾，我成了宠物医生

我是一名普通的宠物医生，在接触快手之前，每天过得都差不多，接触的不是猫就是狗，不是狗屎就是猫尿，收入有限，职业也不被尊重。接触快手之后，我最喜欢做的事就是发一些养宠知识的短视频，大家会给我可爱的小心心。老铁们的信任让我收获了前所未有的职业认同感。我没想到，有一天我也可以因为传播知识而收获事业和感情。

小时候，我一直想当一名军人，驰骋沙场、保卫祖国，说起来就让人热血沸腾。但后来发生了一件事，彻底改变了我的人生轨迹。

那时我还在读书，背着家里人用过年攒的压岁钱买了两只小狗，雪球是一只雪白色的萨摩耶犬，无敌是一只黑色帅气的阿拉斯加雪橇犬，它们都特别听话。因为它俩从来没有洗过澡，身上臭臭

的，所以我给它俩洗了个澡，当天晚上还挺好，结果第二天雪球就不吃东西了，还拉肚子，无敌精神也不是很好。我和我哥就带它俩去了宠物诊所，宠物医生说狗感染了犬瘟热和细小病毒，是很严重的传染病，死亡率很高。需要每天来打5针才有可能活，一天的治疗费用是400元，两只狗就是800元，大概要治疗5天。

一开始我根本不相信，狗只是有一点小毛病，怎么就要死了？怎么就要那么多钱看病？于是我们带着小狗回家了，结果当天晚上雪球就便血了，我们连夜又带着狗狗去了宠物诊所，敲了好久才有人开门。我俩掏遍了身上所有的口袋也就凑了600元，好说歹说让医生先给小狗打了针，说好我俩明天过来送剩余的钱。

后来，我俩向所有同学和朋友都借了一遍，终于把药费凑齐了，但雪球和无敌还是离开了我们。最让我难受的是雪球临死前还冲我努力地摇了摇尾巴，那时候的我真的好恨啊：为什么自己没有照顾好它俩？为什么自己什么都做不了？

于是，再后来，这世间可能就少了一位军官，而多了一名充满使命感的兽医。可能是源于童年的遗憾，我始终带着对宠物的爱在帮助它们的主人，而不会像宠物行业的有些从业者那样唯利是图，这也是我能在快手上收获铁粉的原因。

在快手上选择做一个真正的知识传播者

严格来说我应该是快手上的第一个宠物医生。我接触快手的时候是2014年，那时快手还不像现在这样火爆，只是一个刚刚兴起的短视频App，一个发宠物视频的都没有。我随便发了一个我家小狗洗澡的视频，结果就上热门了，获得了20多万的浏览量。当我忙完工作打开手机看到源源不断的评论和点赞时，我吓坏了，还以

第三章 快手教育：重新定义"知识"

为系统出故障了呢。

尝到甜头的我没事就发一些我家狗狗的日常视频，作品经常上热门，很快就积累了 3 万多粉丝，现在看来不算什么，但在当时我已经算是粉丝最多的萌宠博主了。后来我就想，能不能通过快手作品，给大家科普一些养宠知识，避免雪球和无敌的悲剧再次发生。于是我就开始尝试拍摄一些宠物科普的作品，但因为那时快手还没有长视频功能，所以我就琢磨出用"图片 + 录音"的方法来科普养宠知识。这个方法至今还有快手上的宠物医生在用。

我兴冲冲地以为会有很多人看，但在当时，科普视频发出后评论和点赞的人寥寥无几，别说上热门了，连浏览量都少得可怜。理想的火花刚一出现，就被现实无情地浇灭了。

那段时间我很纠结，只要一发萌宠视频，就会上热门，就可以增加很多粉丝，但一发科普视频，就无人问津。反复尝试了许多次，我终于明白了鱼与熊掌不可兼得，萌宠视频之所以会上热门是因为所有的人都喜欢看，它没什么硬性条件，也不需要有什么要求，只要拍摄的宠物有趣、可爱就可以了，大家呵呵一乐，双击关注就来了。

但宠物科普视频就不一样了，想看宠物科普视频的人，首先大概率是养宠物的人，而且还要对你这个话题感兴趣，才会点进来看。比如，我今天科普的是猫咪知识，那么养狗的人多半就不感兴趣。

在满足虚荣心和坚持理想之间，我曾摇摆过，但最终我还是选择坚持理想，坚持内心深处的诺言，"我要当好一名兽医，我要好好照顾雪球和无敌的小伙伴"。

时间过得很快，快手上的萌宠博主越来越多，也越来越吃香了。以前粉丝还没我多的小伙伴，现在可能粉丝数的一个零头都比我多。有时大家甚至劝我还是多发宠物搞笑的段子，粉丝数很快就能赶上来了。但我仍然在默默地坚守着，不为粉丝数，不为礼物，只为心中的理想。

我也不知道从什么时候开始，慢慢就有人通过快手找到了我的微信，希望我帮他们家生病的宠物看病，说看我的快手作品觉得我很专业。也不知道是我的医术真的很棒（心里默默配上害羞的表情包），还是个别宠物医生不太负责，很多当地宠物医院看不好的疾病在我的指导下真的被治愈了。

于是我在快手养宠圈渐渐就有了点名气，每当有人发快手作品说自己的宠物生病了，就会有好多人在评论里@我，让他抓紧时间找我治疗。后来越来越多的人慕名向我求助，咨询各种各样养宠的问题，我就在快手开起了直播，每天晚上9点给大家免费解答养宠问题。

再后来网上经常曝出狗粮、猫粮造假的新闻，很多人都担心自己会买到假狗粮、假的驱虫药，害死自己家的宠物，所以总有人问能不能在我这里购买宠物用品，因为他们相信我不会为了利益伤害猫猫狗狗。来问的人太多了，于是我又开起了网上商店。

其实绝大多数人遇到的养宠问题都差不多，像狗狗感冒了怎么办？猫咪感染疱疹病毒怎么治疗？怀孕了还能养宠物吗？因为问同样问题的人实在太多了，一对一讲解根本忙不过来，于是我就尝试着在微信群里讲课，我会事先搜集一些大家都很关注的话题，然后制作相关的课程，等课件做好了就在朋友圈预热，如果有想要学习这些课程的人可以购买，一节课限额100名，听课费50元，包教包会。

现在，快手也推出了"快手课堂"，我也在尝试，直接在快手上给大家讲课，传授知识经验，这样更直接、更方便。

不是看热闹，而是真正走进一个人的生活

4年的时间过去了，当初月薪1 500元的小兽医，现在成了知名的宠物自媒体人，年收入100万元左右。当时随手注册的网上商店现在已经快4颗皇冠了，每个月都能卖出至少6 000斤狗粮。

我推出的课程也深受普通养宠人的欢迎，50元一节课的课程，我差不多卖出了4 000多节课，大大超出了我的预期。

现在我的团队有8个人，专门设有网上商店的客服、发货的库管、维系老顾客的助理，还有拓展新粉丝的文案。

因为快手，当初被人看不起的兽医蜕变成受人尊重的宠物医生。在这4年里，我不但成就了事业，还收获了爱情。我的妻子就是通过快手同城认识的。她非常喜欢狗，但因为她妈妈不让她养，所以就特别羡慕有宠物的人。正好我总在快手上发自己家宠物的视频，她在同城上看到了，就关注了我，因为我俩住得也不远，有的时候我工作特别忙，她就会来帮我遛狗，一来二去，就遛成了我媳妇儿。

我俩婚礼的那天还特意在快手上直播，想要通过快手把我们的喜悦分享给我的真爱粉，因为没有快手就没有我俩的结合。

在我的影响下，现在很多线下的宠物医生都纷纷下载了快手App，也开始拍摄自己的日常工作，这些变化让大家了解到，其实兽医早就不是以往那种"地中海大叔"的形象了，兽医也有帅小伙，也可以西装革履、帅气逼人。

感恩快手，因为不是所有的平台都能去赋能一个普通人、一个

平凡的职业。就以最近非常火爆的短视频平台为例，一个普通人如果不跟风去拍一些热门段子，那他可能在这些平台上永远没有办法上热门。想要上热门，就必须扮丑、搞怪。但就算这样吸引了一大波粉丝，也没有多大意义，因为这样的粉丝都是"浮粉"，是没有办法变现的。

这些粉丝并不是被这个人的生活所吸引，只是被一个热点吸引过来，一旦热点过去了，"浮粉"也就散了。像这样的关系，顶多就是看个热闹的心态，是根本不会有信任感的，自然也不可能有互动。而快手更像是一群人走进一个人的生活，大家互相认识，然后就成了朋友。

快手一直是草根的代名词，因为它实在是太接地气了。在这里，普通人只需要做自己就可以，不需要跟风，不需要模仿，也会拥有志同道合的粉丝。

我只是个兽医，不会分析什么大数据，但就拿我自己来说，我玩快手4年了，目前的粉丝才10多万，虽然粉丝数不算多，但大多是拥有同样兴趣的精准粉丝。在快手上我发任何一个宠物科普的视频，大家都会积极和我互动，我推荐一款宠物用品，这边才说完，那边就已经有人下单了，这种被无条件信任的感觉是我在其他平台上完全体会不到的。

乔三：
在快手教视频制作，艺术赚钱两不误

从小对艺术感兴趣且天赋颇高的乔三，毕业后为了生存开了一家餐饮店，却因为看到了一支优秀的MV（音乐短片）决定在快手上拍视频。后来，由于确定了手机摄影和手机视频剪辑制作教学的方向，乔三在快手收获了超过148万名粉丝，而他每个月的收入也保持在5万元左右。

在他的影响下，仅在快手上开设账号的学员就超过50个，其中一些已经拥有十几万甚至上百万粉丝。从餐饮创业者，到快手视频创作者，再到快手课堂的老师，快手让乔三不必再在艺术和现实间取舍，真正改变了他的生活。

被看见的力量

小档案

快手名字：乔三（手机摄影）
快手号：XBQQQQQQ
籍贯：宁夏回族自治区康乐县
年龄：28 岁
学历：本科
快手主题：手机摄影、视频制作
快手拍摄风格：用作品及教学视频来传递手机摄影、手机视频剪辑制作知识
对快手老铁的寄语：在快手成功的秘诀——好作品靠用心更靠行动
商业模式：快手课堂老师，出售手机摄影及视频制作相关课程，开设直播，指导短视频拍摄技巧及系统玩法，后期制作相关合作等

讲述人：乔三

一个 MV 让我与快手结缘

我毕业于黄山学院艺术系。因为不喜欢受约束的工作，加上家里很大一部分人都在做生意，所以我毕业后就萌生了创业的念头。第一次创业我并没有选择和专业相关的艺术领域，而是回到甘肃老家和两个兄弟一起开了一家餐饮店。

当时是 2017 年，西北地区对于网络新兴平台刚开始接受，我也是在这段时期开始接触到快手的。最开始，我在上面发布了一些自己在饭店里工作的场景的视频，还有一些日常的生活状态，大概坚持了有一两个月的时间。

遗憾的是，那段时间我的粉丝并没有涨多少，视频内容也没有上热门，只能先停下来反思。之后差不多一年里，我都在寻找一个可以重新切入的点，直到 2018 年初，我在快手上看到了一个用手

机拍摄的 MV。直到现在我的印象还十分深刻，那个视频无论是制作还是剪辑，在当时都算是非常不错的了。受它的启发，我产生了一个想法，既然别人能玩，我也肯定能玩。

上大学时我就比较喜欢摄影，也跟同寝室热衷摄影的舍友学习过一些相关的知识，所以手机摄影正式成为我经营快手的方向。可以说，让我与快手真正结缘，决定在快手上认真拍摄视频的契机，就是这支 MV。

自己摸索的过程中，发现视频制作学习的需求

2018 年初的时候，快手上用手机教大家摄影的人还不多。一部分只是单纯地教学，没有作品辅助。其他的则是单纯地发作品，没有分析讲解。我选择将作品分享给大家，同时明确告诉大家这是用手机拍摄的，以及是如何拍摄的。

用心做视频，算是我的首要原则。但仅仅用心是不够的，还需要切实的行动来支撑。最开始，我会关注很多主播，研究他们的拍摄技巧，同时下载各种各样有关摄影的 App，去学习拍摄时需要用到的专业知识，给自己补充能量。在我看来，没有专业知识的支撑很难拍出好作品，而这需要时间慢慢琢磨和学习。

2018 年 2 月，我开始了真正的拍摄。每天出去拍一些花花草草和人物，所有我能看到的、我认为能提升技术的我都拍，拍完之后进行制作。但这时我发现，别人的视频无论是色彩还是配音都做得更好，我这才意识到视频制作的技术也必须要学。

之后我下载了大大小小三十几款软件进行学习。每当从网上了解到，或者别人介绍了好用的视频制作软件时，我就立马下载来研究。

在我的快手主页上，目前能看到的第一个作品是 2018 年 4 月 12 日在西宁拍的。最开始练手的作品都没有发布，还有的已经被我隐藏了，分享出来的是我边学边制作相对比较满意的作品。记得一次晚上回家的路上，天下着小雨，刚好当天新学了一个拍摄小技巧，所以我在雨中拍了三四个镜头，回家后立马用手机剪辑制作了成品，晚上 11 点多发在了快手上。没想到第二天就上了热门，单部作品就涨了 7 000 多个粉丝，当时我特别开心，这一下子激起了我的全部热情，我就更加努力地去学习技巧知识来提升自己的能力。

所以，在快手上，只要是你用心做的好作品，就一定会被人看到的。

快手课堂让我蜕变为知识付费老师

我打小喜欢网络，也爱研究新兴产品。在收入这方面，2017 年我就开始设想能不能通过快手，像别人一样开直播，增加收入，但苦于一直找不到切入点。直到确定手机摄影这个方向后，通过在快手上传的作品，我接到了一些视频后期制作的项目，赚取了少量佣金。但正式的第一桶金，还应该算是来自快手课堂。

2018 年 6 月，我接到了快手官方发来的私信，快手课堂刚刚推出，需要一些老师来做测试。我认为这是一个机会，在认真考虑后填写了资料，添加了官方客服。在官方指导下，我开设了第一堂课，内容是教大家用手机制作视频，价格是 99 元，当时有 19 人报名，我赚了 1 881 元。

但那时我只有 1.1 万粉丝，我还需要吸引更多粉丝来扩展我的受众。对于快速吸引粉丝，我的心得是不能闭门造车。因为每个粉丝的评判标准不一样，多看平台上其他优质作品才能抓到规律。我的总结是：首先，分列图一定要足够有吸引力，激起用户的好奇心；其次，封面标题要和视频内容相符，不宜过长且尽量使用疑问句；最后，不能忽视配乐的重要性。

此外还有一个小技巧，多使用快手自带的拍摄功能，也会相对容易上热门。

这些经验的效果是显著的。2018年6月，我靠着这些技巧规律拍摄的第一个作品就上了热门。之前1万多粉丝的时候，最多产生4万的播放量，但学习这些技巧后发的第一个作品，就拥有了七八万的播放量。如今，直播、学员指导、视频课程等加在一起，我通过快手获得的收入平均每月在5万元左右。

回顾起来，从2017年初步有了想法，到2018年确定了更明确的方向，一路上快手见证了我生活的改变。

快手抹平理想和现实的差距

我从小喜欢画画，小时候绘画课都是第一名。但因为出生在农村，周围没有什么艺术氛围，加上家庭的一些原因，后来学习艺术的道路可以说是一波三折。追求艺术需要大量的资金支持，可我那时还在为生计奔波。后来第一次创业开餐饮店，学到的知识和兴趣也基本没有发挥的可能。

通过在快手做手机摄影的视频，我重新接触到自己感兴趣的领域，并且把兴趣变成了职业，还赚取了一定的收入，可以算是自己的第二次创业吧。不用再在艺术和生活之间做取舍，这一点我还是很感谢快手的。

而在我身边，我的母亲，以及和我一起开餐饮店的兄弟都挺支持我。刚做快手课堂的时候，我还曾有过犹豫，不知道能不能成功。但兄弟们觉得我可以，说为什么不试试，我这才下了决心。这样的鼓励和支持伴随着我在快手上成长的每一个重要时刻。而我也希望把这种鼓励和支持的力量传递给更多人。

如今，通过我的直播间、作品以及课程学习的学员，加入内容制作领域的，仅在快手上就有十几个。他们少则有 1 万~4 万的粉丝，发展快的已经有 20 万~40 万粉丝了。

越来越多的人选择快手，可能正是源于这个平台传递出的正能量正在影响越来越多的人吧。

闫妈妈：
自创 84 个口味韩式料理的餐饮辅导老师

  1999 年离开抚顺石化公司后，闫俊先后开过服装店、快餐店、特色小吃店，摸爬滚打多年，现在她经营着自己的韩式料理店。通过在快手做小吃教程，闫俊收获了 4.6 万粉丝，大家都亲切地喊她"闫妈妈"。

  如今，闫俊通过快手获得的收入，已经和餐饮店的收入不相上下。单从快手课堂的四期课程中，她就获得了大概 20 万元的收入。

  在快手上，闫俊耐心地指导那些想要创业却苦于没有方向的人，通过快手，她实现了人生价值，也收获了人间温情。

小档案

快手名字：闫妈妈街边小吃

快手号：Yanmama6969

籍贯：辽宁抚顺

年龄：49 岁

学历：高中

快手主题：街边小吃

快手拍摄风格：贴近百姓的街边小吃教程

对快手老铁的寄语：极致的真诚是我在快手上实现更多价值的秘诀

商业模式：韩式料理店，快手课堂授课

讲述人：闫俊

粉丝的热情让我加入快手

我是辽宁省抚顺市一家韩式料理店的老板，也是快手上的"闫妈妈"。1999 年离开抚顺石化公司后，我开始了自己的创业生涯。我的人生信条是"不断进取，不服输，不断地干"，这个原则伴随着我创业的全过程。我开过服装店，开过快餐店，还经营了 12 年我们这边最火的抚顺麻辣拌。现在，我经营韩式料理店已经 4 年了。快手让我从单纯的小餐饮创业者变成创业导师，收获了满满的成就感和乐趣，这些都是我意想不到的收获。

最开始玩快手，是被我女儿粉丝的热情所感染的。我女儿在快手开设了名叫"小甜思蜜达"的账号，进行美食吃播。她的视频录的全部是我们自家的美食，比如今天吃饭团，明天吃五花肉盖饭，后天吃炸鸡，大后天吃拌面，逐渐积累了 6 万多的粉丝。

受她的视频的影响，有不少粉丝都来过我家料理店。我记得有从沈阳来的，有从鞍山来的，还有从锦州专门开车来我家料理店吃饭的。他们来的时候都很热情，看到我女儿都会亲切地拥抱，我特别受感染。我觉得从没见过面的人，通过快手认识，见面可以这么真诚，真的非常棒。

所以我和女儿说我也要加入快手，她听后非常支持我，在录制、操作、直播等方面，给了我非常大的帮助。那时，是快手粉丝的热情让我想要加入这个平台。如今，大家都亲切地喊我"闫妈妈"，之前我根本没想过我会这样受欢迎。

极致的真诚拉近彼此的距离

2018年5月，我在快手录制的第一个作品是我们家的火辣鸡爪。没记错的话，当时我只有30多个粉丝，但点击率居然超过了4万。我很受鼓舞，立刻做了第二个作品麻辣拌。因为我这个人紧张的时候会磕巴，光作品开头那句"大家好"，就翻来覆去录了七八遍，整个作品录了一个多小时。虽然挺不容易，但第二个作品为我带来了1万多的粉丝，而这仅仅是刚刚起步。

后来发生了一件让我特别感动的事情。因为我用的直播架不太好用，有时会打断我的直播过程。大概在2018年六七月的时候，店里来了一对来自通化的小两口，女孩大概二十七八岁，来的时候带了一些水果和礼品，见到我特别亲切，说："闫妈妈，我来看你了。"

我当时又惊讶又感动，没想到会有粉丝来看我。后来在聊天中得知，两个人开了8小时的车过来，就为了来看我，还给我送来了直播时用的支架。我感受到了他们的心意，很温暖。后来，他们也只待了半小时，一口饭没吃就又开车回去了。

被看见的力量

快手真的是一个氛围特别好的地方。很多非常有才华的普通人汇聚于此，都在真心实意地将自己的技能和经验教给大家，而粉丝们也都很真诚热情。快手拉近了我们之间的距离，让我们彼此影响、共同进步。所以我在快手上录制视频也一直付出极致的真诚，并会将这种真诚坚持下去。

在快手实现更大价值

刚进入餐饮行业的时候，那个年代网络还不发达，从开店的方法到菜品的设置都没有人教你，所有事情都需要自己摸索。我现在经营的韩餐店的 84 个口味，都是自主研发的。身边大多数做餐饮生意的朋友都说，别人开店是为了赚钱，而我是为了做事。

所以我就在想，能不能在快手这个平台，发挥我更大的价值，引导那些想创业但不知道怎么开始的朋友。他们就像当年的我一样，想干事，浑身是力量，但苦于没有目标，不知从哪儿下手。我现在的任务就是做直播引导他们怎么去创业，帮他们树立明确的目标。

每次直播中，我都会免费教大家厨房的基础知识，还有小吃的做法，比如馄饨、麻辣烫、辣椒油、调料油的制作。这需要我在厨房来回走动，所以我从来没有坐着直播过，白天干活累了，直播时就跪在凳子上，缓解腿的肿胀。

一个粉丝特别心疼我，给我送了一把能坐能躺的椅子，还给我送了一面锦旗。后来我才知道他是我的一名学员，通过我学会了麻辣拌料包的制作方法，丰富了自己网店的商品。

快手带来了另一种生活

在我的课程里，不仅教美食的制作，我还会传授学员相关的经营理念，比如怎么选址、怎么运营、怎么做前期铺垫、怎么装修、买什么样的厨具等。这些对一个店铺的经营尤为重要，我教的都是非常细致的点，因此用时也比较长。上期课程为期是 10 天，一节课是 45 分钟，但有时我会从晚上 8 点开始，一直讲到半夜 12 点。

我还为学员建立了相关的群。直播时我女儿会把底下的提问一条条记下来，下播后我就在群里解答他们的问题。我还会在枕头边放上本子和笔，用来记录突然想到的灵感。这对身体的消耗比较大，家人在这一点上一直比较担心我。

但学员的热情和信任，也让我的家人非常感动。在我们家的日常聊天里，这些学员就像我们的家人一样常常被提起，我们牵挂着他们，他们也牵挂着我们，这是推动我在快手一直坚持下去的力量。现在，学员们送来的锦旗，一间屋子已经挂不下了。

我们家的韩式料理店生意非常好，而通过快手获得的收入和餐饮店的收入已经不相上下了。在快手课堂，我已经上了四期课程，收入在 20 万元左右，这给我的家庭以及生活带来了很大的改变。但更重要的是，我收获了远超过以往任何时期的粉丝的热情与信任，这股人间温情和正能量已经融进了我在快手的点点滴滴，以后我还会传递给更多的人。

第四章

快手音乐人：做音乐不再是少数人的专利

本章概述

如果没有快手，胡子歌可能还是一个寂寂无闻的街头歌手，一个郁郁不得志的中年男人。胡子歌把弹唱的阵地从街头转移到了直播间，这不仅让他有机会讲自己的故事，与喜欢他的粉丝互动，更让他获得了收入，解决了生活问题，"做着喜欢的事情就把钱挣了"。名叫"大兵"和"小蓉"的音乐爱好者在快手上相识、相恋，在广州结婚、生子，每天在广州塔下同一个地方唱歌直播。人不帅，嗓子好，爱唱歌，不识谱，一开口，必跑调，"本亮大叔"在快手号上写着，"没有专业知识，网络展示个人爱好"，但很多人喜欢他的表演，现在他有 1 000 多万粉丝。

如果没有快手，这样的故事不会发生，他们更难从中获得经济支持。像"胡子哥"、"本亮大叔"和"大兵"、"小蓉"这样的普通人有千千万万，但在快手上，他们都有被看见的可能和价值。唱歌、直播既成为他们生活的一部分，也为他们的生活提供了支持和保障。这正是对"普惠理念"最好的诠释。

本章案例

胡子歌：一把吉他闯荡天涯，流浪歌手一夜成名
曲肖冰：不用"端着"的互联网时代新音乐人
刘鹏远：很多人都有音乐梦，在快手梦想被放大

快手音乐人：做音乐不再是少数人的专利

袁帅　快手音乐人负责人

如果没有快手，胡子歌可能还是一个寂寂无闻的街头歌手，一个郁郁不得志的中年男人。背着十几年前买的第一把吉他，整日游荡在城市的地下通道和大排档，躲避着醉酒难缠的点歌客人。

直到 2015 年，一位客人把他唱歌的视频发到了快手上，从此改变了他的命运。成为快手音乐红人的他，不必东奔西跑、经受日晒雨淋，只要支起手机、打开直播，就有无数线上线下的粉丝前来，等他一展歌喉。

在快手上，像胡子歌这样热爱音乐，在镜头前展现才艺，甚至借此改变生活的人数以百万计。在他们当中，有以音乐为毕生职业的乐手、创作者，也有在户外唱歌的网络红人，但更多的是喜欢听歌唱歌、和音乐一起律动的普通用户。

做音乐，不再是少数专业人士的专利

说到"音乐人"，很多人第一反应是以创作和表演为生、受过专业训练、身怀唱作技艺的人。但根据官方统计数据，每天在快手上发布音乐作品的用户中，只有 1.7% 的人属于此列。更多的，是像你我一样,把音乐作为爱好,认真欣赏、翻唱、伴舞的"普通人"。

不要小瞧"普通人"的力量,这些音乐爱好者和他们的粉丝,覆盖的日活跃用户量达到了数千万。比如山东广饶的"本亮大叔",人不帅,嗓子好,爱唱歌,不识谱,一开口,必跑调。他的快手账号上写着,"没有专业知识,网络展示个人爱好",但很多人喜欢他的表演,现在他有 1 000 多万的粉丝。本亮大叔是一个音乐属性很强的人,我们也确实把他纳入音乐人的范畴中。

以往,发布一个音乐作品,需要经历作词、作曲、录制、签约、发行等烦琐的流程,而自媒体时代,从唱作到发布变得更简易了,用户有了更大的自由,但要将音乐传播出去,还需要精心包装、设法推广。

如今,快手横空出世,踢掉了歌曲发行和包装的"中间商",提供了成本更低的渠道与平台。只需一台可以摄影的手机,拍摄上传一段视频,用户就可以生产出一个属于自己的、独一无二的音乐作品。而快手上良好的社区氛围、综合性的内容信息流以及与老铁们的零距离互动,则给用户提供了最好的反馈和鼓励。

这样一来,快手极大地丰富了"音乐人"的主体内涵。从职业歌手、艺术家,到胡子歌这样的街头歌手,再到本亮大叔这样爱唱爱演的普通音乐爱好者,我们惊喜地发现,每个人身上都有值得发掘和展示的独特才能。无论是动听的歌声、独特的演奏技艺,还是有趣的表演,或者仅仅是个人的成长故事,任何才能都可以使他成为一名出色的"音乐人"。

让普通音乐人活得好,快手有两件法宝

毋庸置疑,快手上有许多职业歌手,近两个月入驻的比较有影响力的明星，就有六七十位。但对这些头部用户来说，快手更像是一个普通的歌曲宣发平台，他们享受到的只是快手的一小部分服务。相比之下，快手为普通音乐人提供的附加价值更大。

首先，快手秉持平等的内容分发逻辑，让每个优质视频都有上热门的机会，有被无数人看见的机会。其次，其他短视频平台的音乐人，偏重直接通过广告进行内容变现，这是头部用户效率最高的变现方法，但很多中尾部的用户不能被惠及，在快手则不同。对平台来说，几万的粉丝量可能不算多，但是用户对这几万粉丝开直播，可能让他获得近万元的月收入。

胡子歌把弹唱的阵地从街头转移到了直播间，这不仅让他有机会讲自己的故事，与喜欢他的粉丝互动，更让他获得了收入，解决了生活问题，"做着喜欢的事情就把钱挣了"。名叫"大兵"和"小蓉"的音乐爱好者在快手相识、相恋，在广州结婚、生子，每天在广州塔下同一个地方唱歌直播。

如果没有快手，这样的故事不会发生，他们更难从中获得经济支持。像"胡子歌"、"本亮大叔"和"大兵"、"小蓉"这样的普通人有千千万万，但在快手上，他们都有被看见的可能和价值。唱歌、直播既成为他们生活的一部分，也为他们的生活提供了支持和保障。这正是对"普惠理念"最好的诠释。

快手音乐部门的两大责任

2018年，快手音乐部门成立，这能够更好地保障音乐人用户的权益，从政策方面为中尾部用户提供直接的支持。

快手音乐背负着"商务版权"和"音乐宣发"的双重责任。

首先，在快手上发布的作品基本都有配乐，但由于版权的限制，平台基本无法独立使用配乐。快手音乐负责为公司控制版权风险，帮助公司用合法的方式使用音源。

其次，快手在音乐宣发上有独特的优势，平台已经成为歌曲发行的新战场。快手可以利用现有的宣发能力换取更多资源，扶持平台用户。这样一来，用户在快手直播，唱自己喜欢的歌曲，可以直接获得收入。

当然，仅有版权的扶持还不够。与 Netflix（网飞）这样有采购团队的视频公司不同，作为短视频平台的快手，其"活水"是普通用户贡献的内容。因此，快手更重视平台内音乐人用户带来的价值。

快手致力于扶持全世界范围内怀揣梦想的原创音乐人。2018年推出的"音乐人计划"，堪称快手的"原创音乐加速器"。认证成为"音乐人"的用户，其作品可以被精准推荐，用户可以从原创作品中获得版权收入。此外，快手有许多有制作、发行、代理版权能力的外部合作方，一旦快手在平台上挖掘到了"好苗子"，就可以直接为他联系合作方，进行培训、包装、发行歌曲。

仅 2018 年一年，通过"音乐人计划"，快手已经框定了两万个偏头部的音乐生产者。2019 年，这个范围会扩大到接近百万，把大量热爱音乐、经常发布音乐相关短视频的"长尾"部分的用户也纳入进来。

依托平台强大的流量资源和曝光量，每一个音乐人都有机会把自己和作品展现给全世界。

不断进化中的快手音乐社区

快手上的音乐人用户及其粉丝数量众多，这意味着，当一首歌在快手上"火"起来时，它能够触及上亿的粉丝。带着如此大的用户体量，快手进军音乐市场，势必会成为一个不容忽视的存在，直接影响音乐宣发、制作的生态，也为音乐人提供更多选择。

过去，歌曲的推广基本在 QQ 音乐、网易云音乐等传统音乐播放平台进行。现在，每天都有无数用户接触短视频中的配乐。人们逐渐认识到其中蕴含的巨大能量，把短视频平台作为音乐推广的主战场。基于这种需求，快手得以与外部公司达成合作，越来越多的音乐人开始重视在快手端的运营。

更重要的是，借助互联网革命，快手音乐提供了人人皆可享用的文化产品，生活在农村和城市的用户能够获得平等的信息，这间接填补了城乡之间的鸿沟，满足了音乐生态的多元需求。

未来，快手音乐将在整个音乐行业建立起更多的合作关系。

预计到 2019 年底，国内大部分版权、制作、宣发公司以及各大播放平台等，都将与快手达成合作。而为了弥补过去与行业联系的不足，快手将通过站内强大的宣发能力换取行业里的资源，为平台上的音乐人用户提供更好的服务。

快手还将重点关注线上工作，比如，录制歌曲，平台与音乐人共享版权，带领发掘出的音乐人与公司对接，提供演出机会等。整个资源链路径打通后，音乐人再参加线下的活动就会获得更大的收益。

在技术方面，快手也在升级储备。快手计划把人工智能技术与音乐结合，实现实时编曲、为视频自动配乐等功能，让用户获得更好的音乐体验。这也是近年业内的一大热点。

在普惠原则的指引下，快手音乐将照亮每一个音乐人的未来。

胡子歌：
一把吉他闯荡天涯，流浪歌手一夜成名

作为流浪歌手，胡子歌也曾困于"梦想与面包"的选择难题。他选择在街头巷角坚持梦想，这也就意味着选择了穷困潦倒的生活。

还好，陪伴着他的还有一把吉他。

2015年，胡子歌的命运发生了转折。之前去过的大排档有人点名要他唱歌，他匆忙赶了过去。唱歌过程中，有人拍下了他的视频上传到快手。于是，胡子歌以未曾想过的方式火了起来。

在大排档几乎销声匿迹的时代，原本无人问津的他，因为快手有了众多粉丝。如今，户外唱歌的他常被上百人围拢。

或许，感染听众的不只是他的歌，还有他歌声中饱含生活艰辛的真实。这样的烟火气息，成了快手社群生态中的一个侧面。

被看见的力量

小档案

快手名字：胡子歌《从熟悉到分离》
快手号：xiaohuzi99
籍贯：安徽凤阳
年龄：37 岁
学历：小学
快手主题：户外吉他演奏
快手拍摄风格：一人一吉他一首歌
对快手老铁的寄语：感动常在快手

讲述人：胡子歌

年轻的时候，我常常感到茫然，希望可以出去看一看外面的世界，找一找自己的方向。最初我从事的职业与唱歌无关，后来才渐渐找到自己喜欢和认可的方向。

我出生于 1982 年，家在安徽凤阳，那是朱元璋的老家，那里的凤阳花鼓比较出名。我们那时没有小学六年级，只有五年级。录取通知书来了，让我去念初中，但家里的条件不太好，很多跟我差不多大的同学都辍学了，我也就辍学了。

辍学之后我就要承担起家里的经济负担，没走出家乡之前，我跟着父母在家做点小生意，卖些青辣椒、西红柿、茄子、土豆，还卖过水果。家乡做水果和贩菜生意的人很多，后来生意比较差，没有利润可赚，一家人就想出乡闯荡。

我给老爸老妈做了思想工作，说我们得出去走一走，看一看外面的世界，说不定能有别的出路。后来我跟父母去了西安，这是我人生中的第一次远行。

走出家乡，我选择了做音乐，成了流浪歌手。

这个决定源自我少时的爱好。爸爸妈妈、叔叔阿姨、姑姑都喜欢唱歌跳舞，有的还懂一些乐器演奏。受到他们熏陶，我从小就喜欢音乐。人家说音乐细胞会遗传，我不知道是真是假。

我没有专门学过音乐，也没什么名师指点，叔叔、姑姑也都不是专业的。我只是从小喜欢听爸爸妈妈唱歌，长大之后喜欢自己唱歌。

因为快手一夜爆红

1999 年，小镇农村都不太富裕，很多人会靠着自己的能力出去赚一份辛苦钱。我在西安看到别人背着吉他唱歌，看到流浪歌手在街头卖唱，被深深吸引了。

那时我不会弹琴，也不会弹吉他，但我觉得吉他配上唱歌挺好听的，心想如果我会弹该多好。日子一天天过去，我每天看着别人弹，向人家打听吉他弹唱的事。有的人不搭理我，因为他不认识我，觉得没必要和我说过多的话。但我实在喜欢，总忍不住去问。其中一些热情的流浪歌手会和我交流，告诉我应该怎么弹，一来二去我对吉他就越来越喜欢了。

我跟老爸商量，买了人生第一把吉他，我记得很清楚，这把吉他是花了 168 元在西安民生大厦买的。从此，我的流浪生涯、歌唱生涯就伴随着这把吉他开始了。

那时别人在大夜市唱，我在小夜市唱，就唱当时流行的《星星点灯》《水手》《涛声依旧》《忘情水》这些歌。我刚学会弹吉他没多久，吉他还不是太合手，但也尝试着锻炼自己边弹边唱。

第一天晚上，我凭借唱歌赚到了 16 元，这 16 元让我找到了信

第四章　快手音乐人：做音乐不再是少数人的专利

心，我也由此更加热爱音乐了。

离开西安之后，我回到老家休息了一段时间，又辗转很多地方，包括镇江、济南等。2000年，我去了南京，之后在南京待了将近7年。

2007年4月16日，我从南京出发到了苏州。我记得特别清楚，那时动车刚通没多长时间。朋友们说，来苏州看一看，这边好做一点，我就过去了。

从2007年到2015年，我在苏州待了整整8年。我的工作就是在街边、大排档、酒店唱歌，哪里能唱，哪里就是我的舞台。我很少在酒吧驻唱，因为酒吧的人认为我是街头歌手、大排档歌手，觉得我的水平不够。

2015年，一次偶然的机会，听过我唱歌的一桌客人，第二天给我打电话说："我们在这边吃饭，你能过来给我们唱歌吗？"于是我就去了。客人带了两个朋友，用手机把我唱歌的视频录下来发到快手上，一夜之间就获得了上百万点击量。

我对网络一窍不通，还不知道这个情况，家里的亲戚和身边的朋友很多人在玩快手，他们给我发信息、打电话，问我是不是在快手上发了自己的作品。我说没有。他们说是不是别人发的，他们在快手上看到我了。我在网络上曝光，被更多人看到，他们感到很兴奋。

第二天，我去大排档唱歌时，很多人在现场围观，说这个人就是昨天晚上视频里那个唱歌的。以前我的生活自由自在、无拘无束，说实话，一下子吸引了这么多人关注，当时还有点接受不了，有种很蒙的感觉。

从无人问津到如今粉丝众多，我的生活有了很大的转折。一开始，我并没有自己的快手账号。直到现场的粉丝问我:"那不是你发的吗?"我说不是,我不会玩,是别人拍的。他们就建议我去下载快手。

我申请了一个快手账号。我一公布我的快手号,很多粉丝就关注了我,他们来自张家港、南通、上海、昆山等地,比较近的会到现场,围在我边上听。我就是从那个时候接触到快手,一点一点成长,一直走到今天的。

唱出生活的歌才好听

我曾在大排档碰到过很多听歌不给钱,甚至还骂我打我的人。他们会拿酒瓶砸我,指桑骂槐地侮辱我。我和朋友以前在宁波给别人唱歌,一男一女在吃饭,突然之间我们就被人打了。后来他们只说是酒喝多了,什么也不记得了,当时我心里特别委屈。

坚持自己的梦想非常不容易,我是靠自己的信念在坚持。

现在不一样了,来听我唱歌的都是远道而来的粉丝,他们会和我互动。对于这种喜爱和支持,我非常开心和感动。

我开始玩快手是 2015 年 7 月,粉丝涨得最猛的一段时间是 2015—2017 年。因为我纯粹靠嗓子唱,一口热气换一口冷气唱,很多人觉得我的歌声听着还算入耳,就关注一下。于是,我一首歌接着一首歌去唱,粉丝就涨起来了。

我的着装没有包装设计,我的胡子不是刻意留的。最初唱歌时我比较瘦,总让人感觉不够成熟稳重。后来为了显得成熟些,再多一些艺术感,我就蓄起了胡子。我爱人比较爱干净,家里收拾得特别清爽,她喜欢白色的纯洁、干净,所以我也爱穿白裤子。

我是户外直播主播,所以跟粉丝见面的机会更多,很多人会慕名而来听我唱歌,我也认为直接和粉丝面对面地交流是最好的沟通方式。有时,现场会有很多粉丝跟我一起合唱,我也会带动一下气氛,和他们有唱有跳,有说有笑。我爱人一看这么热闹,就想把这么开心的一幕传播出去,发到快手上让更多人感受到现场的氛围。

2016—2017年我在户外开直播,现场最多时有三四百人,围观的人挤了好多层,外层的人根本挤不进来。

音乐来自我们的生活,我认为,生活中有感情,才能唱出很好听的歌。用心把每一首歌唱出来,传递给更多人听,这就是音乐的价值。

如果有机会参加《中国好声音》或者《星光大道》之类的节目,我就积极参与。没有的话,我就坚持自己的初衷,把直播做好,把歌唱好,把自己分内的事情做好,把自己喜欢的事做好。

如今,我的生活状况比以前好太多了,父母和孩子的生活也有了改善。我们现在还在租房,但已经考虑在苏州安家了,这也是为了孩子。我和爱人还想把孩子的户口迁过来,在这边读书。

我有一首原创歌曲叫《曾经的记忆》,这首歌或许不是我最满意的作品,却寄托了我最深的情感,对我来说,每一份真实的情感都是难能可贵的。

曲肖冰：
不用"端着"的互联网时代新音乐人

曾经，音乐人的曝光途径有限，多数音乐人处于行业底层，无法靠音乐吃饭。

然而，在快手，音乐人曲肖冰通过200多个短视频、50个音乐作品成功吸粉超过500万，变现数百万元，成为音乐人探索新变现渠道的成功案例。

伴随音乐人的发展，短视频歌曲的播放量和影响力普遍也有了显著提高，一些音乐平台甚至一度被短视频红歌霸榜。

如今，音乐人不用再为变现发愁，在快手音乐人计划中，像曲肖冰这样的音乐人并不是个案，只要有才华，快手老铁们都愿意埋单。

小档案

快手名字：曲肖冰（歌手）
快手号：quxiaobing
籍贯：江苏常州
快手主题：拍摄原创音乐
快手拍摄风格：我爱说什么就说什么，不用端着
对快手老铁的寄语：快手能容纳各种层次的人，所以快手能走得长远
商业模式：唱歌积累粉丝，做互联网时代的音乐人，接下来要做MCN

讲述人：曲肖冰

2018年我加入快手音乐人计划，凭借《重新喜欢你》这一首歌，快手就给我分成160万元左右。

当时快手要推我的歌，没有告诉我这首歌要推热门，他们不会做这种事，完全公平公正，靠算法而非人工决定热门推荐。快手一视同仁，从不签约艺人，所以快手才会走得长远。

与快手结缘

我有一个录音棚，几年前我把录的歌拍成作品发到快手上。因为录音棚的音质清晰，作品的质量比一般的录制水平要高，所以涨粉特别快，一个视频可以涨7万~10万的粉丝。那段时间快手上只有我在录音棚拍视频。

很快就有很多跟风者，作品风格千篇一律。继续在录音棚拍摄没什么创意，我便开始尝试拍古风音乐的视频，随之快手上全是古

风音乐的视频。我又开始做乐队，乐队比较考验专业性，不会有太多人效仿。有段时间我还喜欢上了航拍。只有和别人做的不一样，才能走在前面。

我凭借唱歌在快手上拥有了不少粉丝，虽然我不是音乐科班出身，但是我将唱歌作为职业已经有 8 年了。

创作第一首单曲的时候，我只是想出一首属于自己的原创歌曲。身边有朋友配乐，他编曲，我就填词，一次就做一首歌，就当自娱自乐了。单曲除了发布到快手，也发布到 QQ 音乐，因为之前 QQ 音乐已经有一些我的作品了。

还有一些版权公司会给我授权，演唱一些流行歌曲的女声版本，例如，《静悄悄》《离人愁》《白羊》《天亮以前说再见》这几首歌的女声版，都是我唱的。

做老板，不做艺人

小时候我也曾想过做明星、开演唱会，后来觉得做艺人很累，要天天跑演出，面对形形色色的人，不是我能适应的状态，所以，即便有演出我也极少参加，包括综艺节目。

近期有一些电视剧和网剧的插曲邀请我演唱，例如，最新版《倚天屠龙记》电视剧的插曲《两两相望》。

我现在很自在，我讨厌端着面对生活，我可以用音乐赚钱，最重要的是可以做自己喜欢的事，我挺满足的。

因为平时比较忙，所以很少直播。只要有空闲，我会开直播给大家唱唱歌，或者和粉丝聊聊天。

现在的状态是我理想的生活，做自己喜欢的事，不一定要在台前表演，我还想多多提升自己的音乐素养，当我足够专业了，大众是能看见的。

2018年，我成立了自己的版权公司，公司合作的网络歌手有100多位，我和快手也有一些官方对接资源，可以帮这些网络歌手制作一些质量较高的歌曲。我还签约了一些艺人，比如，半阳，我和他属于"革命友谊"，从最早的单曲《注定孤独终老》到《流浪》，再从《一曲相思》到《与山》，我们在一点点进步，他是非常有才华的唱作型音乐人，我希望他未来可以登上音乐节的舞台，让大家看到MC（说唱歌手）转型成功的案例。

我们现在有很多专业的制作团队，不同风格的歌会发给不同团队制作。签约的艺人中有的适合商演、网络综艺，有的适合做独立音乐人，我会为他们做不同的定位，往不同方向打造。

快手挺好的，可以记录生活，也可以成就事业，顺便收获一些喜欢我的音乐的朋友。

祝愿快手老铁们：乘风破浪前程广，鼎立创新步步高。

刘鹏远：
很多人都有音乐梦，在快手梦想被放大

独立音乐人刘鹏远已经在音乐道路上坚持了十几年，他曾是《中国最强音》《最美和声》等选秀节目的人气选手，也在各类弹唱比赛中获得过很好的成绩。加入快手后，刘鹏远重新找到了最初和大家一起玩音乐的快乐，这种久违的感觉让他在感动之余，还收获了珍贵的友谊，激发了新的创作灵感。

他在快手上持续积累、不断分享，直到作品被更多人听到和喜欢。如今，他也在鼓励身边的独立音乐人加入快手，在快手上寻找受众，分享作品，让自己的音乐的价值更大化。

小档案

快手名字：鹏远 LPY
快手号：Lpy19870626
籍贯：北京
年龄：32 岁
学历：本科
代表作：《天堂》《为你唱歌》《伤心的猪》
快手拍摄风格：专注音乐，融合吉他、手鼓等多种乐器弹唱，传播充满正能量的音乐作品和教学片段
对快手老铁的寄语：人生最精彩的不是你实现梦想的瞬间，而是坚持梦想的整个过程
商业模式：直播、授课、通过快手扩大影响力，获得更多商演等合作机会

讲述人：刘鹏远

在快手上收获一批暖心老铁

我叫刘鹏远，是一个独立音乐人、唱作人、鼓手。弹吉他17年了，曾被罗大佑形容"人琴合一"，是朋友眼中的"弹琴自嗨症晚期患者"，一拿起吉他就疯。

许多人认识我是因为此前我参加过一些综艺选秀节目，比如，2013年的《中国最强音》、2015年的《最美和声》等。但对我个人而言，生活照旧，波澜不惊。每天雷打不动地起床弹唱、睡前弹唱、演出弹唱，当老师在讲台上依然弹唱，几乎是琴不离手唱不停口。我对音乐的热爱几近狂热。

在用快手之前，我从没想过我会有这么多可爱的粉丝。

"你终于来了，我们一直在找你"

2016年，我的一个朋友在玩快手，当时我跟着他发过一两个视

频，但那时候比较忙，发上去就不管了。过了两年，朋友把一段我的视频发到他的快手账号上，结果很多人都说认识我，问我有没有自己的账号。于是我就开了一个自己的快手账号，认真发了一个自己喜欢的作品，结果看到评论里好多人说："你终于来了，我们一直在找你。"

这让我十分感动，人们总是喜欢被别人赞赏，而且真正的发自内心的赞赏弥足珍贵。在快手上我看到了老铁们的真诚。他们不仅会通过双击点赞支持我，还会自发地把我唱歌的视频转发给朋友们看。所以我在很短的时间里粉丝数就突破了 10 万。

那段时间很兴奋，每个人的评论我都会去看。有人说："我看你弹吉他看了十几年，你终于来了。"有人说："从《中国最强音》的时候就开始关注你，没想到你还会打鼓。"还有人问："你有没有教材？我想跟你学琴。"

渐渐地，我意识到快手的影响力远远超过我的想象。音乐人需要到全国各地去巡演，听众有时会把现场视频上传到快手。许多玩音乐或开琴行的朋友会在快手上找有关我的吉他视频，发给他们的学生学习。

后来，我应老铁们的邀请，开通了直播功能。在直播间把我的日常同步展示给大家，我会和老铁们一起弹琴、聊天，这是一个互相学习的过程，就像和朋友相处一样，不需要礼物的维持。时间久了，我们建立了非常好的友谊，我今天去了什么地方演出，遇到了哪些新鲜事，还有给学习音乐的朋友答疑等都会在直播间跟大家分享。这给我的生活带来了很多快乐，就像是在生活中得到朋友们的肯定一样，高兴的时候我们通常会一起庆祝，在直播间聊得开心的时候我也会发一些礼物作为福利，礼物就是一些简单的与吉他相关的周边，如背带之类的小物品。

现在在快手上跟我学吉他的人越来越多了。虽然他们的水平参差不齐，但我们的目的都一样，就是为了寻找快乐。

感动源自快手上的点滴积累

我学音乐的启蒙师父是我父亲，从小跟着他学了几个音，然后就摸索着自己练习。在成长过程中，我还有幸拜乐坛前辈常宽为师。我把音乐当作生命一样，所以十分理解这种热爱的感觉以及在逐梦路上有高手指点的幸福。

如今，通过快手，这份幸福变得更加简单。因为你可以很容易看到一些比你优秀的人的作品，而且可以从容地展开对话沟通，这打破了地域上的壁垒，而且沟通的成本也大大降低了。

其实许多人的内心都藏着一个音乐梦想。在快手上，这个梦想被放大了。

有一位老铁给我的印象十分深刻，他是一名公务员。有一次他私信告诉我，他特别喜欢音乐，也喜欢弹吉他唱歌，但是现在很少有时间玩音乐。看了我的视频很受触动，他说要为自己活一次，下决心把工作辞掉，来找我学琴。

我拒绝了。

快手上类似这样的老铁还有许多，他们会把自己弹唱的原创视频发给我看，问我是否可以靠音乐吃饭。我会劝他们不要冲动。如果一定要走这条路，就必须找到自己独特的风格，慎重考虑自己适不适合走这条路。

有些老铁从线上追到线下，跑到我的琴行来学琴。有位老铁甚至从承德坐4个小时的车来找我，每半个月约一节课，然后回去练，我一节课才上两个小时，他来回路上都要花8个小时。

还有个学生都50岁了，通过快手找到我。他曾经也有音乐梦想，但因为工作太忙，觉得坚持不下去了。看了我的视频，又重新找到了动力。

这些感动都始于快手，最终实实在在地影响了我的生活。后来，我们不光上课，还成了彼此的朋友，因为他们也带给我很多正能量。

2018年发生了一件事，让我印象特别深刻。12月，我在石家庄有一场演出，但前一天晚上我发高烧，第二天才出发去石家庄，到石家庄后，我在快手上发了一个视频，说几点会在商场演出。

那是一家琴行的周年庆，邀请我当嘉宾，他们的活动从中午12点开始，但没告诉我几点上台，所以我下午三四点才到。好多人就给我发私信，说我们中午12点多就来了。我刚下楼梯，很多人就围过来，当时我真的太感动了。

通过和他们聊天我才知道，有个小哥当天本来有课，专门请假赶过来，还有家长带着孩子来的。那天我演出完还要赶车，但主办方比较忙，最后是一个粉丝主动开车把我送到车站的。

其实我在音乐行业这么多年，认识我的人也不少。但我觉得快手上的老铁十分特别，他们更加接地气，都特别实在，我和他们之间没有距离。早期我参加选秀节目时，观众会把我当作偶像，那时候和粉丝是有距离的，感觉也很不一样。

我与快手产生的奇妙化学反应

在快手上"出名"后，我的收入也变得更加可观。最近我就接了十几场啤酒节的演出，是快手上一个大主播接的活动，他邀请我去。2018年有个品牌也是通过快手找到我，老板直接给我发私信，说希望请我代言。还有一些琴行的周年庆活动，邀请我表演，或是音乐类比赛，请我当评委。

但对我来说，最开心的应该是认识了许多有趣的人。在这个过程中我的音乐思路变得越来越开阔了。在快手上，我和老铁们总会产生一些奇妙的化学反应。

2018年西安的快手音乐节，我在现场开了直播，粉丝们知道我那天在场，就去现场观看我的演出，老铁们的热情超乎我的想象，这个人送两瓶水，那个带些特产，最后我的桌子上都摆满了粉丝们送的礼物。就是这样的点滴关注，让我和老铁们的心紧紧连在了一起。而这之间的那个链条，就是快手。

还有一个场景也让我非常感动。记得当时需要把设备从一个城门洞搬到另一个城门洞，开车又不方便，我就喊了一声：老铁们，来都来了，帮我个忙，拿一拿架子鼓什么的。

结果没想到，我开着直播在前面走，后面的人拿着琴，拿着鼓，队伍越来越长，都是快手上关注我的老铁。那一刻我真的感到特别幸福。

通过快手，我认识了很多有趣的灵魂。2018年有几个优秀的快手音乐人在北京演出，我也加入进去。和自己趣味相投的人在一起，是多么幸运的一件事呀！因为我们都热爱音乐，相谈甚欢，最后都成了很好的朋友。

还有一件令我至今都难以忘怀的事，有个小粉丝有天私信我说想让我帮他挑一把吉他，偶然间得知他是一个绝症患者，但和我一样热爱音乐，他几乎不会错过我的任何一场直播。而且他很有天分，我当时特别激动，毫不犹豫就送了他一把最好的吉他，并许诺要和他一起练琴。音乐是世界上最美的语言，这种语言甚至都不需要刻意表达。快乐是抵达幸福的彼岸，通过快手，我的幸福变得很简单。

未来想在快手首发更多作品

快手官方经常组织一些线下活动，我只要有时间都会去。比如快手音乐节全国巡演就是在大街上进行的，舞台可能没有那么高大上，但我很喜欢这种演出。粉丝可以和你面对面，你也可以在这里和线上的粉丝在线下互动。

正所谓"高手在民间"，快手就是这样一个江湖，他们可能不是传统意义上的专业音乐人，但是他们仍然为音乐付出了很多。他们各有优点，也让我看到了关于音乐的新的可能性。

我始终坚信一句话，人生最精彩的不是你实现梦想的瞬间，而是坚持梦想的整个过程。这句话陪伴了我的整个音乐生涯。

在音乐这条道路上，我的心态曾有过转变。有一段时间我经常比赛，拿各种奖项。2013年，我参加湖南卫视的节目录制，以为有个大平台就会好一些，但其实对方需要最后签合约，而我更渴望自由，所以就拒绝了。2015年我参加《最美和声》，当时在谭维维老师的组，圈里很多同行都认可了我。

但是我已经不会把希望寄托在一个人或者一家公司上，之前我会有这种想法，认为上一个节目或者认识哪个明星，借力就可以火了。但随着阅历的增加，我发现这些远远不是关键，自己还需要积累沉淀。

现在我正在鼓励我的朋友们也加入快手音乐人计划。之前他们会录一些自己的歌，但是只发在微信朋友圈，看到的人并不多。我就告诉他们，你注册一个快手音乐人的账号，把你的作品发上去试一下。

这些朋友都是很棒的音乐创作人、歌手，都有一技之长。在快手上他们的价值可以得到更好地体现。 接下来，我计划推出更多自己的原创歌曲。每一种风格我都会尝试，民谣或摇滚。

虽然我已经在音乐的路上走了十几年，但在快手上，我依然还是个新人。未来，我希望更加沉淀自己，不仅需要沉淀自己的音乐储备，还要积累更多更好的作品，希望和快手的老铁们一起，继续努力！

第五章
快手号会是企业的标配

本章概述

在印刷时代,企业会在黄页、报纸上刊登信息。进入互联网时代,企业会建立网页。有了微博、淘宝、微信后,企业能够呈现更多内容,发布即时信息,与消费者交流也更加便利。但以图片和文字为主的信息,毕竟还是不够直观。进入短视频时代,企业的自我表达能力要增强许多。对于企业而言,在快手的账号可以是它展示自己的名片,可以是找到客户的电商渠道,还可以成为吸引客户到自己门店来消费的本地渠道。和公司网页一样,快手号会成为每个企业的标配。目前,中国有数千万家企业,未来几年,快手平台会不会有1 000万家企业入驻呢?

本章案例

商家号：视频直播成为企业发现客户的新大陆
员工号：快手"网红"重构员工与企业的关系

快手号会是企业的标配

严强　快手商业副总裁

2019年5月，三一重工在快手上做了一次直播，虽然粉丝量只有2 000出头，但1小时居然卖出了31台单价几十万元的压路机。之后，三一重工加大了在快手的矩阵号的运营，甚至专门为此成立了一个部门。

这不是个案，已经有很多企业在快手上尝到了甜头。华为和小米旗下的大量门店已在快手开号，卖出了大量的手机；方特和海昌等游乐园鼓励员工在快手上开号，展现公司活动内容，吸引客户；国内主要的房车品牌，已经有相当比例的订单来自快手号。

和公司网页一样，快手号会成为每个企业的标配。目前，中国有数千万家企业，未来几年，快手平台会不会有1 000万家企业入驻呢？

企业如何被看见：从印刷时代到短视频时代

一家企业要成功经营，离不开员工、合作伙伴、客户。企业需要与他们建立联系，建立信任。

在印刷时代，企业会在黄页、报纸上刊登信息。进入互联网时代，企业会建立网页。有了微博、淘宝、微信后，企业能够呈现更多内容，发布即时信息，与消费者交流也更加便利。

但以图片和文字为主的信息，毕竟还是不够直观。进入短视频时代，企业的自我表达能力要增强许多。

首先，通过"短视频+直播"，企业可以生动直观、有效有趣地展现自己。一个有趣的例子是富士康，富士康的工人只是拍公司食堂等日常场景，但对于潜在的想去富士康打工的人，这是非常重要的决策辅助信息，很多工人因为看到了这些关于富士康的视频，决定进入富士康工作。

其次，快手是个日活跃用户2亿多的超级大市场。企业可以迅速触达海量目标用户。三一重工卖出31台压路机，就是因为工程机械行业有70%~80%的客户都在用快手。

再次，快手注重私域流量，企业可以与用户形成稳定的连接。用户长期看企业的视频和直播，会与企业建立牢固的信任关系。这大大降低了企业维护客户关系的成本，可以源源不断地带来回头客。

总之，对于企业而言，快手号可以是它展示自己的名片，可以作为找到客户的营销渠道，还可以成为吸引客户到自己门店来消费的本地渠道。相应地，我们把企业号分为品牌类、电商类和本地类三个类别。

持续迭代的快手商家号

为了更好地为企业用户服务，快手推出了"商家号"功能。

快手商家号的核心理念，是帮助企业"有内容、有粉丝、有生意",最终成为企业用户长期获益的阵地。

快手商家号是一个为有商业需求的用户提供的商业"百宝箱"。在总体政策上,快手会对商家号给予一定的流量优惠或扶持,以及现金的预算投入。具体来说,商家号针对不同类型的企业用户,也提供了相应的服务。

对于品牌型企业,为了扩大它的品牌影响力,商家号一方面可以直接帮助推广,例如开展"挑战赛"、定制企业魔法表情、设置话题标签页等;另一方面也能提供相关的产品和服务,例如,粉丝头条(作品推广)、信息流广告服务,让企业的广告投放更加灵活、价值最大化。

对于电商型企业,商家号能提高企业对接客户的效率,全面直观地展示所有商品。商家号安排了快手小店、视频带货、直播卖货,在企业用户主页整齐地展示商品,还有引导购物的入口,方便客户通过视频和直播进一步了解、选购商品,也方便企业与粉丝随时互动。

对于本地型企业,商家号能降低客户寻店难度和沟通成本。商家号主页添加了精准的地理定位功能,可以通过导航引导客户到店消费,还配置了电话咨询功能,可以满足本地型企业的运营需求。

在现实的商家号合作计划上,快手将逐步推动重点行业头部企业入驻,例如好未来、新东方、肯德基、海底捞、大疆等,打造头部企业的示范作用。

快手的两个内核价值

在不到半年的时间里,商家号快速进化,商业生态繁荣初现。目前,快手商家号用户数超过60万,每日新增用户数超过1万,每日新增商家作品超过 50 万，日均直播场次超过 20 万。

商家号作为快手商业生态的一个基石性产品，会不断迭代升级，上线"优惠券""买家群""@ 内容聚合""地点认领"等功能，不断吸收精准粉丝人群，增强用户黏性、提升商业转化。快手商家号在运营过程中，会收获更长线的价值。

其一是商业生态价值。企业在平台上进行营销，最常见的方式是广告投放，但这种模式相对传统，投放量级也往往受经济环境的变化、企业发展阶段等多方面因素影响，会存在天花板。快手更关心的不是单纯地赚取广告收益，而是如何构建长效营销机制，帮助企业在平台上获得更大的收益。对于大量的中小企业自助广告主而言，快手商家号其实就是通过一个生态型的产品来进行未来的商业化，来提升它的上界、广度与深度。这样也能实现商业生态的可持续发展，各方都能因此受益。

其二是社区生态价值。企业不仅仅是在平台上卖东西、做生意，还要提供优质的视频内容。这样一来，用户会喜欢企业发布的内容，愿意关注它，和它建立持续的社区社交连接。

Instagram（社交应用程序）的发展模式就是如此，到后期，用户除了会浏览普通用户发布的有趣内容外，也会消费这些商业型用户发布的有趣内容，并和它们建立很深的社交连接。结果是，商家号的建设和企业的入驻，不仅不会破坏快手原有的真实有趣多元的社区生态，还会让整个社区变得更丰富。

商家号：
视频直播成为企业发现客户的新大陆

传统公司的产品销售与招聘，在短视频时代面临新一轮的机遇。

三一重工通过在快手平台上的直播，建立与用户面对面的销售渠道，视频让信任感的建立变得容易；越来越多的二手车市场销售经理，将快手平台看作一个新大陆，传统销售所遭遇的革新与颠覆才刚刚开始；富士康的员工化身招聘达人，在快手平台上传各种短视频，在民工荒的时代为公司提供了源源不断的人力资源。

在这个短视频和直播的风口，我们看得见企业开辟出来的新市场。凭借以快手为代表的短视频社区，一种新型的公司–用户关系正在产生。

三一重工：1小时直播卖出31台压路机

一个令人尖叫的案例是，2019年春，三一重工用自己刚刚注册的快手官方号，在快手平台上直播一个小时卖出了31台压路机，每台压路机的价格高达35万~45万元，考虑到此时三一重工仅有几千粉丝，这一成绩尤其令人惊叹。

最初是一个女孩开挖掘机的视频引起了三一重工"90后"实习销售经理的关注，这位销售经理注意到有很多人点赞、评论并询价。在一次内部的销售会议上,她说或许我们可以在快手上找到目标客户。

经过评估之后,三一重工启动了快手短视频计划。他们的直播首秀一鸣惊人,在工程师亲自讲解新机的强大功能和促销活动之后,一小时的直播收到了31台压路机的订金,并且后期全部成功转化成交,创造了工程机械短视频直播销售的纪录。

在尝到压路机直播销售的甜头后,三一重工决定更进一步,将实操培训作为短视频布局重点。三一互动营销中心策划的快手账号"小成课堂"(快手号:XC523188)主打挖掘机的技巧培训,解决开挖掘机的老司机和小白用户的实际工作问题。这进一步赢得了粉丝的信任,有很多粉丝在快手号下面咨询产品和价格,这些用户最终通过销售咨询后下单,一条短短57秒的视频已经卖出了5台挖掘机。

三一重工的惊喜,一方面是因为工程机械行业70%~80%的客户都在用快手,快手上发布带有与"挖掘机""压路机"等工程机械内容相关的用户已经超过了45万。另一方面是因为短视频内容展现形式更加多元化,传达信息也更直接明了,而且快手的普惠理念让大量开重卡、挖掘机和修理汽车机械的普通人成了快手上的"小红人",他们又带动了垂直用户在快手上进行社交,分享各种技术知识和信息。

在快手短视频平台布局是三一集团全方位推进数字化转型的一个缩影。过去三一重工尝试电商,就是工程机械行业的尝鲜者,如今它希望再次引领数字化传播和营销,通过更丰富灵活的方式与客户直接互动,赢得更多年轻客户的青睐。

2019年,三一重工将分事业部、产品线全方面矩阵式开放短视频平台,多点开花共同推进新媒体和社交电商业务。

最核心的销售秘籍：在快手上直播卖车

在石家庄花乡二手车市场做生意的杨京瑞，比三一重工早两年接触快手。现在几十万元一辆的房车，他每年可以在快手平台上卖上三四十辆。"杨哥说房车"账号现在有超过 59 万粉丝，这保证了他销售房车的可持续性。

他的客户散在全国各地，最远的客户来自新疆、西藏地区。老杨一人的房车销售金额达到上千万元。

杨京瑞能成为快手房车网红，得益于他一个更早玩房车的朋友的推荐。这也是快手平台用户不断增加的重要原因，口碑传播产生永不止息的吸聚效应。

"杨哥说房车"形成了自身的示范效应。前一段时间，花乡二手车市场的总经理在一次商户月底会议上，要求市场里的每个商户都下载快手。现在市场里有十几家经销商每天做直播，而且销售业绩都不错。

直播卖车在经销商圈内已经不是一个秘密，类似老杨直播卖房车的故事，正在全国各地上演。直播与短视频电商正在改变汽车的销售市场，客户从本地变成全国各地，而在此过程中，汽车品牌厂商的渠道布局和营销方式也发生了变化。

山东临沂的盛业房车也在快手上收获了公司 50% 的客户。在山东临沂盛业房车从事销售工作的广东人陈金，将快手直播机制当作自己最核心的销售秘籍。他要求自己麾下的 20 多名销售人员必须开设快手账号，并且每人每天至少上传 3 条视频。销售人员和加盟商都要接受快手号运营方面的培训。

陈金和他的同事们的快手粉丝从几千到百万不等，快手号是公司资产，销售业务员离职后，其所运营的快手号要交回公司。

借助快手平台，盛业房车的销售额像火箭一般蹿升。工厂的出车量在国内可以排第一名，差不多是十几个4S店（汽车销售服务店）的销量。2017年的销售额比2016年增长了10倍，2018年比2017年又翻了一番，销售额达到2.4亿元，预计在2019年将继续保持倍速增长。

谈起快手何以有如此强的带货能力，他们都提到，相比传统的论坛图文海报模式，短视频可以提高客户体验感和信任感。这种体验和信任感是如此之强，以至于几十万的房车和压路机都因此可以批量售卖。

富士康：在快手上直播招工

2009年，程斌成了富士康的一名流水线作业工人。金融危机刚刚席卷而过，工作并不是那么好找，程斌为了就业甚至还交了"入厂费"。

10年后的今天，形势早已逆转。像富士康这样曾经的"打工圣地"也面临民工荒，公司为此出台内推奖励政策，谁推荐新人入厂谁就会获得1 000~3 000元不等的奖金。程斌抓住了这次机会，他在快手注册了名为"富士康总部@面试官"的账号，玩短视频的同时，通过招工内推开辟了一个可观的收入来源。

在富士康，像程斌这样的快手达人还有很多。其中一个叫"富士康电子厂@冲刺30万"的账号使用者，推荐成功进厂的正式员工达1 200人，一年赚到的内推奖金超过100万元。对富士康而言，快手俨然已是比任何务工中介都更有效的招聘平台。

直播和短视频作为一种新兴的传播载体，在提供娱乐内容之外，具备的可能性远比大家想象的大。

在展示企业文化和环境上，短视频和直播具有独特的优势，利用短视频和直播展示企业工作环境、宣传企业文化，会比在传统的招聘网站上的展示更加立体，也更加接地气。对于已经开始步入社会，成为年轻一代消费主力的"95后"来说，他们是互联网原住民，伴随互联网成长起来，不管是买东西还是找工作都更倾向于互联网，也更容易接受直播和短视频这种展示方式。

企业发现客户的新大陆

快手构建的对接企业与客户的新型平台生态，成为2019年引人注目的互联网商业奇观。在这里，企业及其代理人被平台赋予了无限多个触点，可以精准触及目标用户，世界在这里不仅变平，而且大家俨然共生在一个手机屏幕方寸间的熟人社会里，彼此可信赖，交易零距离。

这对所有的企业而言，都是一个有待进一步开发的新大陆。快手也正在提供越来越大的可能性。直播与短视频如同助力的翅膀，让企业飞得更高更稳。

员工号：
快手"网红"重构员工与企业的关系

2019年8月1日，周延同在快手上传了一段视频。帅帅的驯养师想跟白色的海豚亲嘴，但海豚不配合，驯养师只好从岸上拿了一条小鱼喂给海豚，很快，海豚身体前倾在驯养师的嘴上深深印了一个吻。一天时间内，这段充满浓浓爱意的视频，播放量已经超过19万。

周延同是天津海昌极地海洋公园（以下简称海昌海洋公园）的驯养师，他在运营一个叫"大白与周老师"的快手账号。周老师是他本人，大白是一只萌萌的白色海豚，大白与周老师的互动充满温情，让快手的一众老铁看后内心那叫一个爽。

"大白与周老师"（快手号：JoyZhou1）目前已经有41.5万粉丝，但这还不是天津海昌极地海洋公园明星驯养师最大的快手号。2017年至今，馆内52名驯养师，大部分都开设了短视频账号，有5位驯养师的粉丝数量超过了5万，其中驯养员赵迎春的账号"训练海豚鲸鱼大春"（快手号：cc13821182009）的粉丝超过90万。

海昌海洋公园扶持这些"网红驯养师"成长，从而通过快手等短视频平台扩大海昌海洋公园的知名度和美誉度。2019年5月，没有过多的宣传，天津海昌极地海洋公园在华北地区第一只人工饲养繁育的小海豚得到了数万人关注，通过公园的明星驯养师的短视频账号，小海豚在水中出生、学习游泳，以及跟随妈妈喝奶的过程，都吸引了大量粉丝的点赞和留言。

比起那些苦心经营"官方号"企业团队，天津海昌极地海洋公园用自家"网红员工"的账号传播，显得非常轻松有效。

"大白与周老师"秀亲密视频的当天，有数千个带有"小米直供"字样的小米品牌电子产品直供账号也在快手上发布短视频，通过线下与线上联动、资源互通，进而全面拥抱用户。

因为"米粉"与快手老铁的高度重合，以及短视频内容的强互动、高黏性，让小米看到了快手价值洼地。小米成功把新零售概念通过"线上+线下"的方式结合到一起，线下渠道大量铺货，线上同步新营销，促进小米公司的电子产品的销量不断攀升。而快手成为小米的重要舞台。

"撩小米"展现互联网营销奇观

"小爱同学，我想听《远走高飞》。"

2017年9月4日，对山东临沂小米直供店店长小薛来说是一个值得纪念的日子。他将手机镜头聚焦在展示柜台上的白色小米AI音箱"小爱"上，录制了一段11秒的视频，上传到了快手平台上。

这是他第一次玩快手短视频，还没有太多经验。AI音箱上停留了一只苍蝇，小薛"远走高飞"的话音刚落，那只苍蝇就真的离开音箱，"远走高飞"了。

这只苍蝇竟意外成为这则短视频最大的一个梗。有老铁在下面留言说："把那只苍蝇赶走，哈哈。""哥，你那只苍蝇认真的吗？还真配合你，果然远走高飞了。"这是快手个人号的一个特点，不求完美，只要不会对品牌造成伤害，个性化的表达，包括一些突如其来的意外，都可能成为传播利器，进而对营销构成利好。

刚注册的"小薛科技客"（快手号：mi93666666）账号还没有几个粉丝，但这则视频却有了超过 2 000 的播放量。这对小薛是个鼓舞，接下来近两年时间内，他断断续续在快手上发布了 200 多个作品，单个视频播放量最高达 3 000 000+，互动 30 000+。对一个以销售手机为直接诉求的小米直供店而言，这样的成绩太让人惊艳了。

在快手的赋能之下，不断涌现的小米明星店长成为当地 KOL（关键意见领袖），小米已经诞生了十几位明星店长，他们成为当地的"网红"，极有力地带动周边的活跃度。店长们通过自身的影响力带动周边老铁、"米粉"的活跃度，从而增加与小米店长的黏性，直接促进成交。

每年 4 月都是小米传统的"米粉节"，但 2019 年有些不一样："米粉节"已不仅仅是线下狂欢，小米在快手上发起了一场"一起撩小米"活动。线上线下联动，线下"米粉节"+线上"撩小米"展现了不一样的互联网短视频营销奇观。

活动上线当天迅速吸引 800 000+"米粉"关注，10 天 2 000+视频作品，100 000+ 新增粉丝，10 000 000+ 播放量……活动同时覆盖了线下 50 所高校，30 000 000+ 粉丝，真正做到了线上线下联动，打造了一场全民狂欢节。

"踩对点""有感情"

和小米利用海量直供人员，在各个区域展开营销不同，天津海昌极地海洋公园则不以量多取胜，它致力于充分发掘明星动物与驯养师的价值，将他们打造成垂直领域的全国头部网红。

第五章　快手号会是企业的标配

作为国内拥有最多海洋与极地动物的主题公园，海昌海洋公园在上海、大连、青岛、天津等地经营了六座海洋主题公园、两座综合娱乐主题公园，包括白鲸、北极熊等大型海洋动物在内的生物保有量超过 6.6 万头，累计游客接待量超 1.1 亿人次。2018 年天津海昌极地海洋公园的营业收入位居各城市之首，一个重要的助力因素就是短视频平台的流量效应。

据海昌海洋公园营销部部长刘青青介绍，从 2017 年至今，馆内 52 名驯养师中，大部分都开设了短视频账号，有 5 位驯养师的粉丝数量超过了 5 万。鼓励员工拍摄短视频、打造"网红员工"，成为天津海昌极地海洋公园短视频营销的奇招。

尝试运营短视频账号的企业其实不少，但许多企业并没有找到运营短视频合适的方法和套路。当 2018 年天津海昌极地海洋公园的"白鲸"主题的短视频火遍全网的时候，很多海洋公园营销人士都在研究，为什么"员工号"比"企业号"更容易走红。

"粉丝喜欢员工自己拍摄的短视频，很多企业创意宣传运营拍出来的视频反而不是很火。"刘青青认为，网红驯养师的短视频账号之所以粉丝关注度更高，主要是因为"踩对点""有感情"。

以驯养员赵迎春为例，他从 2017 年开始运营快手账号，是海昌极地海洋公园最早玩快手的一拨人。他的视频都是关于他和"大儿子"、"二哥"和"三哥"三头白鲸的生活的，他给白鲸刷牙、跟白鲸嬉笑打闹并一起表演的日常吸引了上百万粉丝的关注，其中，他跟白鲸亲昵泼水玩耍的视频浏览量超过了 740 多万次。

赵迎春的视频中，最打动粉丝的是他与白鲸的互动和感情。他说，每头白鲸都有自己的情绪和性格，"三哥"是一个"耿直男孩"，对驯养员的指令从来不违抗，指哪儿打哪儿，给人感觉"又冲又楞"；而"二哥"则是比较顽皮搞笑的风格，它头脑灵活，甚至会用拖人下水或者咬袜子等方式戏耍新来的驯养员。

"网红白鲸"与"网红驯养员"的故事，引起了粉丝们强烈的感情共鸣。"有很多网友通过视频认识了白鲸，它们没有猫狗等动物聪明，它们听不懂人的语言，但它们也会撒娇卖萌与人沟通，还能通过人的肢体语言，发现人的喜怒哀乐。"赵迎春说。

因此，网友们纷纷给驯养师留言"要好好照顾白鲸"，并且不远千里来看望自己长期关注的驯养员朋友。一位来自牡丹江市的用户"初雪"在快手上发布的视频下留言，她关注"大春"一年多时间，2019年5月专程赶到天津海昌极地海洋公园来玩，还跑到VIP（贵宾）座席去近距离看鲸豚表演。

这样的例子多了，海昌极地海洋公园也开始关注到快手平台的传播力量。他们发现，粉丝对"网红驯养师"的喜爱，远远多于接收品牌广告，而员工经营"个人号"短视频自媒体，企业投入不大，却能获得很大的流量和曝光。天津海昌极地海洋公园的品牌知名度随着短视频的走红，传播覆盖区域不仅仅局限于京津冀地区，越来越多的全国各地的游客在视频传播后，慕名前来参观游览，为海洋馆带来了更多的红利收入和知名度。

各地海昌海洋公园也都在培养自己的网红驯养师，比如，大连海昌极地海洋公园的明星驯养师"极地上神"（快手号：D-Beluga），在快手上的粉丝也超过了96万，这些"网红员工"已经成为广大驯养师眼中的明星。

成就每一个"员工号"，也能成就企业品牌

员工的短视频账号毕竟与企业账号不同，对于如何激励员工主

动持续传播企业品牌,如何管理企业和员工自营新媒体的关系,天津海昌极地海洋公园也是摸着石头过河。

刘青青介绍,天津海昌极地海洋公园分享的经验是,发挥员工拍摄视频的主动性,由营销部门对旗下员工拍摄的内容策划和创意进行支持。

举个例子,营销部门曾指导驯养师拍摄白鲸视频,他们会帮驯养师挖掘与白鲸互动的各种"趣点",讨论怎么拍一条精美的视频……成就每一个"员工号",也能成就企业品牌,员工代言会帮助企业品牌传播发挥最大的影响力。

为了鼓励更多员工在短视频平台上为企业代言,刘青青介绍,天津海昌极地海洋公园对拍摄短视频和直播的驯养师,粉丝数量达到1万以上的,都会给予奖金支持。

员工自营的短视频媒体矩阵一旦形成,公司就可以对传播内容进行规划整合。2019年,天津海昌极地海洋公园开始进一步整合现有员工自营新媒体资源,引导旗下员工的视频要立足于公司的极地海洋动物资源,传播更多具备专业性和可看性的科普知识。此前,天津海昌极地海洋公园通过员工账号直播新出生的阿德利企鹅"久宝"的下水礼,以及对小海豚出生的视频进行发布,都获得了广泛的传播和关注,这些都是公司整体新媒体推广和品牌化传播的一部分。

海昌海洋公园的营销部门还计划,通过员工短视频账号经营热爱海洋动物的稳定粉丝群。包括策划发起以短视频作品和个人驯养故事为内容的各类竞赛活动,为网红员工组织粉丝见面会,通过赠送门票和礼品等方式,增强喜爱海洋动物的粉丝群体的参与和互动。

与此同时，公司也将对员工的短视频账号进行规范管理，比如限制接商业化广告，要求离职后仍在本行业工作的员工不得再用此账号等，这些规定不可避免地会影响员工经营账号的收入和积极性，但刘青青与驯养师沟通后发现，短视频让"网红员工"从幕后走到前台，以及公司激励给驯养师带来的"荣誉感"和"成就感"远远比物质回报更重要。

因此，企业利用"员工号"进行营销，激励员工拍摄短视频，赢得粉丝注意力只是第一步，内容长期经营和粉丝转化才是关键，而如何有效平衡员工自营新媒体和企业营销的关系，也是不可忽视的一个课题。

相较而言，小米和各地直供店员工快手号的关系就更为松散。目前小米之家及小米直供已达到数万家，并不断刷新开店速度以占领市场。那些员工中的相当一部分都开设了快手号，这对直供店的销售非常有好处，同时也提升了小米的品牌形象和产品在大众中的认知广度。

每一个直供店员工的快手号都是在宣扬小米的产品与品牌，这是小米公司所乐见的。

海昌海洋公园需要通过各种制度建设，摆正公司与员工在快手号上的关系。在小米，这个问题就相对简单多了。小米直供店员工有动力去开设快手号，他们与小米之间是天然的共赢关系。

快手平台的赋能，让小米成功地把新零售概念通过"线上＋线下"的方式结合到一起，线下渠道大量铺货，线上同步新营销，促进小米产品的销量不断攀升。

近年来，随着一二线城市电子产品市场趋于饱和，小米便将目标客群向三四线城市下沉，以获取新的目标市场。小米线下店——

小米之家及小米直供店已随处可见。小米在线下遍地开花的同时，在快手上也悄然涌现了数千个小米直供账号。相较于其他平台线上流量获取成本越来越高，快手提供的低成本转化，让小米分销商高兴不已。小米的新零售战略势如破竹，上至地级市下至小县城无不渗透。

用户在哪里，公司的营销就在哪里。不独小米和海昌海洋公园意识到这一点。毋宁说，这是市场经济下企业发展的金科玉律。快手上有数亿用户的基数，他们热情拥抱短视频与直播，这给无数企业带来了利好。

有多少个企业，就有多少种不同的快手号定位。新玩法不断涌现，在海昌和小米之后，越来越多的企业开始重构与员工的关系，让快手号运营成为公司的必杀技。

第六章

快手扶贫：看见每一个乡村

本章概述

互联网为每个人搭建了一条信息的高速公路。快手"短视频＋直播"的方式降低了记录和分享的门槛，贫困地区的老百姓只要拥有智能手机，会用快手，就可以看到互联网呈现出来的广袤世界，开阔思维和视野，还可以记录和分享乡村生活、美食和美景。

只要乡村被看见，就能产生连接，只要产生连接，就能诞生无数可能性。通过快手，贫困地区与外界连接起来，不经意间，带来个人和乡村的神奇成长：袁桂花成了一名创业者，她正在打造血藤果园、客栈，带领村里人致富；蒋金春动员村民一起采集茶叶并销售甜茶、葛根粉、笋干；吴玉圣找到侗家七仙女，共同传播侗族文化，带动当地侗布、侗族刺绣的销售，带领全村脱贫。

有意思的是，这些乡村的脱贫路径各有不同。它不是任何一个扶贫机构事先的设计，它是乡村用户和粉丝千百次互动后自然迭代出来的最佳方案。这样的方案更精准，也更有生命力。

本章案例

爱笑的雪莉：推广世外桃源的留守青年

侗家七仙女：用视频连通古老侗寨与现代文明

山村里的味道：快手"鲁智深",山中扶贫王

中国瑜伽第一村：快手让世界直接"看见"玉狗梁神话

快手扶贫：看见每一个乡村

宋婷婷　快手科技副总裁、快手扶贫办公室主任

高考失利后，18岁的贵州姑娘袁桂花回到大山深处，务农养家。放牛途中，她用手机随手拍了一段视频上传到快手，居然被外界关注，迄今已积累几百万粉丝，她的命运因此有了转机。桂花在快手上叫雪莉，通过短视频和直播，她让全国的老铁看到了美丽的乡村、优质的特产。她帮乡亲们卖出了200多万元的土特产。如今，她办血藤果园，建民宿客栈，带领乡亲们脱贫致富。

在快手上，像雪莉这样的人还有很多。他们世代居住在偏僻贫困的山村，通过快手展示乡村美景、美食、民俗风情。他们发现，自己的生活原来也值得分享，有很多人对乡村的世界感兴趣。这些乡村进入了人们的视野，命运也因此改变。

我们可以惊喜地看到，快手逐渐融入了贫困县老百姓日常劳作中，成为他们实现美好生活需要的"新农具"。

贫困地区老百姓的"新农具"

当今时代最显著的特征，就是互联网的快速发展。互联网给人

们的生产生活方式带来了巨大的改变。一二线城市的人们率先掌握了它，电商、外卖、网约车……种种新事物层出不穷。生活在边远贫困地区的人们，因为客观条件的限制，接触新事物稍稍慢了一些。

说到贫困地区，多数人会认为，贫困是因其位置闭塞且缺乏资源。其实，科技进步让物理距离不再重要，贫困地区在国家不断地投入下也有了完备的基础设施。这些地区隐藏着无数的文旅、特产乃至非遗资源，却因为老百姓"头脑里的距离"，无法展现在人们面前。

正如习总书记的指示，摆脱贫困首要意义并不是物质上的脱贫，而是在于摆脱意识和思路的贫困。我们认为，扶贫应该是让贫困地区也享受到社会发展的红利，让处于中国国土神经末梢的人们看到不同的生活方式，对美好生活有自发需要，能够努力应用和掌握新技术，从而来改善生活。

这就是快手扶贫的初心。

互联网为每个人搭建了一条信息的高速公路。快手"短视频＋直播"的方式降低了记录和分享的门槛，贫困地区的老百姓只要会用快手，就可以看到互联网呈现出来的广袤世界，开阔思维和视野，还可以记录和分享乡村生活、美食和美景。

我们统计过，到 2018 年底，832 个国家级贫困县中，每 5 个人就有一个是快手活跃用户。贫困地区发布的视频总量超过 11 亿条，播放量超过 6 000 亿次，点赞量超过 247 亿次。

扶贫对于快手来说不是额外要去做的事情，而是与自身业务发展息息相关的。2018 年在快手平台上有 1 600 万人获得收益，其中 340 万人来自贫困地区。快手平台的生态推动我们顺其自然地开展扶贫。所以，快手被誉为是"有扶贫内生驱动力"的平台，成为贫困群众获得收益、改善生活的"新农具"。

快手扶贫的工作就是让这个"新农具"更好用。这得益于国家在互联网领域长期持续的基础设施建设，也是快手一直坚守的使命，是快手遵循普惠价值观的体现。快手希望用有温度的科技提升每一个人独特的幸福感。在使命的驱动下，快手凭借"算法向善"的技术能力，贫困地区乡村用户即便粉丝不多，只要内容够好，就会被很多人看见。

只要乡村被看见，就能产生连接，只要产生连接，就能诞生无数可能性。

流量支撑良好的扶贫生态

通过快手，贫困地区与外界连接起来，不经意间，带来个人和乡村的神奇成长：袁桂花成了一名创业者，她正在打造血藤果园、客栈，带领村里人致富；蒋金春动员村民一起采集茶叶并销售甜茶、葛根粉、笋干；吴玉圣找到侗家七仙女，共同传播侗族文化，带动当地侗布、侗族刺绣的销售，带领全村脱贫。

有意思的是，这些乡村的脱贫路径各有不同。它不是任何一个扶贫机构事先的设计，它是乡村用户和粉丝千百次互动后自然迭代出来的最佳方案。这样的方案更精准，也更有生命力。

快手为了继续发挥优势，更好地履行一家互联网企业的社会责任，成立了专门的扶贫工作办公室。2018年，快手宣布启动幸福乡村"5亿流量计划"，投入价值5亿元的流量资源，给予国家级贫困县一定的流量倾斜，专门助力推广和销售当地特产。

在流量支持下，许多贫困地区的山货取得了惊人的销量。比如，四川"爱媛橙"以果肉软且多汁闻名，很多种植"爱媛橙"的农户便在快手上发布"徒手榨橙汁"的视频，获得了很多关注，用户纷纷在视频下留言购买。仅2018年一年，"爱媛橙"在快手平台的销售规模就达到4 000万斤，销售额约为1.57亿元，帮助无数家庭改善了生活。

不仅仅是这些，快手独特的流量扶贫模式，是以教育扶贫为核心、以电商扶贫为重要手段、以打造贫困地区区域品牌为补充途径，并动员社会广泛力量的精准扶贫模式。

首先是教育扶贫，扶贫必扶智，快手平台本身就有很多适合乡村的农技、农服视频，可以供乡村用户学习。快手还与贫困县合作开展"快手大学"项目，培训当地群众学会使用互联网，掌握短视频工具，打破闭塞的信息通道。"快手大学"已在广东、内蒙古、山西等地开展培训，培育了超过2 000名优质乡村短视频生产者，带动了贫困地区社交电商的发展。

2018年，快手发布了"幸福乡村战略"。其中一个核心版块是"幸福乡村带头人计划"，即在全国支持100位乡村快手用户在当地创业。迄今，该项目已覆盖全国10个省的21个县市区，培育出25家乡镇企业和农民专业合作社，发掘和培养了43位乡村创业者，提供了超过120个当地就业岗位，累计带动超过1 000户贫困户增收。

其次是电商扶贫，快手社区"老铁经济"让乡村地区销售农产品的老铁们不只是个售货员，还是一个懂行、朴实的带货达人。快手以"福苗计划"动员全站电商达人、MCN机构、服务商等有经验、有意愿的用户，帮助贫困地区的老铁推广、销售产品。目前，该计划已帮助全国近80个贫困地区销售山货，直接带动近18万建档立卡贫困人口增收。

最后，快手除了点对点式地帮扶每一个贫困村落，还注重整体性的地区合作。快手启动"打开快手，发现美丽中国"项目，利用流量支持，携手贫困县地方政府，让互联网技术赋能地区和个人，努力改变城市与乡村、地区与地区之间的发展不平衡状况。目前，快手与内蒙古锡林郭勒盟、云南永胜、湖南张家界等地达成了区域扶贫合作。

影响和动员社会更广泛的力量

利用技术力量和普惠理念，快手在打造一条扶贫新路径，这些系统性开展的扶贫项目，其重点就是"授人以渔"——以短视频、直播作为乡村扶贫的信息普惠工具，赋能乡村农人，推动社交电商、信息推广，系统性激发贫困地区扶贫内生动力，实现"造血式扶贫"，让每一个乡村被看见。

在脱贫攻坚这场全社会参与的战役中，还涌现出了无数好故事、好方法和典型人物，短视频是承载和宣传这些经验和做法的最好的方式之一。例如，四川阿坝州贫困村的扶贫第一书记张飞，他将餐桌搬到了海拔3 200多米的云端深处。风景如画的云端让张飞的视频点击量超千万，他的家还被称为"云端餐厅"。张飞也正在通过快手展现乡村美景，吸引游客前来并带动农副产品销售，帮助村民增收。

未来，快手将继续与社会各界广泛合作，开展扶贫宣传活动，以自带的社交属性、新颖的短视频形式，影响和动员社会更多力量参与其中，助力脱贫攻坚。

爱笑的雪莉：
推广世外桃源的留守青年

贵州山区爱笑的姑娘袁桂花，为自己取了一个探险小说女主角的名字——雪莉，几年前，她开始在快手上分享山村生活的日常点滴。通过她的视频，人们可以看到这个"女汉子"的日常，肩扛竹子酿竹酒、下稻田里挖泥鳅、放牛、爬树，同时，也看到了大山深处让人向往的美景、美食和生活方式。

如今，越来越多人通过雪莉的快手账号了解到，在我国贵州省的黔东南苗族侗族自治州，竟然还有如此美丽且极富原始风情的世外桃源。雪莉也通过快手这一平台将自己家乡的特产推销出去，接下来，她还想带领乡亲们干一番大事业。

被看见的力量

小档案

快手名字：爱笑的雪莉吖
快手号：yuanguihua
籍贯：贵州黔东南苗族侗族自治州
年龄：20 岁
学历：高中
快手主题：山村风情、美食、土特产
快手拍摄风格：展示山村的真实劳作、生活场景 + 直播互动
对快手老铁的寄语：阳光总在风雨后，要相信有彩虹
商业模式：通过直播渠道帮助老乡卖家乡土特产，宣传家乡、吸引游客

讲述人：袁桂花

我的 18 岁

我叫袁桂花，1998 年出生于贵州省黔东南苗族侗族自治州天柱县一个木板房里。天柱县是贫困县，到我家所在的村子，需要从最近的高铁站下车，坐上两个多小时的中巴车先到县城，再开车半个多小时进山。

以前我们这里还是泥巴路，从家到学校要一个多小时，只能走路，没有其他交通方式，下午放学了再走一个多小时回家。现在，我给自己买了一辆"小电驴"，花十几分钟就可以到家了。

我在快手上叫"爱笑的雪莉吖"，雪莉是我最喜欢的探险小说里的女主角，我觉得她特别勇敢。我经常向别人介绍自己是来自大山深处的"女汉子"。大家可以在快手上看到很多我日常劳动的场景，放牛、做木工、做竹编、种地、挑担，很多人觉得很惊讶，我看起来瘦小，力气竟然这么大。

我的童年是在爷爷家度过的。从小，爷爷教我用竹子编背篓、

做筷子和做扫把。奶奶带着我打木姜子，拿到县里的菜市场去卖。有时，我还会在菜市场找一份分辣椒的工作，5分1斤，半天能赚30元。跟大人一起劳动，让我从小就掌握了很多技能。

我的18岁和很多人的18岁不一样。那年我高考考了427分，我对分数不满意，所以一所学校也没填报。父母想让我复读，我拒绝了，因为家里供不起。

我有一个哥哥，哥哥身体不好，还有一个姐姐，姐姐有小儿麻痹症，父母养大我们三个人很不容易。在我们村子，不上大学，那就只有去打工了，我却不想出去打工。2015年，我接触到快手，2016年，我正式注册了快手账号，我想，我是不是也可以利用快手做点什么。

一开始我其实挺自卑的，我是一个大山里的姑娘，人家都会唱歌跳舞表演才艺，但我什么都不会。后来我想了想，我也有一些东西可以和大家分享，那就是我们大山里的生活乐趣。

我试着上传了第一个视频。我记得那天是父亲节，我们这里还是泥巴路（现在已经是水泥路了），我跟父亲一起赶着牛走在路上，我随手拍了一个视频，没想到，临睡前我发现视频的点击量居然有50多万次。我特别兴奋，不停地给家里人看。这也给了我很大的鼓励，原来我的生活也是值得分享的，原来很多人对大山里的生活很感兴趣。

我又陆续分享了很多生活日常，比如，帮爸爸干活的时候，我可以扛起200斤的大木头。分享了这些视频后，我的粉丝也在慢慢增长。有人留言说，怀念小时候了，也有人说，很向往这里淳朴的生活，还有人感叹，贵州大山里还有这样世外桃源般的美丽景色。

一开始我只是拍着玩，没想过怎么利用快手挣钱。

第六章 快手扶贫：看见每一个乡村

因为我的视频里总是出现山里的美食、特产，很多人就问能不能卖给他们。一开始我还不好意思，就说你们要是喜欢，我可以送你一点，但是不收钱。后来几百个人、几千个人要，我就送不起了，既然大家真的很喜欢我家乡的特产，我为什么不试着卖卖特产呢，还能帮助家里增加收入。

我的粉丝从几十万涨到一两百万，再到两三百万，越来越多的人想要买我家的特产，我们自己做不过来，就找邻居家的爷爷奶奶帮忙做。年轻人都在外面打工，或者在县城里上班，老人们没事可做，但会做特产，我就去他们家拿。当然，我必须对质量把关，再卖给粉丝们。这样亲戚好友们赚点零花钱，外面的朋友们也能吃到我家乡的美食。

就这样，我们习以为常的腊肉、霉豆腐、野生小干鱼、竹笋干、蕨菜、米酒等土特产被卖到了全国各地。我特别开心，因为我自己有了收入，加上直播的打赏，我家的条件越来越好，村民也有了收入。用这种打破传统的方式，在网络上帮着大家一起挣钱，我觉得特别开心也特别幸运。

第一次创业"失败"，快手雪中送炭

不出去打工，在家里做直播，起初我的父母并不是特别理解，觉得我整天不务正业。我就慢慢给他们做思想工作，直到后来，我卖土特产赚了一些钱，给家中修了猪圈和鱼塘，也算做出了一些成绩，家里人就开始支持我了。现在，我的嫂子也加入了快手，她的粉丝一个月就涨到了4万，虽然只有4万，但她一个月也能卖5万元左右的土特产。

我每天做1~2场直播，每次大约一小时，有时在家门口，有时

在大山里，有时在集市上，我一边卖农产品一边直播。通过直播展示我们的风土人情，展示土特产和美食的制作过程，有很多人看了直播会购买我们的特产。

通过在快手销售特产，我们一家的收入从一年两三万提升到20多万，我一人便承担起了除姐姐一家三口外全家剩余十一口人的生计。

但我还不满足，在快手遇到这么好的机会，我又有幸在上面占了一个小角落，我还想带着村民一起干一番大事业，真正把创业这件事做起来。

我们山里有一种果子叫血藤果，也叫"恶魔果实""布福娜"，苗语意为"美容长寿之果"，这种野果不仅可以吃，还有药用价值，营养价值高，但是产量稀少，只有在我们山村里很高的山上才有，有时候找几里地都找不到。我爷爷喜欢去山里找野果，弄回家来，看能不能种活。

我觉得这个东西这么奇怪，没人吃过，但好多人都感兴趣，市场应该特别大，我就想和村民们一起做一个血藤果的果园，把它产业化。我之前有卖货的经历，也帮村民们卖了很多货，他们对我很信任，于是33户村民跟我一起成立了合作社，种了60亩血藤果。

我想，如果血藤果生意成功了，合作社将获得45万元左右的收入。老乡们可以一起提高收入、脱贫致富。我们村还可能成为血藤果之村。说干就干，但是创业过程总有意想不到的困难。

以前，我们从来没有人工种植过血藤果。授粉、去虫等问题，需要一步步攻破。我们的血藤果产量并不高，但质量可靠。2018年我开始尝试卖果，在果园直播了一小时就卖了1 000单。但我没想到，快递还是出了问题，最后全赔了。

之前我跟姐夫讨论过这个问题,自己做试验,把果子包在快递盒里,放了一星期没有坏。摘果的时候,还不敢摘太熟的。包装的时候,用报纸、泡沫,像鸡蛋壳一样把果子隔起来,到头来还是坏了很多。即使别人买了三个坏了两个,我也把钱退给他们,剩下一个算是送给他们的。这件事对我打击很大,我很自责、很难过,觉得自己第一次创业就失败了,对不起乡亲们。

就在我感觉很挫败的时候,2018年9月,我收到一份特别的"录取通知书",是来自快手"幸福乡村创业学院"的入学培训邀请,这是我第一次去北京和其他哥哥姐姐们一起学习,以前我去过最远的地方是离我们县城不到200公里的凯里。

在北京,我学到了很多干货内容,包括怎么跟人打交道、怎么做产品的市场分析、怎么发货、怎么算清一年到底赚了多少钱等。更重要的是,很多来讲课的创业成功者告诉我们,他们都经历过很多次挫折,曾经亏到身上一分钱都没有。那时候,我感觉我至少没亏太多,没必要这么沮丧,于是打了鸡血一样回了家。

打造世外桃源,迎接外面的朋友

现在我又有了新的想法。我的家乡有很高的山,有很美丽的景色,贵州山美水美人情美,很多粉丝想来我家玩。

2017年夏天就曾有4个年轻人从黑龙江省开车过来找我。我带着他们去爬山,中途有人中暑,大家每走几分钟就要休息一下。他们平时不太运动,山里的生活正好能让他们锻炼锻炼。

还有个姐姐带着儿子来体验生活。她儿子从小什么都不缺,很叛逆,她就想带他来看看农村的生活。第一天我们体验种菜,用锄头松土,锄到一半他的手就起泡了。我又带他打野菜,摘水芹菜,结果他一踩进泥里脚就拔不出来了,后来又摔下了田坎,我就跳下去拉他。当时他的腿划伤了,看起来有点可怜。他说以后再也不来了。但是一个星期后要离开的时候,他自己种的白菜、萝卜长出来了,他很激动,还拍照留念。

一位服装店女老板一路上觉得风景优美,也说希望以后可以在山里盖栋房子,带着家人在这里生活。

这些都让我更有信心,我想让更多朋友来体验我家乡的生活,我家有很多水果,有甜瓜、西瓜、白瓜等,我希望能够接待更多城市里的哥哥姐姐们来我家做客,一起吃我家种的小白菜、摘的小野果,还有我家自己养的鱼。

于是我开始自己动手建客栈,爸爸妈妈和村里的村民也都来帮我。我从小接触木匠,很想亲手建一栋房子,这栋房子的一切,我都会动手参与。我会自己去找木材做桌椅板凳,这样才更有意思。

在快手上,老铁们看到我的小房子一天天建起来,都觉得很有意思。现在,这个客栈有了12个房间,但厕所、淋浴还没有,基础设施还得慢慢来,弄好了我再接待大家。

未来:将创业进行到底

虽然我没有走出大山,但是通过快手和很多人相识,我感觉自己的人生变得更丰富多彩了。我开始自学吉他,尝试在快手上发了两首歌,还买了便宜的颜料画画。曾经我没有条件追求的事情,现在也都有机会尝试了。更重要的是,我要把创业进行到底。

通过快手,我帮家里和老乡们卖出了200多万元的土特产。接下来,我在想如何把土特产做成品牌。虽然我们的东西是纯手工的,生产过程也很注意卫生,但是不管在什么平台上销售,都需要

第六章 快手扶贫：看见每一个乡村

资质，大家才能买得更放心。所以，我现在需要解决生产许可和流通许可的问题。

血藤果园也在坚持运营中，快递问题到现在还没有妥善解决，所以线上暂时没有销售，但线下有很多人来买。越来越多的人发现了血藤果的好处：血藤果不仅很稀有，附加值也挺高，可以整个买回去当盆栽，血藤果的叶子特别好看，果子可以补血，叶子还可以当面膜，我们自己还做了实验，敷在脸上滑滑凉凉的，很舒服。我希望未来能解决血藤果的量产和快递问题，让种植管理规范化，甚至为血藤果建立音视频的档案。

盛夏的一场阵雨过后，天上挂着彩虹，我坐在池塘边的竹棚台阶上，抱着吉他，那一刻我觉得一切都很美好。随后，我发了一条快手视频，"阳光总在风雨后，要相信有彩虹。看见彩虹，祝大家好运"。

侗家七仙女：
用视频连通古老侗寨与现代文明

"浪漫侗家七仙女"来自贵州省一个地处偏远、交通不便的深度贫困山村——盖宝村。

2018年起，扶贫第一书记吴玉圣打造"浪漫侗家七仙女"账号，通过快手短视频和直播，向外界介绍侗寨古老而有特色的传统文化，吸引网友和媒体关注，账号现在已经拥有了26万粉丝。通过网络帮助村民售卖土特产、服饰等，2018年底盖宝村已经全面脱贫。

盖宝村期望未来能与更多少数民族进行文化交流，共同助力乡村振兴。

被看见的力量

小档案

快手名字：浪漫侗家七仙女

快手号：langmannvshen

籍贯：贵州黎平

年龄：32 岁

学历：本科

快手主题：少数民族传统文化

快手拍摄风格：拍摄侗家女孩的生活日常与侗族传统习俗 + 直播

对快手老铁的寄语：传统文化是传统和现代的结合，我们要继承、发扬和创新，创新一定不能把原来文化的根给丢了

商业模式："浪漫侗家七仙女"作为形象大使，宣传侗族特色的风景和人文，通过宣传实现产销对接，帮助当地村民通过网络售卖土特产、刺绣等特色产品，开发旅游资源，带动经济发展

讲述人：吴玉圣

我叫吴玉圣，是贵州省黎平县盖宝村的扶贫第一书记。我另外的身份是一名"非典型"的快手主播，我是快手账号"浪漫侗家七仙女"背后的运营者。

最初接触快手，我是把短视频作为工作之余的消遣的，我完全没有想到，快手会变成我现在工作的重心。从 2018 年开始，快手已经成了我们盖宝村与外部连通、实现脱贫致富的"大本营"。

"不务正业"的扶贫书记

2018 年 2 月 14 日，农历新年的前一天，我第一次到盖宝村。那时我刚刚接到调令，到这里担任扶贫第一书记。

从黎平县城过来有 100 多公里，需要 4 个小时。我对盖宝村最

初的印象是，交通不便、生活物资极度欠缺和经济发展程度很差；但又因为与世隔绝，它完整地保留了侗族当地很原始、很古老的文化，加上风景之美，像是来到世外桃源。

从外来游客的角度看，这是个很古老、很美的侗寨，但是真正到民众家里，才能看到他们生活的艰难。几年前还有家庭在用煤油灯，在家里想要找到一两元零钱都很难。

这么美的地方却这么穷，我当时心里一酸。

春节之后，我正式到盖宝村上任，年轻人基本都外出打工了，只剩下放寒假的大学生在家。我组织了一个调研队，花了1个月的时间，走访了村里每一户，做了详细的调研。

调研之后，我发现我的工作更难了。这里想要通过多种几棵树、多养几头猪来脱贫致富几乎不可能，反而是侗家拥有的丰富的民族文化、世界级非物质文化遗产"侗族大歌"，以及国家级非物质文化遗产"侗族琵琶歌""侗戏""蜡染"等很多传统手艺和"与世隔绝"、宛如仙境一样的风景给我留下了深刻印象——这些才是盖宝村真正的宝贝。

我以前玩快手，看到上面有很多农村题材的视频，突然想到可以利用快手短视频来宣传侗族文化、发展旅游产业，于是，我很快向村干部提出这个想法，打算集资来干。

想法提出的时候，大家都反对——他们是连智能手机都不用的人，哪里会知道快手。

但我有把握，因为我看到我们有这么与众不同的文化，宣传出去肯定会得到大家的喜欢。

集资失败，我用风险担保的方式，承诺只要村里愿意启动运营快手账户，投资亏损的钱由我个人承担。就这样"借"出村里的资金，买了适合拍摄视频的手机、三脚架，开始在村里到处拍视频，发到快手上。

做了一个多月，账号只增加了1 000多个粉丝。当时村里人就指指点点说，这个第一书记天天不务正业，在那里玩手机，家人也反对，干部也反对，同事也反对，就没几个人支持的。

那段时间我压力特别大，但我基本不解释。解释、争论也没用，我只有自己先坚持住。

"七仙女"打开新局面

有一天晚上，房屋外面有人弹唱很好听的琵琶歌，我听得入了神。平时侗族的琵琶歌都是很多人一起弹唱，那天晚上夜深人静，只有一个人弹唱，听着特别美，又透着淡淡的忧伤。

第二天我问村里人："这歌挺好听的，是从哪里来的？"他们也说不上来，村里老人只给我讲了一个传说：很久以前，侗寨的人不会弹琵琶歌，是天庭的七仙女下凡到盖宝河洗澡，把仙歌的余音留在了河里，侗族姑娘喝了盖宝河的水，都会弹唱琵琶歌了，慢慢琵琶歌传遍了整个侗寨。

这个故事太美了！那段时间我一直在想宣传的事，晚上的歌声加上这个故事，让我一下子有灵感了：难怪侗寨的姑娘这么漂亮，都是"七仙女下凡"来的。我立刻下定决心，要找到侗寨的"七仙女"，作为宣传形象大使，来介绍侗族文化和浪漫的侗寨生活。

新的账号名字很快确定下来，就叫"浪漫侗家七仙女"（以下简称"七仙女"），完全从我们侗族神话故事当中来。

接着我开始物色"七仙女"的人选，没想到执行起来比我想象的困难多了。"七仙女"中的大姐杨艳娇是在琵琶歌队练歌时被我发现的，成功邀请到她之后，第二位仙女找了一个月都没有找到。

最大的难题是村里人，特别是村里老人观念很保守，非常反对，说搞宣传发一些照片就行了，为什么要找七位姑娘。老人一反对，年轻人就不敢做了。

五妹吴梦霞和六妹吴兰欣都是我在快手上发现的，她们自己也在快手上发短视频玩，我跟她们联系，给她们讲，通过"七仙女"宣传家乡文化，可以带动农产品销售，也能让她们更受网友欢迎，可以把这当成一份事业来做。当时我甚至还被五妹家里人当成了传销的骗子，拒绝了好几次。六妹吴兰欣是背着父母辞掉了在艺术团表演的工作加入的，家里人非常反对，所以她每天都要安抚父母。

邀请到一两个女孩之后，"七仙女"的作品开始上快手热门了。有一次，外面打工的年轻人打电话回家，开心地跟家里老人说："我在网上看到盖宝村了，看到了'侗家七仙女'的宣传视频。"

虽然老人不知道快手，但是年轻人从外面传回来的消息影响力很大。那时，村里人才认识到这是好事，大家的态度慢慢有了转变，七姐妹也陆续到位。

一两个月后，账号粉丝涨到两三万，也有了稳定的直播收入，粉丝会问视频里的腌鱼、腌肉能不能卖，少数民族服饰能不能卖。

很快，媒体也开始关注我们，五妹上了湖南卫视的《快乐大本营》，"七仙女"被邀请上央视2019年的《相聚中国节》端午特别节目，一些电视台、各类媒体竞相报道。每次村里的父老乡亲都把相关报道转发到朋友圈，全都自豪地说："这是我们'七仙女'！"看到大家的反应，我才觉得，"哇！大家终于认可了"。

现在我每天主要的工作是走访群众、处理村里的事务、开会，每天下午跟着"七仙女"拍两个小时视频，村里的精神面貌也不一样了，大家都在考虑怎么发展经济，打牌的人都少了很多。

我们也把产业发展规划发给了快手，得到了更多的创业指导和支持。有了很多对外交流和学习的机会，这对打开落后地区的视野非常重要。

对我个人来说，打造"七仙女"的过程，也让自己有了很多成长。以前我没拍过视频，现在开始拍视频了；以前没有直播过，现在也会直播了。最大的收获是，我知道了凡事都该勇于尝试。在这么大的压力之下，我仍然圆满完成了任务，那么以后如果人生中遇到困难，我也不会轻易退缩了。

连通古老与现代，连接现在与未来

快手一方面把古老的侗寨介绍给外界，另一方面也成了外出乡民与家乡的深厚情感连接。

盖宝村的年轻人大多外出务工，但他们又爱经常跑回家来。因为侗家的民族文化太根深蒂固了，一过节就要回来，一有斗牛比赛，他们又想回来，每次来回一两千元花出去了，又耽误工作，所以年轻人在外也挣不了多少钱。

我之前不能理解他们怎么这么爱斗牛，来了盖宝村一年之后，我对每头牛都有了感情，我自己也成了"牛迷"。

斗牛节是侗族很大的节日，每个村子都会养"水牛王"，牛王都很威武。2018年，"七仙女"就在快手上直播斗牛节，牛王身上盖着红绸子，村民都跟在后面一起去斗牛场，各个村子的人都聚在一起，人山人海，锣鼓喧天，特别热闹。

那次直播，很多粉丝说省了旅游费，还可以看到这么壮观的斗牛节，村里的一些年轻人不用回来也可以看到斗牛了，即使在外打工，也能时时关注着家乡。

2019年7月央视《焦点访谈》的编导来盖宝村录制节目，我们也做了一次直播，很多父老乡亲都来了。在外面的年轻人看到了，他们说："哇！好想家，谢谢'七仙女'给了外面的人看到我们家乡的机会，看到我们家乡变好了好感动。"

说到快手带来的变化，经济效益是一方面，原始户、贫困户增加了收入，比如2018年秋收两三个月，通过"七仙女"的宣传，我们的小黄姜卖到了全国各地，卖了6万多斤，共收入30多万元。小黄姜是通过村里的农民专业合作社卖出去的，合作社有10多户贫困户参加，一下子就提高了他们的收入。

另外我们还售卖一些土特产，售卖腌鱼、腊肉、刺绣服饰，还获得了一些旅游收入。2018年底，村里已经实现全面脱贫。

一些比较困难的农户，原来家里没有电风扇、电饭锅，现在能够买一些小的电器；原来吃不起水果的，现在开始买水果了。

一年时间带来的经济效益还是有限的，但最重要的是，村民的意识开始觉醒，他们都在主动考虑如何发展。

2019年7月，村里1 000多户村民自发组织了一个旅游发展大会，大家都在讨论如何发展旅游业。我们准备把村里20多个景点串联起来，盖宝村有三个大瀑布，有雾景，像电视里的天宫一样，走到山上去看下面的云山雾海，特别美。

一些通过"浪漫侗家七仙女"这个账号知道盖宝村的粉丝，陆续来了好几批，重庆的、天津的都有。村民亲身感受到快手强大的宣传能力，因为以前很少有人会从那么远的地方专门来盖宝村。

我明显感觉到我们的民族自信心正在增强。以前在县城或者更远的地方，街上很难看到穿少数民族服饰的，村民们也很少讲自己是侗族，总觉得是落后边远地方的人，不想让人知道。

现在不一样了，"七仙女"走红之后，民族服饰变成了时尚。走在街上能看到很多年轻人主动穿民族服装，并以穿少数民族服饰为荣，这是很大的改变。

2018年我们卖了4万元的侗族服饰，很多人看"七仙女"穿了也想买。

在宣传少数民族文化的过程中，如何与现代结合也是重要课题，传统文化既不能丢，又要富有时代气息。

现在，我的目标是把侗家的风景和人文景观展现给世人，并开拓较为良性的发展方式，一是要宣传加产销对接，二是宣传之外把产品的规模化、专业化做好，三是发展旅游。

我们正在做一些农副产品的加工，种植业也在扩大规模，我们还选了侗族的腌鱼、腊肉、刺绣这三种产品，试着去做专业化的生产。

让"七仙女"和盖宝村走得更远

习总书记说："文明因交流而多彩，文明因互鉴而丰富。"他的话给了我很多启发，我们不能只是强调侗族文化，还要多出去交流。

2018年12月，我们去了榕江县桥爱村一个非常古老的苗寨，找到几个苗族姑娘和"七仙女"一起交流、做直播；2019年我们也邀请过彝族姑娘直播。走出去看看其他民族文化，对比之下，我们才对侗族的特点了解得更加全面。虽然都是侗族，但是每个村子的语言也不完全一样：有些村子的特色是"侗歌"，有些则是"侗戏"。

在时代发展的大背景下,很多少数民族文化因为人口少、经济不发达,面临着传统消失的风险。但我们有56个民族,民族文化多丰富啊,很多传统当中宝贵的、美好的东西都值得传承。

我在盖宝村的任职时间是三年,现在已经过去一年半了,"人才培养"是目前的一大工作重点。但村子里人才还比较少,怎么培养本地的年轻人更有远见、更懂管理,怎么用好年轻人、培养年轻人、留住年轻人……都是挑战。

现在我们的青年管理委员会有十五六人了,七个是大学生,还有重点大学毕业生,其中有回乡的,也有从贵阳慕名而来的。他们的目标是通过"七仙女"的宣传来带动农产品的销售。

我在村子里组织修建了一个"网红书院",所有工作人员、年轻人每天都要进行两个小时的培训,我还专门请人对他们进行地理、历史、民族文化、非遗传承等各方面的培训和交流,周边感兴趣的人也都可以来参加。

这个书院不是为了效益,而是为了拓宽大家的视野,它是指向未来的——盖宝村的发展包括其他贫困地区的发展,最终还是要依靠这些本地的中坚力量。

"浪漫侗家七仙女"在快手上发过一个用大疆无人机喷洒农药的视频,那是大疆公司主动找到我们合作的一个广告,但它有很好的寓意:"七仙女"通过快手把古老的侗寨介绍出去,得到外界的关注和认可;来自外面的现代化的科技,又可以服务于古老的侗寨。

山村里的味道：
快手"鲁智深"，山中扶贫王

江西省衡东县大山深处，蒋金春在快手上直播村民制作笋干、甜茶的过程，通过这种方式，他帮助50多个村200多户的农民把山货卖到全国各地。

此前，只有初中文化的蒋金春在浙江义乌打拼，为了孩子不当留守儿童而选择回乡。他未曾想到，快手不仅帮他实现了个人的创业理想，还帮助了更多人脱贫增收。

被看见的力量

小档案

快手名字：山村里的味道
快手号：scvd8888
年龄：41 岁
学历：初中
籍贯：江西省横峰县
快手主题：分享家乡的美景、美食和家乡朴实农民的生活方式
快手拍摄风格：用"鲁智深"形象展示山村美食的制作过程 + 直播互动
对快手老铁的寄语：我希望以最大的努力帮助更多的贫困农民脱贫增收
商业模式：直播销售山货和土特产

讲述人：蒋金春

为了女儿不当留守儿童，回乡在快手创业

我叫蒋金春，为了女儿不当留守儿童，2010 年，我从打工多年的浙江义乌回到江西老家。

之前，我在义乌做了点小生意，卖拉丁裙，回到家乡后，这里离义乌市场太远了，很不方便。但我发现，我们家乡的土特产蛮多的，我就想利用电商平台销售农产品，但一直没有成效，直到遇到快手。

2015 年，我第一次接触快手，我对老婆说，要不我们去拍快手小视频试一下？那时我还没想到帮别人去卖土特产，因为自己都还面临生存问题。

但是，拍了三个月都没什么起色，我有些灰心了。直到 2016 年 5 月，好多老铁私信我说："你长得蛮像《水浒传》中的鲁智深的，要不你扮演一下鲁智深，老铁们会喜欢看。"

我就网购了一些服装，自己化妆，试着拍了几条，还真的上热门了，有 100 多万点击量。我坚持了一两个月，渐渐有了五六万粉丝。

那时，我们村的扶贫工作刚刚起步。一个贫困户挖了些笋干，我就在直播里帮他卖卖试试，没想到，一两天时间就卖了 100 多斤笋干，他高兴坏了。

45 元一斤包邮，他这一两天挣的钱相当于过去大半年的收入了。我们山区农民收入不高，一年最多一万出头。

后来粉丝越来越多，我就放弃了卖拉丁裙的生意，专门拍快手短视频，分享家乡的美景、美食、生活方式，卖家乡的甜茶、山茶油、葛根等土特产。

刚开始我在村里收货，十几户人家都收遍了，东西还是不够，我就开始找附近十里八乡的农民收。后来附近的村民甚至会自己送来货品，定好多少钱一斤，我给他们现金，自己赚点差价。乡亲们都很高兴。

如今，周围的人已经习惯了，他们每年挖来的葛根、采来的甜茶都会送到我家来。2019 年我已经收了 2 300 斤甜茶，将近 4 000 斤葛根粉，1 000 多斤山茶油。

2 300 斤甜茶是什么概念？一户人家一个月不到，就赚了 9 000 多元，这还只是甜茶一项。

乡亲们给我的东西越多，我肩上的担子也就越重。

2017 年，我卖出了 1 000 多斤甜茶和 700 多斤笋干。2018 年我卖了 1 500 斤甜茶。2019 年，十里八乡的农民都知道我收这些，就大量地去采，他们采来我又不好意思不要，就都收了，现在还有 700 多斤各种土特产没卖完，我每天都在努力直播销售土特产。

卖土特产帮村民增收

笋干、甜茶叶、梅干菜这些不起眼的山货，在我的粉丝眼中却成了抢手货。这几年，经由我，将近50个村的230户人家把农产品卖出了大山，其中还包括几十户贫困户，他们有的一年可以增收2万多元。

说到扶贫我很有感触，我们这地方是山区，以前太穷了。我1979年出生，初中毕业，18岁就出去打工。之前村里人都靠砍柴为生，一担柴火2元，一天只能砍两担，挣4元，一个月120元。要么就放牛，或者偷几根木头去卖，就是这样的生活，非常艰苦。

所以我们村17户到现在还有6个光棍没娶到老婆，没人敢嫁到我们这个穷山沟沟里来。

后来，我们赶上了好时代，20世纪90年代开始，陆陆续续有人出去打工。2001年，我们村一下子成了空心村，只剩下老人和孩子，其他人都出去打工了，他们会坐绿皮火车到广东、浙江一带打工。

我第一次到义乌，找的工作是送快递，当时700元一个月，我太高兴了，心想700元得砍几百担柴火啊！

尝到打工的甜头后，大家就很少回家乡了，问题就来了，村里就有了大量的留守儿童。我是初中毕业，打工的时候认识了我老婆，我老婆是景德镇陶瓷大学毕业的，有点文化的人是狠不下心与孩子分离的，这就是我和我老婆选择回来、努力在家乡生存下去的原因。

打工之后，村里人的生活条件慢慢好起来了，但还是有个别贫困户，我不忍心看他们生活那么凄苦，就会帮着他们卖山货。

村子里的收入来源总体有限。我们是林区，种不了水稻。过去，村民采甜茶、挖葛根、挖笋干，但也只是采一点自己吃，没人收、没人要。也有些人砍木头卖，但砍木头对环境不好，后来退耕还林，不能砍木头了，就要找新的收入来源。

我在外面待过那么多年，知道我们的山货、农副产品是很受城里人欢迎的，关键是要有渠道展示和销售出去。传统电商不够直观，不能真正让人们对你的东西产生信任和兴趣。快手对我来说就是这样一个极好的平台。

自从我在快手上"红"了以后，我哥哥和他儿子也回来了，他们以前在杭州打工，看到我卖农产品卖得蛮好，也回来拍快手视频。附近一个做药材生意的，还有原来在义乌做服装生意的村民，回来拍快手视频都是我教的。

我不专业，但会凭经验告诉他们怎么拿手机，拍出来的视频怎么才能不晃。

后来，政府也开始关心我。2016年县政府的人带着记者来采访我，他们说蒋大哥真不容易，帮助这么多农民卖东西。2017年，我们县委书记又给我颁发了一个"最美企业家"的奖。他说蒋大哥回乡几年，实打实地帮助了本地百姓增收。

我做这些事，不仅得到了政府的肯定、媒体的支持，还有学者说我的做法既活跃了农村经济，又富裕了自己。最重要的是，城里人还可以购买新鲜的原生态特产，可谓一举多得。

最近我们县扶贫办电子商务部门还让我去讲课，分享创业青年的扶贫经验，我感到很荣幸。

政府协助品牌化运营，帮助家乡人四季有收入

我在快手上卖农产品，一开始不在意包装，只是散装。随着粉丝越来越多，消费者的要求也越来越高，有人说我卖的是三无产品，要投诉我。

当地政府和食品卫生监督部门知道我的情况，就跟人家解释，说这是蒋大哥帮助贫困山区卖葛根粉，这些葛根粉是正宗的，您放心，但他们坚持投诉。

后来县委书记也知道了我的情况，特意来了我们家两三次，帮我一起想办法。从 2019 年开始，我从农民那里收来的葛根粉统一由政府协调的企业进行专业包装，包装好后还要做好溯源记录，哪里产的，哪些农民挖的，企业什么时候包装的，标注好生产日期，这样再卖给老铁们，大家就更放心了。

这么多年来我遇到了很多困难，当地政府也确实帮了我很多，这样我才有底气，要不然我就会像无头苍蝇一样找不到出路。

包装的问题解决了，物流也是我们山区的一个问题。因为是山区，快递公司不肯来，我每天往返三个小时去县城发货。发完货，回到家，再接着干活，把农民挖的葛根拉回来。雇人我肯定雇不起，收货也都是自己去。

我很重视品控，毕竟老铁们信任我。比如甜茶，每个农户都被要求在晒场上用专门的簸箕晾晒，以前是直接放在地上晒的，不干净，如果谁家不用簸箕晒，我一律不收，这是我的原则。

我现在每天都忙忙碌碌的。我们在县城买了房子陪孩子上学。早上六点多起来把早饭做好，送孩子到学校后，我和老婆马上开一个半小时的车赶到山里，上午直播，给老铁们看看我们家乡的土特产是怎么弄出来的，直播一个小时后就开始打包。中午再直播一次，再打包，大概下午两点多开始下山发货。发完货后就回到县城，接孩子放学，这就是我一天的工作。我老婆负责做客服，有些人会查件，还有很多人问甜茶怎么喝，我们就演示给大家看。

我们这里的山货是季节性的，春季、清明节前收甜茶，清明节过了十几天开始挖笋干、收笋干；夏天我们就会收南瓜干、柚子皮酱干；过了中秋我们山上就有野生猕猴桃、野生栗子；冬天开始挖葛根、收葛根粉。一年四季都有的忙，一年四季都会有收入。

为什么我们县委书记要颁奖给我？因为如果是栽果树，解决不了眼下的收入问题，它不是一年两年就可以有收入的事情。我收货直接把现金给农民，农民很高兴，都愿意把货给我。

我们衡东县，号称葛都，有挖不完的葛根。过去没人挖，因为非常累，要到山上去，挖出来扛回来，再倒腾成葛根粉。年轻人你叫他扛个锄头上山，他吃不了这苦。现在慢慢葛根粉有了销路，才有人愿意去挖了。

还有笋干，也是我们现在非常重要的收入来源。我们这里漫山遍野都是竹子，竹子是没人要的。十几二十年前还可以用竹子做晾衣架，现在都用不上了，所以我们这里的笋干特别多，都是挖来了笋做成笋干卖。

很多北方的网友以前没吃过笋干，都很喜欢吃，我今年收了1 000多斤笋干全部都卖完了，一斤没剩。

快手官方扶持，扩大扶贫影响力

我在快手创业，除了当地政府的扶持，快手官方也给了我很多帮助。

快手官方2018年发现了我，因为我经常晒些图片，比如政府颁奖的图片，被快手看到了。快手有一个公益部门叫"快手行动"，他们组织了一批人到我这里来考察，确定我是不是真的帮助了这些农民，确定之后他们就更加努力地帮助我宣传。

之后很多媒体都来报道我。北京卫视《但愿人长久》节目组织了几个明星一起来我的家乡，拍了一期"乔杉悦悦寻找山村'鲁智深'"的节目，宣传我的家乡。经过这一宣传，我们村就更火了，好多慕名来的外地游客到我们村来玩。在政府的帮助下，一些农民建了民宿，开了农家乐。

紧接着，中央电视台新闻频道的《新春走基层》栏目、中央电视台财经频道、江西卫视、中青网、新华社等都对我和我的家乡进行了报道。2018年底的乌镇世界互联网大会，我的故事还被展示在图片展里，作为网络改变中国农民的故事之一，被更多人甚至互联网大佬看到了。

不过，我从来不在我的快手视频里用明星、名人炒作，我觉得这样不好。农民就是农民，消费者也是看中你的纯朴和原生态。如果我要炒作那就不卖山货了，做点别的不是更轻松吗？

中国瑜伽第一村：
快手让世界直接"看见"玉狗梁神话

"每个人做事，都可能有两种结果——一种是笑话，一种是神话。如果半途而废，只能成为别人眼中的笑话；如果坚持不懈，很可能成为一个为世人仰慕的神话。"这段话来自作家白薇的最新纪实文学作品《玉狗梁神话》。

在许多人眼里，卢文震曾经是一个笑话。他第一次被关注是因为两年前的一条新闻——"第一书记带领扶贫村老人练瑜伽"。那是一个不过百户人家的国家级贫困村，村书记带领一群平均年龄65岁的留守老人练瑜伽，实在不可思议。

卢文震为了说服老人练瑜伽，不仅编了村歌《有一个地方叫玉狗梁》，还开通了村里的微信公众号。

谁也没想到，玉狗梁后来被国家体育总局社会体育指导中心赞誉为"中国瑜伽第一村"，吸引了新华社、人民网、央视财经频道等媒体众多记者到村里采访。张家口市摄影家协会副主席赵占南用镜头跟踪拍摄了两年多，她的摄影作品引起了《中国日报》《南华早报》的关注，并且海外媒体，如美国《纽约时报》、加拿大《环球邮报》、印度《星期天卫报》《印度斯坦时报》等也纷纷跟进报道。中国驻印度的前任大使、现任中国外交部副部长罗照辉还专门撰写文章介绍玉狗梁乡村瑜伽。

农民、瑜伽、老人、脱贫,这几个关键词组合起来,让玉狗梁火过一阵。但仅有平面媒体的报道,传播量有限,难以变现,无法为村民带来更实际的收入。直到2019年,玉狗梁开通了两个快手号,村子的曝光度飞速飙升。

不到半年时间,名为"玉狗梁瑜伽老太"(快手号:z15133389889)的账号就积累了15.6万粉丝,还上线了一套共7集的初、中级瑜伽课程。课程每套售价19元,已经有638人购买。

玉狗梁的妇联主任靳秀英,经营着另一个快手账号"中国瑜伽第一村玉狗梁"(快手号:1045021298)。2019年8月2日,她带着一群练瑜伽的老人参加张家口市第三届旅游产业发展大会,女儿用手机现场直播,5 000多人在线观看了老人们现场练瑜伽。

可以说,快手正在改变玉狗梁村民们曾经的贫困生活。

小档案

村名：玉狗梁
地区：河北张家口
快手主题：老年瑜伽
快手拍摄风格：实景拍摄老年人的瑜伽活动
对快手老铁的寄语：利用快手让玉狗梁脱贫

讲述人：卢文震

在快手平台，发布农村生活的账号不少，但玉狗梁很特别。玉狗梁出现以前，没有人会把农民、老人、瑜伽和扶贫等词联系在一起。如果不是亲眼见到，你很难想象，80多岁的老人还能灵活自如地扭弄自己的手脚。在村子里，一群平均年龄在70岁左右的老奶奶头肘倒立、做一字马，完全不成问题。她们能轻轻松松抬起腿把脚盘到脑后，柔韧感让你忽略年龄，甚至又感觉有些跳戏。

视频发布后，有人在直播下留言，询问这些会瑜伽的老人是否有某种长寿的秘密。有人以为玉狗梁已经有几十年的瑜伽练习传统，也有人关心老人们的腿脚健康。

但很多人不知道，这些老人们练瑜伽不过三年。玉狗梁所发生的改变都缘起于三年前的扶贫行动。

玉狗梁的贫穷程度超出了我的想象

2016年2月，元宵节后的第三天，我第一次到玉狗梁，进村时所见景象令人灰心。村中见不到私家车，更没有小卖部和小饭馆。天冷得钻心，只有中午时分能见到几位慢悠悠散步晒太阳的老人。

  田地被雪覆盖，即使雪化了也没有指望。土地干旱又缺灌溉水源，只能靠天吃饭。这里十年九旱，一亩地种下，才收100来斤粮食，老百姓都不知道怎么活。年轻人都出去打工了，村里只留下了一些老人，大部分在60岁以上，这些人基本上都走不出去。留守的老人自己在家里种地，勉强吃饱就行。对他们来讲，餐食简陋已经是一种习惯了。

  我从未听过这个村的名字，只知道是国家级贫困村，需要精准扶贫。但没想到，这里贫穷的程度远超我的想象。

  我是石家庄邮电职业技术学院的一名老师，和农民、农业、扶贫几乎不沾边。看到这种情况以后，完全不知从何下手。

不许打井，做手工怕被坑，找不到扶贫的办法

  我刚来的第一周天天串门，了解情况，希望听听老百姓的想法和呼声，通过他们了解村子里都有啥，能够做啥。

  后来通过走访得知，老人们最渴望打口水井来浇地。他们认为，这里的土地肥力还是很好的，有了水以后，光靠种地也能脱贫。

  虽然这是大家的呼声，但是这里打井不符合国家的政策。玉狗梁地区的地下水下降得非常严重，新井不允许打，现有的水井还要关一部分。因此，这个愿望无法实现。

  如果这个愿望没法实现，还有别的啥愿望？

  村中有些妇女提到可以做手工，比如十字绣之类的。我们就跟批发市场联系，再准备找个销售渠道，签个包销协议。

  当我们联系好批发商的时候，问题来了。有妇女问，签了协

议，完不成人家的订单是不是得扣钱啊？挣不着几个钱还得倒扣，不是白忙活吗？大家视力都不太好，腰、腿也有各种毛病，怕是很难完成协议要求。因此，这个愿望也无法实现。

创新老年瑜伽，成就健康扶贫

在走访调查的过程中，我已经开始关注村民的健康问题，玉狗梁村民"因病致贫"的人数占总贫困人口的 60% 以上。

我逐渐发现，这里的人一天有三分之一的时间在炕上，吃饭、看电视、聊天都在炕上。他们坐在炕上，腿脚因为总盘着而变得异常柔韧，盘腿的时候腿特别平。这个细节触动了我，我灵机一动，不知怎么就想起了瑜伽的动作。

我告诉村民我的想法，但他们都不知道瑜伽是什么。所以我就通过手机搜索瑜伽的视频、照片，告诉大家这是一种锻炼身体的方式。

老人们身体都不太好，我就以锻炼身体的名义组织大家练瑜伽，这是我最初的想法。

后来我发现这里的人仿佛都有练瑜伽的基因，男女老少稍作训练，动作就非常标准。70 多岁的老奶奶能盘腿，91 岁的一个小脚老奶奶也可以，而且非常轻松。

这是一个新奇点，瑜伽和农民、扶贫扯到一块儿，谁都会惊讶。而且，瑜伽运动非常适合老年人，如果把握得好，安全隐患几乎没有。

"中国瑜伽第一村"横空出世

从决定组织大家通过练习瑜伽来改变身体健康状况，到带领大家从什么都不知道、不会做到慢慢开始练习，大家逐渐认可并坚持了下来，中间发生了许多大家可以想象和想象不到的事情，虽然过程很艰难，但这个过程也在不断地感动着我、激励着我。

一次，一位留守老人生病好几天才被邻居发现送到医院，这件事情对我触动很大，觉得老人无论有几个孩子，孩子怎么有钱有权有能力和孝顺，但不在老人身边，老人需要帮助的时候，根本就无法指望孩子。由此触动我写了一首村歌《有一个地方叫玉狗梁》，没想到经专业人士演唱录制后，在玉狗梁村的老人中反响很大，因为村歌里唱的都是他们自己的事儿，也因此更加提高了老人们练习瑜伽的积极性，从此，大家每天就在村歌的音乐中练习瑜伽，80岁的老人都能边唱边练瑜伽。

因为微信朋友圈一次只能发9张照片，视频也只能发十几秒，当时觉得有点遗憾——我发这9个人的照片，那其他人呢？会不会有意见？所以，我干脆开了个微信公众号，把村歌传出去，然后把大家练习瑜伽的照片和视频也放上去。

现在媒体的发达程度和效率真是超乎我的想象。开了公众号不到一周时间，我就接到了国家体育总局社会体育指导中心办公室的电话，因为他们关注到我们公众号发布的内容，而且那个时候，国家体育总局正在着手规范全国的瑜伽行业，没想到在农村已经出现了练习瑜伽的现象，而且还都是老人，还与正在进行的扶贫工作有关系，因此，他们就打电话来了解情况。

我一看是010开头的固定电话，以为是诈骗或广告，结果是一个听起来很有礼貌的女士的声音，一开口就说："您好，我是国家体育总局社会体育指导中心，您贵姓？"

当时我真的不相信，因为我和体育总局任何人都不认识，和这么高级别的机构更是八竿子打不着。

我说:"您再说一遍。"她说:"我是国家体育总局社会体育指导中心的工作人员,我姓李。"她向我介绍了她是谁,为什么打电话,还说起现在国家体育总局正在做什么。这么解释之后我就彻底相信了。

挂电话前,她提到,如果将来到张家口考察全民健身或是冬奥会的项目,争取到村子里看看这些老人。

就这么一句话,给了我极大的信心。

于是,我给国家体育总局写了一个汇报材料,汇报我们驻村以来的工作,包括为什么做瑜伽扶贫,怎么通过组织大家锻炼身体,解决因病致贫的问题。

2017年元旦后,各机关单位都在举办迎庆党的十九大的活动,国家体育总局也举办了"最美体育人"选拔评选表彰活动,然后面向全国各地征集典型。

2017年的2月13日,之前打电话的国家体育总局李怡青老师就给我打电话,说现在国家体育总局有这样一个活动,让我把玉狗梁瑜伽扶贫的事迹写一个文字材料,再附10张照片,通过国家体育总局的社体指导中心往宣传司申报。

我那时喜出望外,能够作为国家体育总局的推广典型真是求之不得。我赶快写了材料发过去,那边改完了以后又给我发回来,中间做了一些修改,用了几个很美的词,题目就叫"最美乡村瑜伽玉狗梁"。正文里还用了一个说法,叫"中国瑜伽第一村",这比"最美瑜伽村"震撼力还大,这是一个转折点。

2017年2月15日,文章发布在国家体育总局社会体育指导中心主管的全国瑜伽推广委员会的官方微信公众号"瑜伽大咖"(现已改名为"中国瑜伽官网")上,新华网、搜狐网等主要的网站都陆续转载了。2月19日,河北电视台给我们打来电话,邀请我们录节目。2月26日,我带了22个村民过去,这22个村民几乎没有坐过火车,他们也是第一次去石家庄,兴奋得不得了。

一周以后,节目正式播出,村里的人都往一块儿凑,争相看。他们从来没想过自己还能出现在电视里,也不知道自己在电视上是个啥样。村里人纷纷给亲戚们打电话,别人也觉得新奇。

3月19日,中央电视台财经频道的记者来了,他们在村里住了一晚上,采访了一天半,村民们比过节还高兴。

拍摄过程中,记者说这个片子中宣部会看,他觉得这事太有意思了。央视的节目播出是在2017年4月29日,时长达15分钟。当年9月,中央电视台播放了迎接党的十九大的六集专题片《辉煌中国》,第五集叫"共享小康",讲的是人民群众的幸福感和获得感,这一集播了10多秒我们村的画面。现在,村子的影响力越来越大,更多的媒体主动来报道。

回乡小伙无心插柳,瑜伽老太在快手意外走红

2018年暑期,有个网红歌手到玉狗梁做直播,我开始意识到短视频的传播力度更大,县里一位领导也向我提出了做视频直播的建议,但我认为当时村里的条件还不具备,固定的教材还没有正式形成,要直播,就得做得规范,还要得到瑜伽行业专家的认可,才能拿出去。既然教人家就不能误人子弟。

结果春节前后,村子里回来一个小伙子,他原来一直在外打工,做过电商的销售直播。因为他爷爷奶奶瑜伽练得都不错,他就用手机拍短视频上传到快手上。他把奶奶在农村炕上练瑜伽的短视频发布到快手之后，关注者的数量一下子涨起来了。

因为有人关注，他就隔三岔五地拍个视频上传。村里有不少人看后觉得不错，也一起跟着玩快手。村里的瑜伽带头人也开始拍快手，一家人都参与进来。

春节回来后，我也关注到快手，经常没事看一看。后来我也注册了一个号，跟瑜伽有关系的几个快手号就这么诞生了。

我们的内容比较新奇，农民练瑜伽，穿着土里土气的衣服，动作却很柔软，很有看点。平时因为刮风，村民都戴头巾，所以，我将头巾加上玉狗梁瑜伽老人的设计形象，他们只要表演就要戴上头巾。这就形成了一个标识，旁人看见那个头巾就知道这是玉狗梁的人、玉狗梁的瑜伽。

2019年5月，村里接待了一批台湾的游客，他们都是练瑜伽的。来了之后，我赠给他们每人一条玉狗梁的头巾，为他们亲自戴上，就像藏族同胞为客人献哈达一样。这些人来的时候穿的都是白色的瑜伽服，我们村民的衣服是五颜六色的，照片看起来非常漂亮。

进军快手电商，将扶贫进行到底

2018年我们以众筹的方式种了点藜麦，后来有人跟我说，我们不需要用众筹的方式，秋收的时候找一个网红直播，就全给销售出去了。

这件事提醒了我，我们的确可以直播卖货。如今，玉狗梁村里开设的快手账号"中国瑜伽第一村玉狗梁"和"玉狗梁瑜伽老太"都已经产生了经济效益，在一个月里，仅乡村瑜伽直播基础课程教学就已经卖出1 000多套，收益2万多元。我们还在紧锣密鼓筹备，争取在秋收之前，多卖几种农产品，现在计划售卖的品种，第一个是藜麦，第二个是土豆，第三个是莜面。

我们还想做直播卖莜面，比如做莜面窝窝、莜面鱼之类的食品，拍整个做饭的过程。莜面确实是个好东西，适合糖尿病患者吃。我们玉狗梁村基本没有糖尿病人，这也是我们未来要宣传的一个点，更期待有意向的合作者来共同促进这项为人民健康服务的事业。

玉狗梁实现稳定脱贫还有一段路要走，但在这条路上，快手起到了至关重要的作用，瑜伽和扶贫也会因快手而更加走红。

第七章

快手非遗：看见每一个传承

本章概述

千百年来，我们祖祖辈辈在这片土地积累下无数经验智慧。如今随着时代进步，它们因难以适应时代而趋近失传，这令人感到无比痛心。然而，在快手，非遗传承人有了新的阵地，他们可以通过短视频记录和分享"非遗"，让独特的文化技艺得以传承。快手正在忠实记录各种民间手工艺人的绝活，如即将失传的社火祭祀仪式等。通过快手，手艺人更容易找到喜爱自己绝活的传承人，也让广大受众更加了解非遗文化的魅力。

流量赋能的价值，正在于记录和分享。从人与人建立连接到相互支持，进而获得自我认同，获得创造价值的信心和力量，这一"能量传递"链条正不断影响着每一个快手非遗用户，激发他们的内生驱动力，使他们能够利用互联网为非遗文化的传播探索新的可能。快手以其普惠的流量分发和真实的分享社区属性，成为每一个非遗传承人表达自我、转换价值的重要阵地。那些只顾埋头工作的手艺人，终于找到了一扇通往市场的大门。

本章案例

魏宗富：快手让魏氏道情皮影戏有了新活法
唢呐陈力宝：一上快手学生多了 500 倍
唱戏阿杰：玩快手才知家里有个"小神童"

快手非遗：看见每一个传承

张帆　快手企业社会责任负责人

在快手，有这样一对父子，他们家世代唱曲剧，带着戏班子走村串巷。父亲正值壮年，拉的一手好曲胡，是戏班子的主心骨。儿子超超是 90 后，长相俊朗，精通各种乐器。超超每次去村里或县里出戏，都会录上几段后台乐队的视频，再配上一段鼓励自己、父亲及团队砥砺前行的文字。

有时，视频中会出现舞台之外的画面：满广场自带小马扎的大爷大妈们，摇着蒲扇，品味着曲剧里的悲欢离合。超超的视频很受欢迎，平均每条都能有 10 万左右的播放量，吸引了很多年轻人关注曲剧这个古老且独具地区特色的非遗戏曲。

像超超这样的民间曲艺类非遗传承人在快手上不胜枚举。快手普惠的算法分发机制搭建了一条信息通路，让有同样生活习俗和文化的人能够打破空间限制，看到真实的现场分享，产生情感共鸣。也能够让有不同生活习俗和文化的人能够通过真实的和一手的分享，看到不同的文化下，对相同的情感、体验和生活感受衍生出的不同的表现形式，加深彼此之间的认识和理解。

如今，不同类型的非遗传承人都在快手探索新机会。

快手每三秒就诞生一条"非遗"视频

在甘孜同城，我关注到一个藏族六弦琴弹唱者西道加的快手号。他每天晚上直播，从傍晚七八点一直到深夜十二点，一首接一首地对着手机自弹自唱，偶尔也会与其他藏族弹唱者连麦。逐渐地，通过西道加，我关注到了来自甘孜、阿坝、海南州等地的几十位民间藏族六弦琴弹唱者，和他一样，他们逐渐把表演的主场从民间的赛马场、婚礼和节庆的现场，转移到了快手上。就这样，他们随时记录下了鲜活的表演瞬间和人间故事。

除了非遗传承人，普通人对非遗的记录也充满热情。2019年3月，快手发布的数据报告显示：在快手，平均每三秒就诞生一条关于"非遗"的视频；过去一年里，快手累计出现1164万条"非遗"视频内容，获得超过250亿次播放量和5亿次点赞。这些非遗内容丰富多样。在视频发布数量前十名的"非遗"内容里，仅秦腔就有94万多条，秧歌79万多条，面人52万多条，豫剧43万多条，还有火把节、庙会、竹马、象棋、晋剧和玉雕等内容。在一条拍摄甘肃陇南乡村戏台的视频中，台下只有两个观众，但这条视频在快手上的播放量超过了百万。

这些宝贵的来自民间的记录，像是承载中国人集体记忆的巨大数据库，与非遗一起，随着时代的变化不断演进。

的确，看快手上的各类人生，会上瘾。

每次去不同的县市出差，我都会刷快手的同城页面。那里有方圆几百里土地上人们的生活日常和喜怒哀愁。越往山里和村里，越往草原和大海，那些源自民间的生命力就越旺盛、越丰富、越鲜活。

第七章 快手非遗：看见每一个传承

千百年来，我们祖祖辈辈在这片土地积累下无数经验智慧。在快手，这些非遗传承人又有了一个新的舞台。他们可以通过短视频和直播记录和分享非遗，通过互联网的连接探索非遗文化在新时代的新方向。

快手让"非遗"得到传承，价值得到变现

"浪漫侗家七仙女"获得大量粉丝后，已经可以赚取打赏收益，同时，此前在当地几乎消失的民族服饰，如今又被很多人穿了起来。越来越多本地人受到影响，主动参与到民族文化发展的事业中。不到一年时间，"七仙女"所在的盖宝村已经实现了整村脱贫。

一位做面塑的老爷爷也在快手上积累起百万粉丝。他的面塑大多是神话传说中的英雄人物，色彩鲜艳、造型大气，吸引了很多年轻人前来拜师学艺。于是，他通过快手收了徒弟，开了培训班，也开始接商业订单，手艺得以传承，日子也越过越好。

陈力宝是电影《百鸟朝凤》中唢呐的演奏者，也是音乐人苏阳的唢呐手。为了让更多孩子体会到唢呐传统民乐的魅力，他在每个视频中详细讲解吹唢呐的技巧，并通过快手课堂系统性地提供唢呐课程。几个月里，陈力宝在快手上卖了上万节唢呐课，在惠及大量唢呐爱好者的同时，也让自己的手艺实现了价值变现。

流量赋能的价值，正是记录和分享的价值。从人与人建立连接到相互支持，进而获得自我认同，获得创造价值的信心和力量，这一"能量传递"链条正不断影响每一个快手非遗用户，激发他们的内生驱动力，使他们能够利用互联网为非遗文化的传播探索新的可能。快手以其普惠的流量分发和真实的分享社区属性，成为每一个非遗传承人表达自我、转换价值的重要阵地。这些只顾埋头工作的传承人，终于找到了一扇通往市场的大门。

魏宗富：
快手让魏氏道情皮影戏有了新活法

　　魏宗富是一位地道的农民，也是一个皮影班的班主，更是一位快手达人。他出身皮影世家，担负着四代皮影手艺传承与发扬的历史使命，却因收入低微难以维持生计，找不到接班人，感叹"艺人死光、皮影灭亡"，直到他遇到了快手。

　　不到两年时间，他就借助快手发表了889个皮影戏短视频，收获了4.4万粉丝，得到了15万元收入。如今，他每天在快手上分享与皮影的日常以及各种演出实况，通过快手将这项传统技艺传播给更多年轻人。

　　快手正默默以自己特有的方式做着"非物质文化遗产"的保护工作。像魏宗富这样的非遗传承人是幸运的，因为属于他们的新戏台早已搭好，观众也陆续就位。人们可以透过一方屏幕，感受古老的光影艺术。

被看见的力量

小档案

快手名字：魏宗富，道情传承人

快手号：835521006

籍贯：甘肃环县

年龄：52 岁

学历：小学

快手主题：道情皮影戏

快手拍摄风格：专业表演皮影戏

对快手老铁的寄语：希望大家都来快手看皮影戏

讲述人：魏宗富

商业模式：线下演出 + 线上直播

我现在常常感觉自己老了，皮影到了生死存亡时刻，我却无能为力。没有演出的日子里，我会在每天下田种地前，唱一段道情戏，闲暇时间，我会细细抚摸收藏皮影的信封，在夜晚拉着四弦琴自娱自乐。

直到 2017 年 12 月，我女儿看到别人玩快手，她也跟着玩。后来她跟我说，你也有这么好的才艺，为什么不能在快手上表演？

家里子女一直跟我说快手有多好，他们告诉我，在快手上可以表演才艺、闲聊天、交朋友，可以让更多人看到皮影戏。

我不懂互联网，那东西我也不会玩，当时我用的还是老式手机，为了玩快手，我干脆换了一个智能手机，下载了快手 App。

艺人死光，皮影灭亡

我见证过皮影戏的辉煌，也感受过皮影戏的落寞，在快手出现之前，皮影戏正以飞快的速度走向灭亡。

几十年前，我跟随太爷爷演出时，每一场演出观众都满场，从下午唱到第二天早上，太阳都升起来了，把窗子遮住还唱。院子都挤不进来，窗子上趴满了人。

20世纪是皮影戏最辉煌的时候，环县有几十个皮影戏班，在山间村子里辗转演戏，唱一天戏能挣一元，这在那个年代算一笔不小的收入，但也都是辛苦钱。小毛驴驮着戏班子的全部家当，足有120斤重。

那时，在我们环县，村村有庙，庙必有会，会必演影戏。无论贫富，唱影戏都是必不可少的重要内容。过庙会不唱影戏，相当于没有过庙会，村民是难以接受的。

我出生在皮影世家，我太爷爷是清末"道情皮影大师"解长春的四大弟子之一，学成出师后另组班子传唱。当年太爷爷带出了84位弟子，兴盛一时，经爷爷、父亲及我本人已传承至第四代。

我从14岁开始跟爷爷学习演出，技艺是小时候跟爷爷一句一句学来的，16岁就自己独立带团队演出。我现在每年庙会的演出就有140多场。

对于本地村子来说，一套皮影戏的流程走完，这一年、这个播种的季节才算真正开始了。

现在条件好了，有汽车、有电视，但是看皮影的人却少了。这个转折点准确地说是在1996年，那时环县皮影就开始走下坡路了。当时我们这儿偏僻的山村也通了电网，家家户户都能看到电视，皮影表演的机会越来越少。

2006年，农村的人都外出打工了，村子里人少了，看皮影的人就更少了，演出收入更加微薄了。我们"魏家班"一年的演出场次从 300 场直接减少到 150 场。一起演戏的老伙计开始另谋生路，唱戏变成了副业，我自己的儿女也不愿意以唱皮影戏为生，我只能说服自己，只有爱是不够的，还要能填饱肚子。

现在招不到徒弟，我已经想开了，如果是我自己，我也不会让孩子学这个，他们学了可能将来连饭都吃不饱。毕竟养不了家也糊不了口的家伙什，对普通人来说还能有什么现实意义吗？要是世界上最后一个会玩皮影的人离去了，皮影也就亡了。

《大河唱》或成绝响

皮影戏最好的呈现方式不是图文，只有视频才能传递它的光影文化。

我第一次感受到视频的力量源自一部电影，这部电影的诞生与苏阳老师不无关系。

我和苏阳老师很早就认识。2003 年，有一次我在县城里演出，很偶然地认识了苏阳老师。因为我在当地也有点名气，他听了我的皮影戏，觉得挺好，就来跟我聊天，我还卖了几张自己刻的盘给他。我们就是这样认识的，后来还经常打电话联系，看看他是否需要皮影资料。

2016 年，苏阳老师找到我，说要拍电影《大河唱》，听到这个消息我激动异常。从 2016 年 9 月开始，拍摄组就到我家来了，有时一住十几天半个月。我有时干会儿农活，有时在家里闲余时间唱，有时参加庙会演出，他们都跟着拍。

我们家在山里，地方大，就让剧组的人住闲置的窑洞。因为随时随地拍摄，就相当于家里多了几口人。

一开始还好，拍了一段时间之后，我就有点不耐烦了。我也不知道怎么拍电影，也不能理解这个片子为什么要拍这么长时间。有一天，我就问他们："咱们这片子大概要拍多久？"

导演没有回答我，就找了纪录片《乡村里的中国》给我看，然后导演告诉我，《大河唱》大概也要拍这么长，贯穿这一年的时间，把我怎样生活、怎么演皮影，都展示出来。

从那之后，我开始明白这件事情的意义。就像《乡村里的中国》，生活的改变无法避免，毁灭是皮影摆脱不了的命运，能留下来的可能就是这些影像了。所以，我后来也很配合导演的工作，希望能拍好，给自己留个念想，给后人留下影像资料。

2016年10月下旬，我带着"兴盛班"去了一趟北京，参加苏阳老师组织的"黄河今流"演出活动，跟踪拍摄的杨植淳导演负责接待我们。

到北京的第一天，我在清华附小演了一场皮影戏，孩子们都很感兴趣。我当时跟戏班里的人感叹，这些孩子真聪明，以后都是精英。

我们一行人还去了颐和园，第一次划船，我感觉很兴奋。我家那边没这么多水，没机会划船。我们几个还在船上唱了一段戏，大家都很开心。

当晚，我们配合录制又去演出，时长大概30分钟，因为之前苏阳老师在彩排时说，时间可以拉长一点，但是剧目一定要完整，所以我把原来排练的20分钟的戏延长到了30分钟。

经过了三年的拍摄，2019年，电影终于完成了。6月17日，电影主创团队来到我家举行了一场特殊的放映礼，投影的白色银幕就是皮影戏台的"亮子"，两侧写着对联：一口唱尽千古事，双手挥动百万兵。我邀请了村里人来看电影，还照常打开自己的快手直播。我心里特别高兴，当天特地穿了一身西服。

6月18日，《大河唱》电影在全国上映，我从没想到自己能出现在全国公映的电影银幕上。

在快手玩出新活法

刚开始，对于拍快手我还有点不情愿，后来看到自己演出的视频发到快手后，无数粉丝为我喝彩，我顿时认识到快手的神奇，便主动玩起快手来。

有天晚上我打开快手直播，有粉丝提出想听女生唱旦角，没办法，我让老婆也跟着唱，现学现卖。没想到，效果却意外地好。老婆现在还学会了打梆子，高音能唱到比我还高，对女性角色情感的拿捏也更加精准。

从2017年开始，到现在我玩快手一年多了，已经获得了15万元的收入，这其中包括来自上海、四川、新疆等地的演出报酬。那时，我带着老婆到上海演皮影，老婆说，这是沾了皮影的光了，要不然可能这辈子都来不了上海。

如今，我通过快手接到了很多演出机会，有老铁给我留言说："我们这边的戏不行，你唱得好，来我们这里的庙会唱。"刚开始我还害怕遇到骗子，后来发现是真的。

之前，皮影戏不行的时候，我也试过刻光盘卖，有互联网之后，有人把表演节目内容发到网上，但都没起到什么作用。有了快手之后，我演皮影戏有人看，能接到演出，能交朋友，还能挣钱。本地演皮影的看我玩快手能挣钱，也开始在快手上玩起来。

越来越多的人通过快手找我演出，我甚至在快手上收了不少"徒弟"。不过，我仍然没有传承人，这些粉丝只是感兴趣而并非专业演唱，要找到真正的传承人不容易。

现在通过快手，很多当地的戏班都会来我家学习，陇东学院音乐学院也通过短视频找到我，计划着和我一起开发皮影音乐。

2019 年 10 月 20 日，我会在北京演出，为此我特意用铝合金打了一副新的可拆卸的框，方便运输。我还购置了新的皮影，改造了戏台，买了一辆皮卡，计划着在家里开发文化大院，这些都是为了更好地和那些素未谋面的老铁建立连接，答谢他们对皮影的喜爱。

唢呐陈力宝：
一上快手学生多了500倍

电影《百鸟朝凤》让人们认识了85后唢呐演奏家陈力宝。作为中央民族乐团的青年吹管乐演奏家，陈力宝名声在外。他曾与歌手谭晶在《我是歌手》的舞台上合作，一曲《九儿》震撼人心。其实他还有另一个身份，那就是一位教唢呐的主播，上万粉丝在快手上向他学习吹唢呐，这在过去是难以想象的事情。

被看见的力量

小档案

快手名字：陈力宝唢呐

快手号：KS428742641

籍贯：河北唐山

年龄：32 岁

学历：硕士研究生

快手主题：唢呐演奏和课程

代表作：《百鸟朝凤》《一壶老酒》《九儿》

快手拍摄风格：唢呐演奏＋教学，教学非常细致、实用

对快手老铁的寄语：让更多人听到唢呐的声音，让更多人喜欢唢呐

商业模式：唢呐教学，唢呐销售

讲述人：陈力宝

上快手后，我的学员从 20 个变成上万个

我叫陈力宝，出生在河北唐山一个小山村。小时候，村里每逢红白喜事都会吹唢呐，耳濡目染之下，我也喜欢上了唢呐。见我有天分，父亲便请了天津音乐学院的老师培养我。高中毕业后，我考入中国音乐学院，随后进入中央民族乐团工作，2013 年又在中国音乐学院读研进修。

第一次接触快手非常偶然。两年前，有位朋友发了一个民间艺人吹唢呐的视频，那个人叫郑庆义，演奏水平很高，是一个快手主播。在乐团，我们每年都要下乡采风，就是寻找这样高水平的民间艺人，然后向他们学习民间传统的文化和技艺。于是，我为了听他吹唢呐下载了快手 App。

通过快手的推荐，我还发现了来自内蒙古、河南、甘肃和陕西

第七章　快手非遗：看见每一个传承

等地的唢呐民间艺人，其中有几个人水平很高，比如山西的卫明有、河南的文老五、内蒙古的宋小红、甘肃的马自刚等。每逢当地红白喜事、庙会等活动，他们就会支起手机，直播演奏。我通过观看手机直播，在他们身上也学到很多丰富的民间唢呐文化以及特点。

我在唢呐行业有一定的知名度，有时我去他们的直播间双击点赞，他们看到"陈力宝"这个名字，就问："是《百鸟朝凤》的陈力宝老师吗？"然后就开始介绍我。当时我还没有发过作品，就已经有四五千人关注我了。

有人建议我也来快手玩，开始我是犹豫的，因为我在国家级单位工作，类似这种公职人员职业的快手主播还没有出现过。后来我想，也可以尝试一下。2017年11月28日，我发了两条作品，说"粉丝数够了就开直播"。同年12月，我在江苏演出。晚上我闲来无事，第一次打开了快手直播，没想到还挺有意思，从那以后我就经常开直播了。

为什么说"很有意思"呢？我在农村长大，但在北京待了将近二十年。在快手，很多老乡会和我聊天，问我小时候考学、学唢呐的一些经历。还有人问："老师，你有没有下过地？有没有坐过三轮车？"这唤起了我童年的很多回忆。

我被问得最多的问题就是："老师，我年纪大了能不能学吹唢呐？""小孩子能不能学唢呐？"在我看来，唢呐不仅仅是一件乐器，它在不同的人眼中有不同的含义。就算一个农村出身的孩子到了城市，生活几十年，他的童年经历仍然会让他对唢呐有一些不同的感触。我告诉所有人，任何人都可以学，只要你喜欢，唢呐面前，人人平等。

"传承"是我们一直关心的议题，电影《百鸟朝凤》正是探讨怎么传承民间传统，怎么传承人的信仰的主题。事实上，改变是传承的必要条件。现实中我一共只有二十几个学生，但是在快手上，我有上万个学员。来自天南海北的孩子们，只要打开快手，就可以通过直播学习到更科学、更专业的演奏知识，而不用像我以前那样，千里迢迢地跑来北京、天津的音乐学院学习。

很多艺校的学生会给我发私信，问我什么时候直播，能不能解答一些技巧，我就会用手机把问题记录下来，直播时为他们讲解，他们听完了就说："老师，我会了。"这种互动有很重大的意义。面对面的"口传心授"，影响范围不会有现在这么广。

在快手真正实现"唢呐面前，人人平等"

2019年6月，快手课堂正式上线，管理人员找到我，想让我去开课。在此之前，有许多有数十万粉丝的主播开课，课程定价十几元，但是买的人并不多。所以当时我心里嘀咕了一下，自己会不会也遇到这种情况。但直播间有很多老铁给我鼓励，说："老师，没关系的，你的课绝对会报满，你要卖不出去，我一个人买三份都行。"这给了我很大的信心。没想到，课程上线之后很快就报满了，想再买都买不到，火爆到这种程度。

我的课程全部是直播的形式，每节课时长约一个半小时，我会提前定一个主题，写好大纲，比如，大家吹唢呐最常遇到什么问题、哪些技巧是难点等，把同类问题集中在一起进行解答。慢慢地我也养成了习惯，每天睡前我都会不由自主地琢磨一会儿，下次该讲什么。

刚开始办线上课时，我的收费标准是50元或者100元这种整数，但后来我再出课程，全部定为9元。对我来说，收入多那几千元或几万元意义不大，但是几十元对部分唢呐爱好者来说，可能是很大的负担。我的父母现在在农村，每个月花销也就一两百元。更重要的是，我希望所有人都能尽量均等地得到这个学习唢呐的机会。

我的课程属于快手"非遗文化课"的一部分，截至2019年8月底，共有12 506人购买过我的课程，3 219人购买过唢呐零基础速学特惠课程。我很高兴这么多人可以通过快手认识我，从我这里获得信心。学唢呐这件事说难不难，说简单也不是那么简单的。但我这样告诉大家：只要你想学唢呐，你认识了陈力宝，就有机会学会。

我对学生的要求是，每天吹上一句就可以，但不要小瞧这每天一句。对很多人来说，《百鸟朝凤》这首曲子难度非常大，没个十几年的功夫根本就学不下来，那是因为我们原来没有完善的教学系统和教学计划。

许多听过我课程的零基础学员，练习到现在已经可以完整地吹奏《百鸟朝凤》了。其中还有一名50多岁的学员。尽管比不上专业演奏家的效果，但是别人一听就知道，这是正儿八经的《百鸟朝凤》。

我的学员里，年纪最大的73岁，最小的才7岁。他们都很好学，我也很愿意指导他们。有些学员让我印象很深刻，比如50多岁的龙哥，之前他的生活主要是钓鱼打牌，现在他每天在地下室吹唢呐，还在直播间和我连麦。还有一些百万粉丝的学员，开直播都有一万人气，比我这个老师都高。

有一个7岁的孩子让我印象很深刻，他叫小畅，是我的唐山老乡，在快手上也是一个小网红。他吹得非常好，家长也有意让他跟我学，所以现在他每个月会来北京见我两次。现在我在快手收了十几位线下的学生，他们都像小畅一样，天赋比较高，而且非常喜欢唢呐。我相信他们会对唢呐的未来发展有所贡献。

快手让许多民间宝藏艺人被看见

每个地方的唢呐演奏都各有其特色，并不是中央民族乐团、中国音乐学院的专业演奏者演奏水平就一定比民间的要高。之前我们乐团去采风、学习，文化部会给我们介绍一些非遗传承人。唢呐的非遗传承人并不多，他们在中国唢呐界都已经很有名了。但是，还有很多人和他们做着同样的事情，他们虽然没有被列入非遗传承人，但却依然在角落里发出自己的声音。

在快手上，我发现了很多这样的人，他们遍布全国各地，通过快手也和我成了好朋友。前一段时间，他们在山西定襄的一个村子里举办了庙会，我受邀在庙会上表演，也学习了他们的演奏方式。如果没有快手，我不会有机会认识这些人。

快手上还有一些民间音乐人，比如山西的鼓乐手卫明有。我第一次在快手听到他的演奏时，感到非常震惊，他的演奏技术是超一流的。

唢呐本身就来源于民间，扎根于民间。我很喜欢和民间艺人及快手上的粉丝分享、交流，这让我对唢呐有了新的认同感。我很敬佩这些民间艺人，不管是老艺人还是年轻艺人，能被快手的粉丝们喜欢，那么他就一定有一些艺术价值。他们是靠着真正的技术、手艺生存，而不是靠哗众取宠取悦众人。

现在，我到美国肯尼迪剧院、国家大剧院、人民大会堂等地，也会录一些视频跟老铁们分享。因为我常去的地方，好多老铁都没有见过，我就展示一下里面是什么样的，顺便吹一吹唢呐，让大家听听在专业剧院里发出来的声音是什么样的,他们也都很感兴趣。

传统文化传承的新玩法

从前大家对唢呐有一个刻板印象,认为它落伍、没人学。但是在快手上,我发现很多人对唢呐有热情。

改变对唢呐的刻板印象,需要唢呐乐手的不断努力,我在这条路上也有过迂回。我之前在专业团体里工作,但在音乐厅里演奏不能完全地表达出我的想法,后来我玩了一段时间流行音乐和摇滚乐,去过各种音乐节。在快手,我也会发一些比较现代的、新潮的创意作品,甚至有和钢琴、打击乐、吉他等乐器的合作演奏。在民间传统里,唢呐一般和笙搭配,但我希望让大家看到唢呐也可以和钢琴这么"高大上"的乐器一起表演。事实上,我在国家大剧院等好多剧院演出都是和钢琴一起演奏的。做这些,我只有一个目的,就是让更多人听到真正的唢呐,让他们喜欢唢呐,知道原来唢呐也可以现代起来。

有一段时间,我忙着中国器乐电视大赛,每天去中央电视台录制节目,没怎么做直播,好多人给我发私信,问我怎么最近没直播,挺想我的。我还挺感动,都是年龄比较大的粉丝,说出这种话来,感觉很深情。我就抽时间在半夜直播了半个小时,竟然还有两千多人看。

以前我出去演出,只有专业学校里的学生来看我,现在我去陕西、山西、河南这些省演出的时候,会有一大堆快手粉丝到后台来找我,给我带家乡特产,我感觉特别亲切。

印象比较深刻的一次是,我们单位去云南怒江慰问演出。怒江位于中缅边境。我没想到,那么偏远的地方还有我的快手粉丝,而且是我的铁粉，我当时很激动。有位粉丝告诉我："陈老师，假如没有你的直播，我根本就不可能去学唢呐，也没想过自己能学会。"

很多人刚开始学唢呐，不懂怎么挑乐器，于是 2018 年 4 月，我开始卖乐器。其实之前我是有顾虑的，毕竟我专业从事演奏工作，大家都知道我，我卖乐器的话，别人或许会说闲话。后来我想，没有好乐器，对学习积极性的打击很大。现在我卖的所有唢呐，都是我亲自去厂子里一根一根试好的。唢呐有很多调，有 C 调、D 调、降 B 调、降 E 调，我会一遍遍去调，直到调好再卖出去。有的人甚至等我调了三四个月，才等到自己的唢呐，我感谢大家对我的信任。

我不能代表整个唢呐行业，但是从我个人的角度来讲，快手确实为我带来了很大影响。首先我玩快手的初衷就是学习，对于专业演奏者来说，这是一个很好的学习平台。

其次，对所有喜欢唢呐的人来说，快手给了他们一个学习的机会。现在，很多同行见到我都会感叹说："陈老师，你太厉害了，竟然有上万名学员。"学习乐器可能不会给人带来多少物质上的回报，但是却能满足精神上的追求。

另外，我在直播间为很多人提供了专业级别的乐器，可以说是"花着白菜的价格，拿到了翡翠玉白菜"。

之前，国家级院团里没有人玩快手。但是受到我的影响，我的大学同学、同事也逐渐来到了快手，他们有的在中国歌剧舞剧院工作，有的在国家交响乐团工作，有的是大学教师。他们入驻快手，能够再次提升快手的教育质量，这让我感到非常开心。

唱戏阿杰：
玩快手才知家里有个"小神童"

两岁半时，阿杰就能自己唱戏。5岁接触快手。最开始录视频，唱的是河南曲剧《小仓娃》，播放量有100多万，涨了几万粉丝。在快手上，阿杰经常找专业演员的视频来学习，他还喜欢录视频，只要说拍段子，无论怎样拍，他都愿意。

电视戏曲节目《梨园春》的明星金奖擂主董华盖，通过快手联系阿杰，说孩子有潜力，一定要好好培养。

2019年暑假，阿杰去郑州，到豫剧丑角大师牛得草的徒弟的学校，上了一个月正规的戏曲培训班。不知不觉，阿杰成了非物质文化遗产的传播者。

2019年9月1日开学后，阿杰会到寄宿学校上小学三年级。上学10天后会休息4天，阿杰打算利用这4天去郑州。阿杰妈妈说，无论付出多少代价都要送他去学习戏曲。

小档案

快手名字：唱戏阿杰

快手号：303384145

籍贯：安徽宿州萧县

年龄：7岁

学历：小学在读

快手主题：曲剧、豫剧

快手拍摄风格：田间地头老房子内，拿个麦克风就开唱，偶尔点缀戏曲道具，说哭就哭说笑就笑，表情生动原生态

对快手老铁的寄语：我们全家人都非常感谢大家对孩子这么支持，也感谢快手给了孩子表演的舞台

商业模式：直播打赏，商品售卖

讲述人：阿杰妈妈

兼顾学习、玩耍和拍快手

阿杰两岁半的时候就能唱戏，这孩子从小音乐感十足，很有天赋，歌曲对他来说太简单了，听一遍就会唱。但以前我们只觉得好玩，没当回事儿，上了快手后，我们才意识到，差点耽误个人才。

我老家在安徽宿州萧县农村，那里不重视戏曲。我家里一共有一亩多地，除了种地，我和爱人业余吹唢呐。老家有唢呐班，附近红白喜事，如结婚、孩子吃喜面、老人祝寿或者有什么丧事，就会请唢呐班过去。一个唢呐班有七八个人，我们跟着别人干，唢呐班接一单活一般要两天，每个人赚200元。夏天是淡季，一个月最多能参加一两场，旺季时一个月有10场左右。

我不仅会吹唢呐，还会唱戏，不过很业余。我自己喜欢曲剧、

第七章　快手非遗：看见每一个传承

豫剧，就是个人爱好，没人教我。我身边也没人唱戏曲，家人也不会。可能孩子是受我的影响，凡是我唱的戏他都会唱，阿杰喜欢模仿，不管是小生还是老旦全会唱。他学戏真的非常快，拿着手机听个三五遍他就能唱。我没有教他，全部是他自己听、自己学的。

我们是从 2017 年开始接触到快手的。阿杰他爸爸说，看见人家都在玩快手。他说通过快手能表演自己的才艺，并且还能有收入。我说怎么可能呢？当时我还以为我老公想搞那些乱七八糟的东西。他第一次下载快手后让我又给卸载掉了。他又下载了一次，对我说真的有用。

刚开始上快手的时候，阿杰 5 岁，他有点好奇，他喜欢看上面专业演员的视频，他们唱得都非常专业。于是他经常搜索那些唱戏的视频，他自己不会写的字，就用语音转成文字，搜索到了跟着学唱。觉得人家唱的哪段戏好听，就让我给他下载。

阿杰最开始录视频，唱的是河南曲剧《小仓娃》，播放量很多，有 100 多万，涨了几万粉丝。因为这个角色比较吸引人，所以粉丝涨得多。

一般 50 万~70 万的播放量，能涨三四千粉丝，要是播放量达到 100 多万，那差不多要涨 1 万多的粉丝。现在通常情况下每天粉丝都要涨一两千，有的视频播放量大，一天可以涨 1 万多粉丝。发段子比直播容易涨粉，一场直播下来也能涨 1 000 多粉丝，但开直播要累得多。

我们不像有些人那样一天发好几条视频，也是担心粉丝会烦。我们一天只发一条，有时候两天发一条。拍视频也需要各种准备。我们没有专业机器，全是用手机拍的。

身边没有人教我们怎么玩，完全靠自己在快手上观察体悟。因为必须上热门才能开直播,我们想开直播,听说以老房子为背景容易上热门,就跑几十里路找到老房子拍段子。夏天那么热,孩子从老房子里出来之后浑身都是蚊子咬的疙瘩,特别辛苦。为了上热门,孩子付出了很多很多。

有的人质疑我,问我是不是为了拍段子打阿杰了。因为他说哭立马哭,说笑立马笑,表情准确。我说不至于为了上个热门就打孩子。如果你们不相信,我开直播的时候你们看一下,只要唱戏,阿杰立马表情就出来了,非常贴合戏词的内容。

孩子从来不讨厌快手,只要你说拍段子,无论你怎么样拍,他都愿意,我们没有逼过他。他表演能力特别强,几秒钟就入戏了,这孩子真是有天赋。

我也根据他唱的戏曲,给他定做了几套服装。他只唱豫剧和曲剧,比较擅长这两种,其他有些戏种不太好学,我也不想让他接触太多太杂,毕竟孩子太小。

阿杰马上就过8周岁生日了,一般情况下我不会因为拍视频影响他上学。他上学之前,我就把段子拍好保存起来,每隔一段时间上传一条。视频一般57秒,我怕孩子太累,所以没拍长视频。有时候如果真的没存货了,我就拍我自己。

阿杰也问过我,他能不能跟别的孩子一块玩,我说咋不可以呢!他自己觉得老是拍段子、开直播,没有玩的时间了。我说你随时都可以玩,咱也不能因为拍视频、直播不让孩子有正常的生活。他的学习成绩也很好,有时候他也会主动说:"妈,给我拍个段子吧。"我会兼顾好他的日常学习、玩耍和在快手上的拍录。

村里人都叫阿杰"小广播"

玩快手一年多,我们也有一些经验了。现在拍段子首先要找光线好的地方,选择好位置和背景,包括穿的衣服,还有唱的时候音量的控制,各方面都要配合好。每个段子封面上配什么文字,如何吸引别人点击进来看都很重要。效果最好的应该是在一定的剧情情境中的表演,有几个他哭着唱的段子播放量都比较高,粉丝们都非常喜欢,觉得阿杰戏好,能感染人。

阿杰经常看自己唱戏的段子,看那些粉丝的评价,他非常珍惜他这个账号。有时他和我说:"有些小黑粉,你不要计较,不要骂,这样会封号的。"虽然他年纪小,但这些他都懂。

对没拍好的段子他会说,这个不能发。上传之后如果他自己不满意,会删了重新拍。有的视频我们会拍好几遍,要挑一个最好的发。每一个段子都要拍上三五遍。

阿杰的变化真的大,如果没有快手他是不可能学到这么多东西、会这么多戏的。孩子能够在这里表演他的才艺,有这么多人喜欢他,并且还能挣点收入,这挺好的。

现在我们家的收入是上快手前的好多倍,生活变化很大,社会地位提高了,不仅村里人知道阿杰,方圆百里的人都知道他。我们现在到外面吹唢呐时,他们就说"小广播的爸爸妈妈来了",他们叫阿杰"小广播",走到哪儿都有人认识。我和孩子去市里,很多路人就说:"这不是唱戏的阿杰吗?"

阿杰的同学老师都知道他在快手上的表现,说他是"百万粉丝网红",但平时对他跟其他孩子一样,老师该教的时候就教、该训他就训。阿杰的心态没什么变化,他也不知道自己"红"了,他以为就是玩。小伙伴也没觉得他（红了）就区别对待他，六一儿童节等重要日子，班上表演节目时他会唱一段戏。

有一些粉丝还会在线下找阿杰。2017年和2018年的时候，很多粉丝都来我家住上十天半个月的，都是来看阿杰的，海南、江苏、山东、河南等地都有，有的千里迢迢来我家。这些人有的带着孩子，也有没结婚的小伙子和大姑娘。说句真心话，我不会烦他们，因为他们都是喜欢阿杰的，是阿杰的粉丝，不管在我家里吃住多长时间，我都会好好待他们。

接受专业培训，传承非物质文化遗产

阿杰在快手上"红"了以后，得到了专业人士的认可，也提醒我们做父母的，要给孩子创造更好的学习条件。

电视戏曲节目《梨园春》的明星金奖擂主董华盖，通过快手联系到我们，说阿杰这孩子有潜力，一定要好好培养他。他也想把自己会的东西传授给阿杰，但他太忙了。

在这之前，我没有给阿杰找过戏曲老师，安徽没有戏校。我问董老师哪个学校适合阿杰，他就给了我一个郑州戏曲培训学校的电话，让我联系人家。2019年暑假，我专门带孩子去郑州，让他上了一个月的戏曲培训班，开始学一点基本功。毕竟曲剧、豫剧都是河南地方剧。这也是我第一次去郑州。

这个学校的校长是牛派的，是豫剧丑角大师牛得草的徒弟。阿杰在这里学习要早上6点起床，练习压腿、踢腿等基本功，上午练嗓子，下午再练习压腿、踢腿等基本功。毕竟戏唱得再好，身法跟不上也不行。下午6点多下课，每天都是如此重复。除了中午吃饭，他上午和下午都在学校辛苦练功。

第七章 快手非遗：看见每一个传承

学校的老师也非常器重他，感觉这孩子有表演天赋，想让他参加河南电视台的戏曲打擂节目，不过在课程结束后，我们还没有给孩子报名，怕孩子太辛苦。

从戏曲培训学校回来后，粉丝们都在直播间里看到孩子真的有变化，他们说阿杰的唱功、表演各方面都更有韵味了。

2019年9月1日开学后，阿杰会到寄宿学校上小学三年级。上学10天后会休息4天，我打算利用这4天带他去郑州，无论付出多少代价都要送他去学习戏曲。未来如果真的有戏曲大师发现了他，想培养他，我们肯定也会全力支持。

我和阿杰原本都是因为爱好而唱戏，但因为快手，我们不自觉地成了非遗的传播者。现在我们才认识到，曲剧、豫剧是非物质文化遗产，是国粹，需要更多人传承下去。

如果不是快手，我们不可能意识到阿杰具有唱戏的天赋，快手让阿杰被更多人看到，大家的鼓励让我们意识到，我们还可以做得更好。人们告诉我，阿杰的未来，也是非物质文化遗产和传统文化传承的希望。感谢粉丝们对阿杰的支持和期望！

第八章
快手村：星星之火可以燎原

本章概述

从物理层面上讲，快手村的形成是一种空间上的扩张，是规模的扩大，但从深刻意义上来说，是传统产业的升级，甚至是产业链的再造。"快手村"模式迅速崛起，不仅改变了许多个体的命运，也改变着一个地域、一个行业，甚至一个产业的生态。

快手村都有一个共同的特点，这些地方位于传统的特色村镇、批发市场或者产业带，都是商品集散地或者原产地，商品供给十分方便，能够持续为消费者提供相关产品或者服务，同时也有一定的物流基础。商人对信息特别敏感，所以商品集散地或者原产地也是信息传播特别快的地方，当一个人做生意赚了钱，他的模式就会很快被人模仿。

快手村还有一个特点，就是形成速度快。传统的特色村镇、批发市场或者产业带往往需要长时间累积，是逐渐演变而成的。快手村的极速成长和"短视频 + 直播"电商模式的低门槛、零成本有关。

在这个时代，电子商务正在快速迭代。传统的线下销售方式，刚刚被电子商务取代，传统以图文搜索为主要特征的电商形态又迅速进化到 2.0 版，进入短视频时代。

本章案例

凉山"悦姐":同是草根,他能赚钱,我也可以

李文龙:我一炮走红是受了《摔跤吧!爸爸》的启发

华仔:我如何把洗碗布卖向全中国甚至东南亚

海头镇:一年3亿元电商交易额是如何做到的

快手村：星星之火可以燎原

李召　快手研究院高级研究员

在浙江义乌夜市的商贩中，闫博是较早在快手上做直播的。他一边摆地摊，一边对着手机有说有笑。当时同行认为他不务正业。2017年8月，闫博在手机上卖出了35万件羊毛衫，销售神话一夜之间传遍了义乌。2019年5月，我们造访义乌北下朱村，发现那里每天有5 000多人利用快手直播卖货，北下朱村成了名副其实的快手村。

在江苏连云港海头镇，渔民匡立想发了一个煮皮皮虾的视频，点击量达到一两百万，两年时间里他积累了近200万粉丝，成为当地著名的"带货王"，还成立了公司卖海鲜。匡立想的成功引起了村里人模仿，他所在的海脐村有2 000多户人家，就有200多个主播，无论是出海还是退潮，在船头、码头上，在沙滩上，都有人在直播。

在中国的各种特色村镇、批发市场或者产业带，闫博、匡立想这样的故事正在不断上演。经由快手，无数普通人不经意间踏入了一个时代的洪流。

北下朱村、海头镇这样的"快手村"模式迅速崛起，不仅改变了许多个体的命运，也改变了一个地域、一个行业，甚至一个产业的生态。

快手村的形成

闫博所在的义乌和匡立想所在的海头都有一个共同的特点，这些地方位于传统的特色村镇、批发市场或者产业带，都是商品集散地或者原产地，商品供给十分方便，能够持续为消费者提供相关产品或者服务，同时也有一定的物流基础。

比如义乌，它是历史悠久的小商品集散地、世界"小商品之都"，也是全国物流最发达的地区之一，2018年义乌邮政和快递业务量超过29亿件，每天有800多万个包裹从义乌发往全球各地。连云港海头镇位于黄海之滨，拥有11.6公里长的海岸线，这里盛产各种海鲜，尤以黄鱼、梭子蟹、东方对虾、紫菜、贝类等海鲜珍品为最，这些得天独厚的自然资源，是形成快手海鲜村的重要条件。

在前互联网时代，卖一件货物，要有一家实体店铺，但是店铺不可以移动，所以触达的人群和供货距离都很有限。到了互联网时代，有了淘宝、京东等传统电商平台和便利的物流系统，卖货更加自由了，突破了原有的空间限制。但要将货物推广出去，需要缴纳高额的平台费用，还需要精美的图片和文字包装，一来不够直观，二来对普通人来说门槛太高。

进入短视频时代，一方面，"短视频+直播"的方式，使商品的展示更加真实和直观，拥有更多细节，它不但能告诉你结果，还能告诉你过程，更可以及时互动；另一方面，拍摄短视频、进行视频直播的操作非常简单，不识字的人也能做电商。

这样，一条"商品—直播—终端消费者"的简捷链路就形成了。这很可能是未来商业的主要形态。

快手村还有一个特点，就是形成速度快。传统的特色村镇、批发市场或者产业带往往需要长时间累积，是逐渐演变而成的。但在快手上，因为门槛相对低，一旦有了成功案例后，模式可以快速被周围人复制，所以形成速度极快。

引入全新产业链的机会

从物理层面上讲，快手村的形成是一种空间上的扩张，是规模的扩大，但从深刻意义上来说，是传统产业的升级，甚至是产业链的再造。

两年前的海头镇，只有两三个顺丰快递员，匡立想和他的渔民朋友们捕捞上岸的海鲜，需要借助货车运往全国各地进行销售。现在，海头镇一天能出几十万单快递，海鲜源源不断被精准投递到用户手中。其中大部分订单来自快手。海头镇一年的快手短视频播放量高达165亿次。2018年，海头镇电商交易额超过10亿元，成为中国海鲜第一村。

新的电商模式会倒逼产业链的升级。在海头镇，200亩的海鲜电商产业园正在兴建，传统做虾酱、蟹酱等海鲜酱的作坊式方式，已被更能保证食品新鲜度和口感的麻辣方法取代，"麻辣小海鲜"厂家如雨后春笋般冒了出来，新的食品标准也因此形成，发展出"海娃"等本土新品牌，一年产值能达到3亿多元。

海头镇只是被直播改变的区域产业带的缩影。如果我们将目光从江苏连云港的渔村移开，进入更广袤的城市，就会发现快手带来的改变同样惊人。

在浙江义乌，从早期批发实体店的兴起，到电商的繁荣，再到直播带货，快手正在点燃这个小商品批发之城的"第三次革命"。

义乌早年凭借"前店后厂"模式，让生产至销售环节的周期缩短，提高了商品流转效率。而现在，通过直播电商，让生产者与消费者间原本存在的中间经销环节近一步压缩，本质上提升了商品流转的效率，是一次销售范式的革命性创新。

"义乌电商模式正在发生变革，北下朱的快手村就和当年的淘宝村一样，是一种新的电商形态。"义乌工商职业技术学院前副院长贾少华教授是义乌电商发展的亲历者和参与者，他认为，义乌电商经历了三次革命，最初利用互联网展示商品，以图文为主；接着，视频展示开始凸显其重要性；现在，移动直播兴起，又成了义乌电商发展的重要模式。"从文字到图片，图片到视频，视频到直播，在引流效果上，文字不如图片，图片不如视频，而单纯的视频又不如及时互动的直播。"

"传统电商已经接近天花板，在义乌做电商，每个人都面临转型问题。"贾少华教授举了一个鲜活的例子，义乌小商品市场卖服装的一个商户，守株待兔一天只接到三个单子，他试了一下直播卖货，尽管普通话很蹩脚，成交额也达到了8万多元。目前，义乌小商品市场有一、二、三、四、五区，其中二区和五区都有直播平台。"过去学生做电商，桌上摆的是笔记本电脑，现在手里拿的是智能手机，这就是电商革命。"

现在的义乌已俨然一座快手之城。它仍然人潮涌动，它仍然热钱翻滚，它仍然充满创新精神，它仍然拥抱时代的风口。

从闫博、侯悦、匡立想等人的故事中，我们能够感受到这个新时代的气息。他们原本都是普通到不能再普通的底层生意人，因为踏入了直播电商的风口，人生开始变得如此不同。在北下朱村，触目可见的快手直播达人中，有太多这样的传奇。这是时代赋予先行者的礼物。

有越来越多的快手老铁拿着手机，在街头巷尾、在直播间，卖力地让自己成为这一轮短视频电商的受益人。他们沿着潮水的方向前行，他们的选择就是市场的选择，他们成为这一个新时代的记录者和开拓人。

凉山"悦姐":
同是草根,他能赚钱,我也可以

侯悦,一个从四川凉山农村走出来的女孩,被快手粉丝们亲切地称为"悦姐"。在义乌创业期间,悦姐通过快手认识了很多草根创业者,在他们的鼓励下,她一步步将自己的人生变得丰富起来。

通过快手平台,她将小商品带向了全国各地。在这个过程中,她不仅获得了财富自由,还帮助更多人参与到电商创业的过程中,带领大家获得了收益。从个人价值的实现到帮助他人,再到提升社会整体价值,她实现了人生轨迹的三次转变。

被看见的力量

小档案

快手名字：创业之家~悦姐
快手号：houyue99
籍贯：四川凉山
年龄：36 岁
学历：中专
快手主题：人生记录，商品展示，创业经验
快手拍摄风格：无须掩饰的真实记录
对快手老铁的寄语：做电商很简单，只要真诚就行
商业模式：电商直播销售小商品，组建"创业之家"培训创业者

讲述人：侯悦

祸不单行，迷茫之中，我遇到了闫博

我的名字叫侯悦，大家都叫我"悦姐"，我来自四川凉山农村，9 岁时父亲就去世了，18 岁时母亲得了食道癌，也离开了我，我只好与妹妹相依为命。

祸不单行，我结婚后孩子又早产，一出生就患上脑瘫。为了给孩子治病，我每个月的花费都在 2 万多，连续 4 年时间在全国各地求医问药，家庭的积蓄基本被掏空了。

为了生存，我开始摆摊卖东西。进货过程中，我了解到义乌是各种小商品的源头，于是来到义乌谋生。一开始，我经营传统电商，淘宝、拼多多等平台都试过，也曾开过批发门店，但经营效果很不好，最后因为房租压力大而关门。

迷茫中，我遇到了闫博。闫博是批发圈里最早发现快手商机的人。开始我觉得闫博这个人有点奇怪，穿着非常随意，一条短裤

衩，一双拖鞋，开着小货车，每天拿着手机在那里玩快手，还非常开心，这难道不是"2B青年欢乐多"吗？但是闫博一个月卖出35万件羊毛衫，这让我改变了对他的看法。我觉得这人蛮有出息的，也开始注意快手这样的短视频平台。

闫博是一位来自陕西的普通创业者，他在家乡创业失败，来到义乌做传统电商，一度因为收入太低而入不敷出。为了挣奶粉钱，闫博除了正常经营电商业务，还会到义乌的宾王夜市摆地摊。他闲暇时会刷快手视频解压，因为喜欢弹吉他，他尝试把自己弹吉他的视频发布在快手上，竟然有很多人点赞，和他交流心得。后来他开始在快手上记录自己真实的创业生活，比如，打包、发货、开车去了什么地方等，很多人愿意和他交流创业经验。

有一天，他到宾王夜市摆地摊卖陀螺，同时打开了快手直播，一下子吸引了快手粉丝的关注，没想到销售效果特别好。他的陀螺能转，还能发光，一位老铁说很好玩，能不能进点货，到他的家乡去卖。还有人对他做电商创业比较感兴趣，问能不能跟他一起干。

通过快手直播，闫博不经意间发现，直播除了可以记录自己的生活，也可以在上面销售小商品，还可以与他人分享创业的酸甜苦辣，由此，他的人生新阶段便开启了。

同是草根，我觉得闫博这样的普通人都能赚钱，自己颜值比他高，口才比他好，做电商应该不会比他差。于是我在快手上注册了"悦姐"的账号，记录自己的生活，分享自己的故事，引起了粉丝的共鸣，也得到了粉丝的鼓励。

靠真实记录积累起30多万粉丝

在快手，我只需要做真实的自己就可以，不像其他短视频平台，非要把自己拔高或者美化才能吸引粉丝的关注。我就是靠这种无须掩饰的真实，逐渐积累起30多万的粉丝的。

在互相信任的基础上，我尝试销售义乌比较有优势的产品。我在视频中将商品的真实成本告诉粉丝，比如一双成本七八元的鞋子，我只需要赚0.5元就可以。义乌本身货源充足，物流低廉，而自己销售的大多数又是尾货和库存产品，具有极大的价格优势。我也尝试自己设计生产一些小饰品，而后逐渐发展成工厂。越来越多的老铁从我这里进货，在他们老家摆地摊。

我将自己在义乌创业期间所遇到的困难和挫折、应对的办法以及总结的经验和教训统统在快手上展现出来，让更多的草根创业者汲取营养。直播的门槛很低，谁都可以做，但也需要技巧，需要不断学习。我在走，你在看，至少我在创业过程中遇到哪些坎儿，我都告诉老铁们。

作为一个外地来的普通女人，一开始我连房租都付不起，家里欠着钱，还有一个患脑瘫的孩子，但是现在，我的生活状况已经好多了。有些原本并不想做生意的人，看了我的直播后，也复制我的模式，走上了自己的创业之路。

组建"创业之家"，帮助创业者利用快手销售商品

后来，我和闫博等几个合伙人组建了一家名为"创业之家"的培训机构，帮助创业者利用快手等直播平台销售商品。经过一年的发展，我们总共培训了600多名学员。为了提高专业度和成功率，我们总结梳理了一套课程，对接货源和供应链，还装修了门店货架、培训教室，添置了直播设备和仓库，让学员可以在现场边学边实践，拍视频、开直播带货，这样一来，我们就成了义乌在快手上

的第一批直播电商团队。

在传统电商平台，我们接了单子，只会聊生意，而在快手直播间，我们都是很好的朋友，都是创业者，我从来没有把老铁们当客户。真实的生活记录、面对面的沟通方式、完整的过程展示，比起以前做的传统电商更有可信度。我们直播时，有时会直接到工厂展示产品的生产过程，有时也会到仓库展示我们库存的变化情况。

快手视频直播的形式大大降低了做电商的门槛，传统电商要拍精美的图片，要写详细的产品介绍，对普通人来说要求挺高的，然而在快手，说得夸张一点，不识字的人也能做电商。

闫博有一个老乡，是陕西甘肃交界地的农民，40多岁了，也不识字，他老婆一直打击他，说他一个字都不认识，还创什么业，做什么电商。我们就鼓励他说，很多摆地摊的人也不识字，不照样卖得很好吗？

其实摆地摊也是一种直播，只不过观众就是来市场赶集的人，是地摊周围的人，但视频直播的观众就是所有拿手机的人，是正在刷短视频的人。

快手每天都有上亿人观看，这就相当于一个上亿人的大集市。所以，不识字不影响做电商，这位老乡只需要对着手机说话就行，我们教他在快手上销售老家做的沙金和一些手工艺品，一开始他因为不认识字，读不了别人在快手上的留言，他老婆就在旁边念给他听，有什么问题他就通过短视频回答。现在他每天能够赚到3 000多元。而且，他不但自己赚了钱，还帮村里的乡亲卖了货。现在他告诉我，做电商很简单，只要真诚就行。

第八章　快手村：星星之火可以燎原

帮助别人的同时也是在帮助自己

不经意间，我在快手上有了许多粉丝。也是在快手上，我发现很多人和我有同样的经历，在别的地方做着和我以前同样的事情。他们会在快手上留言询问我的相关创业经历，比如如何摆好地摊、怎么寻找货源等，这些就和我现在的工作有关。

再后来，我试着在快手上开直播，因为直播时大家像是面对面交流，你问我答，十分真实。恰好我在义乌是做批发生意的，快手上有有需求的粉丝，我们就直接交易了。

快手真是个神奇的地方，在这里，粉丝每天都可以看到我，他们知道我在做什么，他们了解我的性格，就像街坊邻居一样，所以都比较相信我。我做生意坚持薄利多销，他们从我这里进货甚至比在当地进货的价格还便宜很多。于是，我在快手上的粉丝越来越多，生意也越来越好。

现在，我每个月的收入在20万元左右，这个成绩是我以前万万想不到的，可以说是快手成就了我。以前因为孩子的医药费，我们欠了好多外债，但这几年，我不光还清了外债，还买了房子、车子，也不用担心孩子的医药费不够了。

快手还能够帮助我成长，以前我认为自己只是一个普通人，每天脑袋里想的都是赚钱养家，现在我开始关注自身成长，提升自己的能力。另外，我可以通过快手将自己的故事分享给更多人，在创业路上帮助到别人，也让我的生活变得更有价值。

李文龙：
我一炮走红是受了《摔跤吧！爸爸》的启发

1994年出生的山西小伙李文龙，高二辍学选择了当兵。退伍后他两次创业做软件，赔了百余万元。欠了一屁股债的他，却通过在快手上卖饰品，一年挣了100万元，还清了所有的债款。

从李文龙的创业思路来看，他选择快手走向成功，并不是一个偶然事件，而是顺势而为的智慧发挥了关键的作用。

如今，李文龙已经注册了"下手快"公司，有了自己的品牌。他十分注重产品质量及售后服务。李文龙表示，他不做一次性生意。正因如此，李文龙很快拿到了创业的第一桶金。回顾其创业之路，坎坷颇多，如今终于得到了回报，因此，他希望自己的创业经验能给年轻的创业者们带来更多启发。

小档案

快手名字：浙江义乌下手快饰品团长
快手号：20353635
籍贯：山西
学历：初中
快手主题：在快手上销售饰品
快手拍摄风格：通过差异化吸引受众，让其快手视频更具话题性
对快手老铁的寄语：在网络如此发达的信息社会，真的假不了，假的真不了
商业模式：通过短视频卖货

讲述人：李文龙

因为两部电影，走上了快手卖货之路

2018年，我看了两部非常火的印度电影——《摔跤吧！爸爸》和《神秘巨星》。《摔跤吧！爸爸》讲述的是一个女孩学习摔跤的故事，而《神秘巨星》中，女主人公通过发自己唱歌的视频而在网上走红。受这两部电影启发，我突然想到，我可以通过自己男生的性别视角，售卖女生用的饰品。

之所以选择快手，是因为在一些电商平台，消费者看到的都是卖家精心修过的图片，和实物之间存在一定差异。但是在快手平台，视频拍到的和顾客拿到的产品是一致的。视频观看更加直观和真实，老铁们对快手视频卖货就更加信任。

另外，我也认真研究过快手热门的视频内容，总结出了一些规律。比如通过差异化吸引受众，让视频更具话题性，从而登上热门，实现带货的目的。

入驻快手后，我发现，市场上通过视频卖货的平台有很多，但

只有快手平台的抽成机制十分良心。

在快手，直播的分成机制明显优于其他平台。我们和快手是税前分成，纳税的部分由平台负责。快手的变现能力真的很强，2018年我和快手合作，15分钟就成交了2 000单。而一个有1 000万粉丝的主播，一个月可能赚到上千万元。

邪不压正：相信品牌的力量

快手平台有推荐流量，但最关键的是要提高自身实力。我们的产品可能价格略高，但是绝对保证质量和售后。比如，产品在运输途中损坏或丢失，顾客可以选择全额赔款退货或重新发货。因为这个原因，我们一开始甚至还亏了一些钱。但是，把品牌打出去后，情况得到了改观，我们就能够保证获得可持续性盈利了。

借助快手的巨大流量，我一个月的营业额已经做到了30万以上。"下手快"火爆后，也迎来了很多效仿者。通过翻版或盗版视频，"下手快"视频得到了更加广泛的传播，从传播效果上来看，这是划得来的。这相当于对方免费给我们打广告，让我们提高了知名度。

当然，盗版视频侵犯了我们的版权，从法律上讲是不正当的。不过，在网络如此发达的信息社会，真的假不了，假的真不了，盗版毕竟是盗版，成不了正版，邪不压正。

华仔：
我如何把洗碗布卖向全中国甚至东南亚

"陈智华看起来很憨厚，我非常看好他。"中国国际贸易学会专家委员会副主任、中国国际贸易学会中美欧经济战略研究中心共同主席李永如此评价陈智华。

在义乌小商品城，卖同一件商品的就有上千家商铺，同质化严重，竞争激烈。如果没有创新，很容易就会被淘汰。

而陈智华从一开始就有意识地经营品牌、保护知识产权。这无疑为义乌商户们的发展带了个好头，他用实践告诉大家，只有保护专利和知识产权，所有努力才能见到成效。

现在义乌缺乏自己的品牌，像陈智华这样的年轻人，能创新，能注意保护自己的创意，加之经营得当，未来将不可限量。

小档案

快手名字：椰壳抹布创始人：荣叶华仔

快手号：A18757803388

籍贯：福建宁德

年龄：33 岁

学历：高中

快手主题：演示如何摆摊，如何销售商品

快手拍摄风格：注重现场演示性和全过程

对快手老铁的寄语：不断创新并想方设法保护自己的创意

商业模式：直播售卖洗碗抹布，注册椰壳抹布商标，未来进行更多产品开发

讲述人：陈智华

我在快手上叫"荣叶华仔"，来自福建宁德，我摆过地摊，做过批发，有近 10 年的电商销售经历。

一次，我和朋友打完篮球吃夜宵，看到有人玩短视频，觉得很有意思，一问才知道，这个短视频平台叫快手。当时我们七八个人都下载了，使用后很震惊，我们认为这个短视频平台日后必定会火。

于是我也希望参与其中，见证平台的发展。我开始和朋友一起探索视频的各种玩法，积累到 5 万粉丝时遇到了瓶颈，因为不知道如何变现。

有一天我看到有人在快手演示如何摆摊、如何销售商品，我突然有了灵感。之前我一直做传统电商，发一些文字讲解和图片展示，但都没有短视频这么直观。所以，我想我一定要抓住这个机会。

注重商标保护，避免被仿冒

销售什么商品呢？我研究后选择了洗碗抹布。我是这样想的：

第八章 快手村：星星之火可以燎原

第一，每个人都要洗碗，市场巨大；第二，洗碗的演示性特别强。我不仅可以现场演示怎么用，还可以全程演示怎么摆摊，怎么卖；第三，我们的抹布效果特别好，我们做了试验，市面上各类油渍，我们都可以擦除 50% 以上，一些常用植物油导致的油渍甚至能达到 90% 以上；第四，售后沟通方便，传统电商根本见不到销售者本人，而通过短视频，消费者可以和我直接沟通。

我的椰壳抹布在快手推出之后，效果特别好，它开始在各大超市和街头巷尾的地摊热销，销售范围覆盖了中国所有省份，还销往马来西亚等东南亚国家。目前要三家工厂同时开工生产，才能满足顾客的需求。

椰壳抹布从 2018 年 5 月开始销售和推广，直到 11 月，市场上才真正出现一两家能和我们抗衡的竞争对手。原因有两个：一是因为椰壳抹布的品质过硬，二是我自创的"销售方法"难以复制。

我意识到，不断创新之后还要想方设法保护自己的创意。以前，某东西一火，就有大量的人仿冒，所以我在做短视频电商直播时就申请了椰壳抹布的商标保护，不然好不容易结出的果子，一下子就被别人摘了。

未来我还要进行更多的产品开发，从独特的角度打开卖货思路。首先坚持在产品质量优质的前提下把性价比提高，还要让产品有自己的特点，更要让客户放心，让他们自发为我们的品牌打广告。同时，我也欢迎更多的创业者共同交流，相互学习。

快手成就千千万万草根

我直播摆摊卖抹布，客户既可以全程看到抹布的功能效果，也能看见我是如何将产品销售出去的。即使下雨无法出去摆摊，我还是会在家录视频，演示抹布的功能以及如何进行销售。一整套的方法教你去售卖抹布，有任何问题都可以与我沟通。

一年时间，我的快手粉丝便达到了20万，越来越多的批发商开始经营自己的快手号，做直播电商。通过短视频销售抹布，不仅我自己赚了钱，一些老铁通过我的演示和供货，在自己老家销售也挣了钱。

很多来我这里拿货的人，我都会手把手教会他们怎么去销售、怎么通过快手引流，有什么问题都能帮助创业者去解决。甚至，万一货卖不出去了，我也有售后，可以进行货品回收。

授人以鱼，不如授人以渔。我还在快手上教别人如何创业，如何利用快手平台成就自己。通过这款产品的销售，吸引了越来越多的创业者加入，创造了这个行业的小小奇迹。因此，快手成就的不只是我一个人，还有千千万万的创业草根。

做快手电商和摆地摊一样，要想销售好，第一，价格要低，性价比要高；第二，产品一定要有特点；第三，效果必须真实可靠。现在，除了抹布，我也在研发其他产品，未来的产品也要符合这三个特点。

如果你做过电商直播就知道，一旦有假货或者劣质产品，粉丝的评论大家都是看得到的，不可能都删掉。这和电视上直播答记者问还不一样，记者提问还可以控制范围，甚至提前打招呼，即使这样，也经常出现不可预料的情况。快手短视频直播，如果出现大量差评，直播该怎么进行下去呢？

所以我相信，只有诚信为本，用户为王，生意才能持续下去。

海头镇：
一年 3 亿元电商交易额是如何做到的

2018 年，快手全国短视频播放量 Top10（前十名）的乡镇中，连云港海头镇独占鳌头。"彩云海鲜"是其中的头部主播，他拥有接近 200 万粉丝，以"风格生猛""能带货"著称，每次直播订单量在 1 000 单以上，最多一天达到过 4 000 多单，当日销售额超过 50 万元。而仅在三年前，他还是个子承父业、在风口浪尖上讨生活的"90 后"渔民。

"彩云海鲜"的发展，既是传统渔民玩转快手的逆袭故事，也是传统渔村在生鲜电商浪潮中骤然崛起的绝佳样本——天猫、京东等综合电商巨头还在加紧为生鲜布局，新兴势力还在为规模和盈利挣扎，而"彩云海鲜"和他所在的海头镇，已经通过"直播＋电商"，实现了从渔民"线下批发供货"到"电商直送到户"的转变，2018 年海头镇全镇电商交易额超过 3 亿元。

被看见的力量

小档案

快手名字：彩云海鲜
快手号：caiyunhaixian
籍贯：江苏连云港
年龄：30 岁
学历：初中
快手主题：海鲜
快手拍摄风格：生猛网红，一张口老铁立马买买买
对快手老铁的寄语：良心带货就不会有压力，要吃咱就吃最新鲜的
商业模式：快手直播带货，通过快手小店销售本地捕捞、加工的海产品

讲述人：匡立想

我是快手账号"彩云海鲜"背后的负责人，平时发短视频和做直播的风格属于生猛型，跟账号名字有点不搭。其实"彩云"是我老婆，我女儿是"小彩云"，我真名叫匡立想，快手上好些老铁叫我"匡总"或者"匡哥"。

我是连云港海头镇海脐村的一个普通渔民，从小生活在海边，村里祖祖辈辈都是渔民。2016 年我接触到快手，最开始就看看视频，自己瞎拍，发一些出海、起网的视频，慢慢发现自己开始上热门、涨粉了，有粉丝来问海鲜怎么卖，我就顺道也在网上卖一点货。

两三年下来，我在快手上有 200 万粉丝，算是个"网红"吧，现在做的主要是快手直播带货，把我们这儿新鲜捕捞上来的海鲜，送上全国各地老铁的餐桌。

我们村 2 000 多户，基本都是渔民，以前卖海鲜，都是卖给渔货贩子，渔民自己的利润很少，销量也不高。通过快手卖货之后，

第八章 快手村：星星之火可以燎原

光我们村最起码得 200 多个主播，平时出海在船头、码头上，随时能看到用手机拍短视频的、做直播的。一退潮的时候，很多村民在沙滩上直播赶海，每天晚上八九点都有上百个直播间开直播。

开直播干什么？当然就是卖货了。我们这儿流传一句话，当然也是开玩笑，说"东北人上快手是吹牛，我们海头人上快手就是卖货"。直播间里给老铁们看看新鲜捕捞上来的海鲜，现做现吃，让大家忍不住就想买。

不光是我们村，整个海头镇做电商太厉害了！家家户户卖海鲜，做直播的都不知道有多少，谁都可以做，这几年只要是坚持下来的，收入上百万、上千万都没问题，电商对渔民的生活，还有我们这里整个经济的改变实在太大了。

我不是最早做直播卖海鲜的人，但也算是"吃到螃蟹腿"的人吧。直播对我们村的巨大改变，还得从以前的渔民生活说起。

渔民的心酸：风口浪尖讨生活

我在快手上发视频、做直播，那都是风平浪静能腾出手的时候拍的。快手上看到的，仅仅是渔民生活的一部分。过去，渔民的生活是很苦的，风险大不说，收入还不高。

我生在 20 世纪 90 年代的农村，以前我父亲是"领船的"（领海员），母亲在人家渔船上补网。我初中辍学出去打了一年工，回来之后，十八九岁吧，家里凑钱买了一条船，我就开始"养船"（经营渔船出海捕捞）了，算是继承了老一辈的传统，我爸就给我打下手。

渔民的生活可以说是起早贪黑，出海都是按照潮水情况来的，跟着潮水一天一天转，今天是六点潮水，明天是六点半，后天是七点，一天沿着一天。如果夜里有潮水，就夜里起来出海，白天有潮水，就白天出海。在船上太苦了，大风大雨、暴风雨我都经历过。

最危险的一次，是个夏天，我跟我父亲出海。出门前，天气预报说的是没有风，但有雨。但那次我们十六七米的一条小船，在海上碰到了11级大风，我们完全没有准备。夏天短时的雷阵雨在海上很常见。天气预报也不一定准。

11级大风是什么概念？只记得我当时就想："海了海了，这一辈子海了。"

那个风持续了不到40分钟，风息了，假如刮上一个小时，可能连人带船整个都……我跟父亲两个人在船上，他看着我，我看着他……

我没有在快手作品里说过这些事情，没法说，我只在直播里说过。我的那些老铁在直播间问："在海上有经历过危险吗？"我才给他们讲。有一次直播间有两三千人，眼泪哗哗的，我心里很难受很难受。粉丝都为我担心，说太可怕了。

凡是上过30年船的老渔民，我爸那一代的都经历过风浪，我爸的弟兄就是这样在海上没的，身边有好多这样的例子。

渔民出海很苦，可也没别的办法。我结婚很早，家里有两个孩子，还有老人，不出海不挣钱咋办？那天也就是回家睡一觉，隔一天该出海还得出海，该挣钱还得挣钱。靠山吃山，靠海吃海，不上船还能干啥呢？

快手上有好多我的粉丝说"哥我去你船上打工"，还有想跟着我来体验渔民生活的，感觉我们好风光，天天吃海鲜，天天出海多么潇洒。他们不知道渔民的艰辛和危险。

有一次我在驾驶船，两天两夜没合眼，疲劳驾驶。我直接抱着方向盘睡着了，船在海上转圈，旁边的船一直在对讲机里跟我喊："你干啥呢？你是不是打盹了？"太累了，只要往后甲板上面一躺就睡着了。

所以有粉丝说要来，我说："你们来，我带你们出海一两天可以，但我不能长时间带着你们出海。"我从来都不留他们，他们来，我就开着船带出去转一转，捞一网两网的鱼，尝尝海鲜就让他们回去了。

直播成了带货王，成立公司卖海鲜

说到我第一次接触快手，是我们镇上有个叫三子的，他也是渔民，以前在网上还发"渔民日记"，写了好多渔民出海生活见闻这类的文字。他是最早在快手上发短视频、在网络上带货的，我就跟他学。那会儿发海鲜视频的很少。

大概是2017年2月，我才开始正儿八经地琢磨怎么拍视频。看到人家拍视频上热门、涨粉丝，就模仿人家，后来正式用了"彩云海鲜"这个号，一天发好几条视频，一边出海捕鱼，一边随手拍个视频。

第一次上热门特开心，我随手发了一个渔船上的发动机的视频，不知怎么就上热门了，一下子几十万的播放量。接着我又琢磨，怎么能再上热门，尝试着各种内容拍了个遍，慢慢摸索，有时候能行，有时候也不行。

直到2017年6月左右我才开始有点上道了，你得让全国各地的朋友感觉这是在海上捕鱼，让人家对你有兴趣才会点进去，才会双击点赞。这一网起网了怎么样，带粉丝们看这网的渔货怎么样，给他们介绍这是什么，他们都挺好奇的，想知道这网能够逮到啥，拖到什么东西，比如，皮皮虾、八爪鱼之类的。就这样，粉丝慢慢变多了。

有一些粉丝问这个多少钱，这个怎么卖，就和我互加微信，买些海鲜。开始的时候，一天有几单，船上捕上来的海鲜，当时主要还是销售给当地的渔货贩子，还有当地的市场，或者批发给饭店。

印象最深的一次转折，是有一回我突然就火了。那天夜潮，我们是夜里出海的，第二天中午回来，在船上拍了一个短视频。船上有个养皮皮虾的箱子，里面是刚拖回来的皮皮虾，我和我爸抬着那个箱子往锅里面一倒，说："煮锅皮皮虾来吃，要吃就吃最新鲜的。"

结果这个视频发出去点击量瞬间就一两百万。我马上开了直播，直播间人气达到1万多人，当时就傻眼了，那会儿我才6万多粉丝，突然就来了这么多人！我在船上直播了一会儿，下船回家忙活了一些别的事，在家又继续直播，直播间里还有六七千人，好多人都问海鲜怎么卖。

那时候还没有快手官方小店，只能加微信卖，我挂了自己的微信号，直接就加爆了，又挂了另一个微信号，也"瘫痪"了。一天卖了好多好多，大概是走了六七百单，发货都忙不过来。

这之前我在快手上卖一天货，多的时候有十几单，少的时候有个五六单就不错了，这一下子上百倍！我爸、我妈、我姐、我老婆、我丈母娘都来帮忙，全家人都上阵，手忙脚乱地花了两天把货发完。当时就想着必须要快点发出去，不然人家对你不信任了。

太吓人了，你想啊，"养船"一天起早贪黑那么苦，就挣个千八百元，这一天的销售额就是几十倍！

自那以后，我逐渐形成了自己的风格。老铁们看"彩云海鲜"

的内容风格都比较生猛，在船上大锅做海鲜，丢锅盖，嘴叼八爪鱼"爆头"。粉丝喜欢这种风格，"帅气人设"一开始做过，没什么人看。咱是在风口浪尖上讨生活的人，要放得开，才能"吃得开"。再说了，吃海鲜吃什么？"要吃就吃最新鲜的。"出海打捞上来的海鲜，回来就直播卖出去。比如说海螺、八爪鱼，可以生鲜直接发快递，皮皮虾发货不是很容易，就找我们这边一家食品加工厂做代加工，做熟后发货。

正式玩快手第一年，我还是一边出海一边直播，到后来粉丝积累到几十万，销售量也起来了，直播带货肯定挣的钱更多一些，况且光是我家船捕捞的海鲜也供应不过来了。

一出海没顾上直播，好多粉丝说："你已经有几天没直播了，虾都吃完了，赶紧直播。""你不直播我去别人家买也不放心，就喜欢买你家的，赶紧开直播去吧。"就这样，我天天在家里直播卖货，出海就少了。2018年3月，我成立了公司，公司名叫"醉八鲜"。

我现在每天的主要工作是，一般下午几个小时不等，拍视频、拍段子，晚上9点开始直播。视频就是很简单、特别接地气的拍摄，也没有什么剪辑，但是要花时间准备海鲜、道具，还有想内容。天天拍重复的内容，老铁们也会厌烦，拍不好上不了热门，也很浪费时间。

小渔村成了卖向全国的海鲜村

快手不仅改变了我们一家，还带动了整个渔村、整个镇的产业链，捕鱼的渔民，打包的快递，都火起来了。光我一个主播，都能带动一大批渔民卖货，增加很多收入。更别提还有几百个主播。

我每天晚上开直播，大概会收1 000单左右，主要卖八爪鱼、皮皮虾、海螺、扇贝肉，还有其他一些捕捞上来的海产品和海鲜加工品，收入一般在 10 万元左右，好一点的时候有二三十万元。

比如八爪鱼，都是我们村捕捞的，村里一共 200 多条船，我们家亲戚也都是养船的，跟我走得近的那些叔叔、伯伯，最起码二三十条船，拖出来的八爪鱼都会送到我这里来。我自己建了冷库，冻好之后隔天直接发货。

有很多老铁说："这也不是你家捕的。"我说："对啊，要是我自己出海捕的，10 条船捕的海鲜也不够你们要的。"在需求特别大、村里供应不够的情况下，我还要去别的村收购，但是质量我一定要保证，直播带货，有一点什么不好，粉丝们就会在直播间里说，全都能看到。

营业额最高的一天是 2019 年 4 月，粉丝到 200 万的那天，我开直播做了一场活动，回馈老铁们，秒杀扇贝肉，一天出了四五千单，销售额 50 多万元，太火爆了，忙到半夜都还在接单打单。

平时我们固定打包发货的有 5 个人，一天 1 000 多单的发货量没问题，量大的时候请了好几个临时工，10 个人左右一天就能出 3 000 包（单）。以前用微信接单，一天几百单，客服起码得四五个，用了快手小店之后特别方便，直接打单，两个客服加上一个售后就够了。平时直播 1 000 来单，一个客服就可以。

以前我们也开过网店，太复杂了，还到处找人请教怎么经营，最后还是决定把重心都放到快手上。

这一两年互联网上做海鲜直播的很多，压力多多少少会有一点，但我的特点就是良心带货，能让粉丝买到实惠的就行，人多人少无所谓。早期市场也小，没有带动性，现在整个市场都活跃起来了。

2017年八爪鱼卖11元/斤，2018年冬天，八爪鱼最贵卖到70元一斤。为什么价格这么高？因为在网上展示并销售，需求量太大了，不管多少钱，人家就是要买。快手直播带货带动了我们一个村、一个镇，打开了全国这么大的市场。

现在海头镇做海产品太厉害了，只要有好东西，只要这个产品质量过关，能达到五星好评，瞬间就直接脱销。

快递的感受应该最明显，没做电商之前，顺丰在我们这里一天的收件量很少，整个海头镇也就几百单，发什么的都有；海鲜电商起来之后，一天一万多单。京东快递也进来了，快递公司之间也有竞争，量一大，快递价格也下来了。

休渔期的时候是淡季，我就偷懒给自己放个假，直播的时候一天还有1 000来单，不直播的时候，一天也就几十单。

其实天天直播也很累。很多人觉得我直播带货看起来轻松，但假如直播间没有气氛，光带货人家也不爱看。所以直播的时候就得全程出十二分的力气，所有的收获不全是靠运气，而是靠百分之百的努力。

但不管怎么说，直播的累跟养船比算什么呢。我觉得现在的日子像在天堂一样美好。所以我特别珍惜快手上所有的粉丝，我现在的目标就是经营好自己家的海鲜生意。等夏季的休渔期过了，加油把粉丝能再涨个100万，我就满足了。

第九章

快手 MCN：把握从图文向视频迁徙的趋势

本章概述

春江水暖鸭先知，传播数据的变化，让 MCN 机构感受到图文时代向视频时代迁移的趋势，因此果断选择拥抱短视频。MCN 机构向视频进发，这个过程会遇到很多挑战。一是图文时代和视频时代的规律不同，需要跨越这个鸿沟。二是做视频不会马上产生收入，需要耐心等待。

因此，MCN 机构一般都会选择多平台战略，在所有平台上试验。其中，快手有一些独特的优势。一是快手的私域流量多，二是快手变现手段多，三是快手有比较公平的算法机制，四是快手有大规模的视频用户。

本章案例

晋商行：MCN 机构要抓住稍纵即逝的机会

五月美妆：让普通男孩女孩成为网红达人

快手 MCN：
把握从图文向视频迁徙的趋势

张崭　快手 MCN 运营负责人

在微信公众号兴起的年代，五月美妆作为一家 MCN 机构，过得相当滋润。2018 年，公司老板突然决定向短视频行业迁移。也是在 2018 年，晋商行果断将重心转向短视频行业。此前，晋商行曾在图文自媒体领域拥有 1 亿粉丝。

春江水暖鸭先知，传播数据的变化，让 MCN 机构感受到图文时代向视频时代迁移的趋势，因此果断选择拥抱短视频。在趋势变化面前，行动成为一种必须。

MCN 英文为 Multi-Channel Network，是一种商业机构，生产专业化内容，在多个平台上持续输出，进而获得商业变现。据统计，截至 2018 年底，短视频类 MCN 机构数量已经超过 3 000 家，预计到 2020 年，这个数字将超过 5 000 家。

快手做 MCN 有什么优势

MCN 机构向视频进发，这个过程会遇到很多挑战。一是图文时代和视频时代的规律不同，需要跨越这个鸿沟。二是做视频不会马上产生收入，需要耐心等待。

因此，MCN 机构一般都会选择多平台战略，在所有平台上试验。其中，快手有一些独特的优势。

一是私域流量多。MCN 机构的普遍痛点是变现难，在公域流量与私域流量的选择上，拥抱私域流量是行业共识。快手的特点就是私域流量多。

二是变现手段多。快手可以通过电商变现，通过直播打赏变现，通过快手课堂知识付费，还可以通过快接单变现，让主播带货。

三是有比较公平的算法机制。快手的普惠机制省去了机构用户的后顾之忧，平台推出的大规模流量扶持计划更是与 MCN 的目标不谋而合。与此同时，平台也在不断改善与 MCN 的合作机制，将其从传统签约模式转变为重要的合作伙伴。

四是有大规模的视频用户。快手有超过 2 亿的日活跃用户。

快手对 MCN 机构的态度

2018 年 7 月，快手开始正式扶持 MCN 运营机构，成果显著：平台 1 000 多家机构拥有 10 000 个以上账号，作品发布量平均每周超过两万，周点击量超过 17 亿次。从粉丝数据上看，MCN 总粉丝量超过 18 亿，平均增长粉丝数为 1 000 万左右。MCN 机构入驻快手以后，已经有了 5 亿的粉丝增长，这也体现了运营的价值。

在正式引入之前，已经有许多 MCN 机构自发涌入快手平台。机构刚来平台时可能会遇到一些问题，但找不到明确的对接人，这造成账号前期发展十分缓慢。而且，机构对平台规则也不了解。每个平台都有自己的规则和特有的生存法则，同时还有一个内容的尺

第九章　快手 MCN：把握从图文向视频迁徙的趋势

度标准。把握不准平台的规则和内容尺度很容易给账号造成一些不必要的麻烦。

在这个过程中，我们看到，MCN 的引入对于丰富内容的供给侧有着非常强的意义。一方面，它可以让用户看到更多形态的内容；另一方面，可以从侧面引导用户生产相应的内容。

专门的运营部门建立后，可以提供以下几项服务。

第一，专属的运营对接。一旦遇到账号相关问题，平台会指定具体的对接人及时帮助用户解决问题。

第二，原创内容保护策略。我们知道，MCN 生产内容有成本，不仅仅是时间成本和精力成本，但是，网络上出现的剽窃、搬运等行为不利于原创内容的发展。原创内容保护机制会让用户的权益得到有效提升，避免带来不必要的损失。

第三，线下公开课答疑。平台对以往案例进行复盘，针对一些趋势特征为用户在线下进行实时指导。搭建机构运营后台。直播后台可以有效监测到每一个主播每一个用户的开播行为，开通后台，MCN 机构可以看到每一条内容的成长状态和趋势。另外，友商平台开通了 15 分钟的长视频权限，而快手 MCN 一直拥有这个权限。时间为 10 分钟或者更长，PC 端和移动端都可以。

第四，优质内容助推计划。平台除了流量补贴外，还将帮助账号进行冷启动，实现从零到一的转变，帮助 MCN 机构合理稳定地成长。站内热词资源曝光、机构达人榜单等基础功能更不在话下。

第五，对公结算。2019 年，快手希望与 MCN 机构一起成长，做彼此真正的老铁。为了让 MCN 机构能够更加高效直接地管理旗下账号、丰富营收分配方式的多样性，我们将持续迭代与完善产品功能。

与 2 000 家机构合作

快手计划 2019 年达成与超过 2 000 家机构进行运营合作。此外，合作的机构类型不限于传统 MCN，还包括服务商、媒体、自媒体等。只要用户有能力创造优质内容，平台都愿意诚心诚意合作，我们保持一颗非常开放的心态。

同时，快手将开拓更多的合作模式。

第一，阶梯流量扶持。针对不同粉丝量级的账号，每周拿出 10 亿流量进行助推扶持，帮助账号完成冷启动，度过瓶颈期，高效涨粉，提升效率。

第二，独家 IP 合作。平台拿出 10 亿流量，和 10 个独家 IP 合作，扶持 10 个百万级粉丝账号，帮助其进行品牌推广及后续商业化变现。

第三，区域合作。联合当地头部 MCN 机构，以头部带动中尾部的方式切入到线下场景。比如把美食探店这样的账号流量转化为线下交易，实现变现的闭环。一些用户喜欢看当地的奇闻趣事，那么平台就和地方媒体号进行合作，做好内容的本地化分发。

第四，行业合作。快手将打通垂直类 MCN 行业的上下游，深入探索更多合作模式。

2019 年，平台推出三个版块，通过效率、权益以及变现加速，让 MCN 机构在平台上获得更好的成长。我们通过验证整个 MCN 行业及平台发现，优质内容在任何平台都可以得到合理的涨粉和爆发。这些账号并不是经过人工筛选出来的，而是从零粉丝入驻到现在全网粉丝量在百万甚至千万级别的。

晋商行：
MCN 机构要抓住稍纵即逝的机会

位于山西太原的晋商行，懂得媒介更替带来的机会稍纵即逝。2013 年，晋商行果断切入微信公众号，获得了 1 亿粉丝。图文时代的红利期结束后，晋商行又重新出发。

从 2018 年 6 月起，晋商行开始制作覆盖娱乐、美食、美妆服饰、生活技巧等领域的短视频内容，并成为快手平台认证的 MCN 机构。

截至 2019 年 9 月，晋商行已成功孵化"爱拍照的木子萌""肘子小六""阔气米老板""二丫小妙招""星座疗伤师"等优质 IP，全网粉丝累积超过 9 000 万，原创短视频播放量超过 100 亿。

小档案

公司名称：山西晋商行科技有限公司
所在地：山西太原
成立时间：2013 年 8 月
所属行业：传媒
商业模式：定位于"优质网络 IP 孵化平台"，孵化达人，赋能商家，打造图文媒体、短视频和电商的商业生态闭环
对快手老铁的寄语：希望大家都能加入快手大家庭，融入真实的中国商业生态

讲述人：董伟伟（晋商行副总经理）

把微信公众号做到 1 亿粉丝，然后归零

我 1979 年出生，从小想当记者，大学毕业后考入《山西晚报》，干了 12 年，做过采编和经营业务。2015 年 10 月加入晋商行。

我们切入微信公众号领域很早，也很果断。我记得很清楚，2013 年的一个晚上，我在报社举办的一次大型颁奖活动的现场，接到晋商行创始人的电话，他邀请我去聊一聊。活动结束已经是晚上 11 点多，创始团队当时正在注册微信公众号。

我们的创始人运营过微博、微信公众号，经历过媒介的每一次变革和每一个社交平台的兴起。团队又开始重新创业，创始人很清楚，成功的关键在于抓住机会。

一开始谁也不知道怎么去运营公众号，我们当时的做法简单粗暴，先占坑，把名字占了。大家说，公众号或许可以像域名一样卖钱，于是我们专门找人批量注册微信公众号，翻着字典去注册，几乎将四个字以内能注册的全部注册了。

微信公众号注册完之后，团队开始批量去运营营销号，一波

第九章　快手 MCN：把握从图文向视频迁徙的趋势

又一波地冲流量。到 2014 年，我们的公众号加起来已经有几千万粉丝。到 2015 年，有了接近 1 亿粉丝。整个公司就 100 多人，收入非常稳定。但中间因为有内容违规，我们也经历过封号的惨痛失败，我们意识到，这种模式做不长久，不是一个可持续的发展之路。

2016 年，我们已经意识到图文时代的红利期结束了，又不知道下一步怎么做，有点迷茫。这期间，公司内部孵化了 20 多个项目，最后都失败了。我们当时还没有意识到快手是个重大的机会。

"聚焦、专注、极致"的发展原则

2018 年 10 月，我们正式开始进军快手。进入快手之初，我们选择了 12 个赛道，涵盖所有能想到的类目。

为了做出爆款，我们经过了一番摸索。记得一开始做职场剧情类内容，需要文案、导演、演员、灯光、化妆、服装等人员配置，困难重重。拍出来的第一条视频叫转桌吃自助餐，发出后只获得了 1 000 多个赞。接着，团队仿照网上一条比较火的段子制作了一条视频，画面挺粗糙，竟获得了 10 000 多个赞。第二天，团队把视频重拍了一遍，画面精致很多，点赞数突破了 100 万。

有了一些爆款经验后，我们开始大量复制账号，于 2018 年 9 月集中进驻快手，成为快手的第一批 MCN 机构。

经过一段时间的复盘和反思，我们总结出"聚焦、专注、极致"的发展原则，重点做直播打赏和快接单。

10 个月后，我们保留了 5 个类目，分别是娱乐、美妆、评测、美食和汽车。理由是我们牢记"变现为王"的原则，这 5 个类目变现起来比较直接。

大规模尝试做短视频 4 个月后，广告收入就来了。公司孵化的"爱拍照的木子萌""小岳岳的拍照魔法"等大号，在快手上已经有了两三百万的粉丝。

2019 年 2 月我们做了第一个美妆账号，当月就实现盈亏平衡了。

我们还积极拓展外部合作，比如与山西最大的服装批发市场洽谈合作，尝试通过短视频平台为批发市场的商户带货。

MCN 机构一般同时运营很多个平台，我们也在不断思考快手有什么不一样的地方，能不能支撑起我们的电商战略。

我认为完全可行，信心来自快手的用户体验。快手可以让用户沉淀下来，这是其他平台比不了的。如果我在快手上看到一个博主，觉得他不错，我会点进去把他所有的视频都看一遍。离生活太远的东西是表演，永远无法沉淀用户。用户永远会找寻那些更真实、更生活化的内容。

接下来，我们计划从运营部门抽出一组人，专门做快手运营，借机冲一下头部，打造自己的影响力，为下一步布局电商铺路。

2019 年 7 月，我参加了快手首届光合创作者大会，这是我第五次参加快手的活动。我觉得这是 MCN 机构快速发展的一次机会，下半年大家都想抢快手的 3 亿日活跃用户和 100 亿元流量的红利，众多腰部 MCN 机构都是直接奔着电商变现来的。这种机会稍纵即逝，如果抓不住，下一次机会不知道什么时候才会出现。

转型短视频的两点体会

现在很多人问我转型做视频的问题，我有两点体会，一是转换思维，二是变现为王。

第九章 快手MCN：把握从图文向视频迁徙的趋势

先说转换思维。很多人会和我聊一些特别细节的东西，比如转型从哪方面入手、入手之后如何赚钱、到底需要多少人、怎么设置组织架构、多长时间收回成本等。我向他们提的第一问题永远都是：你的思维真的转换了吗？

我们在一个行业时间过长，往往会被固有思维束缚，每一个人都像是"井底之蛙"，那口井其实就是我们固有的思维和所谓的经验，有时候经验越多，那口井就越深，越不容易接受新事物。当年，我们做图文运营，觉得自己很专业，但做短视频时就遇到了大问题。所以，我们每天告诫团队成员，千万不要做经验的奴隶，要想办法打破自己所在的那口井。

想转型成功，首先要打破的就是自我设限，不要变成井底之蛙。成功来自于大胆想象、大胆投入、大胆实干。

再说第二点，变现为王。微信公众号年代，我先后做了几个内容创业的项目，最多的时候团队有50多人，但很快就失败了。

从这些失败中，我获得的教训是，我做了12年传统媒体，离开媒体后，还在用媒体的精英意识做互联网内容，忽略了用户。而且，只考虑了"怎么做内容"，没有想清楚"怎么变现"。

对于公司来说，变现永远是第一位的，这关系到生死。

未来，类似晋商行这样的短视频MCN机构会越来越多，我们都是这个生态里的种子和小草，相信在快手公平普惠的阳光下，我们能成为中国最强的内容生产者。

五月美妆：
让普通男孩女孩成为网红达人

五月美妆成立不到一年，已孵化出30多位美妆达人，其中有25位达人在单平台的粉丝数过百万。

团队已有近100人，制作了上百条爆款短视频，在快手平台拥有2 000万粉丝。2019年3月，五月美妆完成1 000万元Pre-A轮（第一期）融资，计划将全网粉丝量扩充到1亿。

越来越多的美妆品牌意识到快手在商业变现中的强大优势，在老铁经济的支持下，电商变现潜力无限。而引入专业内容生产者，也将丰富快手的KOL生态，让快手变得更加"好看"。

被看见的力量

> **小档案**
>
> 公司名称：五月美妆
> 所在地：广州
> 成立时间：2018 年
> 所属行业：美妆
> 商业模式：扎根美妆垂直领域的短视频 / 直播 MCN 机构，针对达人特点和优势制作原创性内容，打造爆款
> 对快手老铁的寄语：五月美妆要你好看，点赞关注不迷路

讲述人：高高（五月美妆首席运营官）

从微信公众号转战短视频

我觉得入驻快手是一个非常正确的选择。当时正好快手在邀请 MCN 机构入驻，我们抓住了机会，赶上了第一波 MCN 机构入驻的浪潮。我们公司之前主要做微信公众号，现在转型为主要做短视频。

从微信公众号这一舒适赛道转战短视频，内外部挑战都不小。但大家都知道，微信公众号的红利正在消失，所以，我们决心转战最新火起来的快手短视频平台。

我们选择美妆做突破口，因为无论经济好坏，人的爱美需求不会变。95 后和 00 后在成长，很多国货品牌也在崛起，美妆种草这个赛道可以做到广告内容化、电商内容化。

每一个细节都要做到尽善尽美

我们坚持 100% 自孵化达人、强管理 MCN 模型，第一批孵化的博主有 6 个，分别是"Alin 闪闪发光""暴躁鸭学长""麻辣鸡

哥""西格格不听话""怪力少女薯条""魔法小阿元"。

这一批达人都是由我们公司内部编辑转岗的，因公司的团队基因、内容基因以及能力基因，这批达人均在新媒体行业任职了1~4年，对行业有自己的认知，喜欢美妆领域以及对公司认可，所以我们选择从这6位博主开始孵化。

开始时大家对于整个短视频的生态都不了解，前期非常辛苦，因为从0到1涨粉是最难的，一方面是大家对于内容还不适应，另一方面是对前台政策不了解，有很长一段时间我们都在摸索。

刚开始，我们遇到了很多问题，比如点赞数都很少，有一次点赞数刚过2 000，老板就全公司发红包，庆祝点赞过2 000。

我们原来的图文团队是有内容基因的，"Alin闪闪发光""暴躁鸭学长""麻辣鸡哥"等，之所以让他们转型做美妆达人，一方面是他们有内容生产能力，另一方面是他们的形象比较符合达人的条件。

因上努力，果上随缘。我们要求每一个细节都要做到尽善尽美，从前期的博主妆容及服饰，到后期的剪辑特效，再到最终的编导审片，都要求所有人死磕细节。服化道（服装、化妆、道具）、视频时长、视频BGM（背景音乐）、引导关注和点赞、粉丝及时回复等，所有的细节都做好了，爆款视频就顺其自然出来了。

让更多普通人转变为网红达人

前段时间，在和快手官方的一次通话中，对方告诉我，目前五月美妆账号进入了瓶颈期，并告诉我如何改善。

放下电话，我非常激动，当天和编导开会时说："我们一定要好好把快手账号做好，能关注到我们单个达人的成长发展，快手真

第九章 快手 MCN：把握从图文向视频迁徙的趋势

的是在为内容创作者服务。"

在我们公司成立初期，因初涉短视频领域，中途摸索过不同的管理模型，最大的问题出现在搭建团队时的分工问题上。

我们用了大概一个月的时间最终形成了现在我司正在执行的"编导责任制"管理模型。每个编导会负责 2~3 个小组，负责整个网红小组的管理（管理包括网红、剪辑师、运营策划等以小组为单位的所有成员）、审核内容以及发掘网红的标签。

截至 2019 年 9 月，我们的短视频团队已经有 100 人，制作了大量爆款视频，孵化出 30 多位美妆达人，单平台粉丝过百万的 KOL 有 25 位。一个达人每周需要输出 15~17 条内容，整个团队每月产出接近 1 000 条美妆视频，总计已产出 6 000 多条视频。

我们把素人通过快手平台打造成美妆达人，让这些普通的男孩女孩在快手平台上展现独特魅力。

"Alin 闪闪发光"在成为网红之前，曾做过微信公众号的编辑。由于平时喜欢给身边的朋友、同事推荐各类美妆产品，她就被转到新公司的美妆短视频团队。没想到，她很快就成了我们孵化出的第一批达人之一。

作为五月美妆旗下的"美妆一姐"，"Alin 闪闪发光"长期位列种草榜单 TOP10，女性受众和粉丝占比高达 70%。她的内容除了介绍各种好用的美妆产品外，还有女性向的泛知识点，话题比较宽泛。

在"Alin 闪闪发光"后，为了保障垂直领域的 IP 具备更高的识别度，我们又做了"Alin 香味研究所"，因为通过赛道筛选，公司发现香水这一领域有影响的账号不多，仍大有可为。

"小太阳陈温暖"这个达人最初是公司招来的剪辑师，工作一个月后被公司看中。我们发现他很"戏精"，表现力很不错，我们就跟他谈要不然做达人吧。"总剁主小猪"也是公司之前的剪辑师，后来转型成了美妆达人。

目前我们公司在快手平台上除了严格把控内容以及重视脚本、视频等，我们还要求博主注重私域流量的运营，提高自己账号的黏性，注意引导用户关注等，同时还会要求博主通过快手说说以及评论区回复等功能去跟粉丝达成强互动。

快手平台每个月会给我们发一些活动信息，比如最近我们公司正在积极参与的快手"百人站"活动，以及之前快手官方组织的一系列活动，都有专门的对接人给我们做详细的指导。我们非常乐意接到快手平台的指导电话，快手会跟我们及时沟通平台规则机制，给予我们流量扶持。我们也希望双方联合赋能，对达人进行个性化打造，让更多普通人转变为网红达人，实现自己的梦想。

后半场更精彩，抱拳了老铁

我曾在快手公开课分享过，作为一个北方女孩，感觉快手更接地气，看到有趣真实的达人时，我会为他双击"666"。我经常用的一个表情包是"抱拳了老铁"。

因为快手是一个以"人"为连接的平台，发布者可以拉近与老铁的距离，打造更加"亲粉"、真实的达人形象。所以，我认为快手平台的与众不同之处就在于它的"老铁经济"，但快手平台并未通过强运营和强干预刺激内容生产，达人和粉丝在平台上没有距离，他们可以相互分享日常，增进分享和陪伴的关系。

因此，快手平台的转化效果非常好。粉丝喜欢我们某个达人，便愿意购买达人推荐的货品，而且购买流程非常简单，只需加入小黄车。快手的接入方式已经开放了多种形式的渠道，如淘宝、京东、有赞商场以及魔筷星选等，这让我们在跟品牌对接的时候非常方便，也加速了我们跟品牌方的合作。

我们有个网红达人叫"梁笑笑"，是个粤语博主，在粉丝不到30万的情况下，凭借内容表现力增加了粉丝黏性，在快手直播时卖货的效果很好。

我们现在要求达人每周必须安排至少两场直播带货，还计划未来加入更多达人进行快手直播。直播可以加强达人和粉丝的连接，也能锻炼达人的直播能力，发掘达人的直播基因。

我们有种草类达人、成分分析类达人、美妆剧情类达人，也有直播达人。这批达人不仅获得了品牌主的青睐，在"老铁经济"的支持下，他们的电商变现潜力也值得期待。

我们现在只是走在前半场，后半场是最难的，也是最精彩的、最刺激的，因为进入这个行业的人越来越专业化，让快手开始变得更加"好看"。

未来，我们还将聚焦美妆品类，持续生产美妆领域的优质内容，助力美妆品牌成长，服务美妆上下游产业链，致力于成为美妆领域优质数字内容生产商和提供者。同时希望看到越来越多不同领域的MCN机构持续入驻，大家共同打造一个更加多姿多彩的快手生态。

展望 5G 时代：视频强势崛起唱主角

喻国明[①] | 北京师范大学新闻传播学院执行院长

无时不有、无处不在、万物互联，在 5G 的推动下，正在成为一种现实。由于 5G 具有高速率、高容量、低时延、低能耗的特点，5G 时代从某种意义上说，就是视频"大行其道"的时代，视频已经远远超越传统的娱乐担当的角色，而成为主流传播及人们社会性认知的最重要的媒介表达形式之一。

而快手，无疑是我们这个时代"天时地利与人和"交集之下的"骄子"——这种集技术的魅力、市场的力量和时代的光芒于一体的互联网产物一经问世，便在很短的时间里一跃成为中国短视频领军企业，使我们这个社会的几乎每一个人都感受到了它的"让每一个生活都可以被看见"的理念在社会传播的大舞台上活色生香地展现其魅力和价值。

5G 时代的到来，无疑为快手的发展提供了一个更为宽广和富有想象力的生命展开的空间。我们不妨通过对 5G 的解读来看看快

[①] 喻国明，教育部长江学者特聘教授、北京师范大学新闻传播学院执行院长、中国新闻史学会传媒经济与管理研究委员会会长。

手在这个崭新时代的价值和担当。

5G时代的视频将形成泛众化的表达框架

过去在互联网上,虽说人人都是传播者,但是都以文字书写为主要的表达方式,而文字书写从深层的逻辑上看,仍然是以精英人士的表达为主流的一种社会表达范式。因此,在书写时代,能够在网络上表达思想、看法的始终是社会上的一小群精英,95%以上的大众只是旁观者、点赞者和转发者。而视频则是与之前媒介表达方式不同的一种泛众化的传播范式。从4G时代开始,视频为普罗大众赋能赋权,将社会话语的表达权给了越来越多的普通人,每一个人都可以用视频这种最为简要、直观的形式与他人和社会分享,这是一种具有革命性意义的改变。

同时,新技术会带来一些新问题,这就需要发挥政府、企业与社会多方共治的力量,积极探讨新技术领域的各种问题,并予以针对性的解决,达到科技向善的结果。在这个过程中,需要进一步做好泛众表达者与精英表达者之间的沟通,形成一种媒体生态,形成泛众表达的框架。

这便是快手当下以及未来的社会价值与责任担当之一。

面对海量视频要进一步提升人工智能技术

5G时代催生了基于万物互联的传播形态,必然会伴随海量视频的出现。由于视频传输速率的极大提升,中长视频的数量会有极大地增加,未来,各种长度的视频会构成丰富的生态。

面对海量视频的出现,快手需要做好两个方面的工作。

其一是要形成类似于文字传播所具有的知识图谱方式的分类、

连接，使人们在接触一个信息"点"时，就能够接触到供给方提供的基于知识图谱所构造起来的一个"面"的视频连接的结构，即提供具有体系化的视频组合，形成视频间相互比较、相互促进、相互提升的链接。

其二是进一步提升理解视频、理解用户及精准匹配的人工智能技术。利用人工智能技术，不断地降低用户被关注的门槛，加大用户探索世界的能力，成为一个更加普惠的社区。

5G 时代是创新力引领的时代

视频这种传播方式的出现，是对社会认知方式、决策方式，以及科技赋能的重大改变。我认为，作为从业者，要为行业在制度创新、规则创新上做出贡献。我们最了解传播领域的要求是什么、规则是什么，如果我们不做出自主创新的努力，就会面临着其他方面对我们的约束。

比如，互联网发展到今天，内容原创、平台分发，以及与其他内容者之间的利益如何平衡，是我们应当思考的重要课题。在互联网时代，互联网对内容具有广泛、微化的时代要求，那么，能否对内容的版权提出微化处理，从而适应互联网环境下的内容服务、题材使用、价值服务的要求，以此使内容版权的市场得到更大程度的释放，这就是"微版权"创新的提出。

譬如，某一位家庭成员想给父亲做一个群星祝寿的视频，但是，如果每一个明星的版权都要整体购买，那么代价将极大。如果在视频的标引在人工智能的帮助下可以做得很好的前提下，以"微版权"的概念，使用剪辑的形式，形成只用每个明星一秒甚至半秒的视频，如刘德华说"祝"、成龙说"老"、赵丽颖说"爸"……诸多明星分别说出"祝老爸生日快乐"的祝寿语，可能只需要零点几元的版权成本，便可制作出自己需要的视频。事实上，这种微化后的版权对于版权所有者而言，其版权变现的回报率将更高更多。按照这一推理，如果版权通过微化处理，那么传播领域还将会出现一种新的形式——微剪辑。通过对视频的创意性剪辑，能够创造出更多的作品、植入性广告、原生性广告等，这种新的剪辑形式释放出的创意能量将是今天难以想象的。

在5G时代，在视频广受关注的明天，我们需要自己去创造，通过制度创新、规则创新，去迎接一个全新的市场机会。只有自己才能解放自己。

快手作为视频时代的引领者，要创造自己和社会一起大有作为的天地，只有在顺天时、利人和的逻辑下靠自己的创新创造才能成就其理想和卓越。

未来社会学的新田野，未来传播学的实验室

随着5G时代来临，传播学的学术构造正在发生革命性改变。它的最基础部分应该是"电信传播学"，即研究通信技术如何影响传播的样式、传播的种类等；之后是"符号传播学"，因为今天各种各样的符号都能成为传播的载体，也会形成各种各样的机制规律、角色扮演的问题，需要研究；再后就是"人际传播学"，这不是传统意义上的狭义的人际，而是人与人、人与他人、人与社会等多层次的人际社会传播；再高一层是"人机传播学"，研究人和机器、人和物怎么进行沟通。这些将会成为未来传播学体系的基本构造。快手作为领先的互联网科技企业，不仅仅是未来社会学的新田野，也是未来传播学的实验室。

后记

快手的力量

既深刻又好读，这是我们编写本书的野心和期待。

这个世界原来以文本为主，这几年，因为智能手机和4G网络的普及、视频理解和分发技术的应用，视频成了新时代的文本。这是一个新的范式，无数新物种将诞生于此。

快手是人工智能技术在视频时代的全新应用。快手的生态还在飞速演进，我们尽可能全面地呈现快手的社区生态，希望可以让政府、企业和学界更好地了解快手，进而了解人工智能与视频时代的规律。

我们还有一个野心，那就是希望这是一本老少皆宜、易读实用的书。我们设想的场景是：一位读者可能是因为好奇，或正为寻找做新生意的机会而焦虑，随手翻开本书时，看到某一个生动案例，得到了一些启发。

一

快手的创作者生态是不断演进的过程。

率先在快手上发现机会和商机的是一些幸运的个人，而且这种发现往往在不经意间。

"爱笑的雪莉吖"没考上大学，在家务农。一次放牛时拍了短视频上传到快手App上，无意间走红了。她的家乡属于贫困地区，也是生态富集区，因为快手才有机会把她的家乡展示在全国人民面前。如今，"爱笑的雪莉吖"正在帮助家乡的人一起脱贫致富。

"罗拉快跑"两年前在房东家随手拍下一段猕猴桃的视频，上了快手的热门，随后大量订单涌来。因此，他放下瓷砖生意，专门在快手上卖水果，今天，他已经有了自己的水果品牌。

2017年，在浙江义乌摆地摊的闫博，通过快手，一个月卖出的羊毛衫由10万件增加到35万件。他的"奇遇"迅速传遍义乌商圈，如今，在义乌北下朱村，每天有5 000人直播卖货。

越来越多的个人和企业开始使用并研究快手。三一重工在快手上开账号，直播一小时竟卖出了31台压路机。还有一家房车企业，三分之一的订单来自快手。

截至2019年9月，超过1 900万人在快手上获得了收入，这个群体正在变得越来越庞大。

二

是什么让快手拥有这种力量？至少有两个方面值得重点说一说：技术降低视频拍摄分发的门槛和普惠原则。

很多人以为快手是短视频专家，可以帮人把短视频拍得更好，这个理解其实有误。降低拍摄门槛的力量，远大于教人拍好视频。

很多人估计想不到，管状颜料的发明在美术史上至关重要。早先，绘画的人自己调制颜料，各有配方。有了标准化的管状颜料后，绘画的门槛大大降低，无论你是画家还是小学生，开始绘画都变得轻而易举，更多人有机会展现绘画的才能。

与之类似,快手降低了记录和分享的门槛后,每个人都有机会把自己的生活拍成视频展现出来。从整个社区的角度看,这是视频产能的急剧扩张,信息极大丰富。这时再配以推荐技术,就有了快手社区。

有一句通俗的话是,过去是人找视频,现在是视频找人。前后的区别是视频的丰富程度。

快手社区形成后,其本身又构成了一个巨大的市场。2019年年中,快手日活跃用户达到2亿,2020年春节前将冲刺3亿。义乌人说:"人在哪里,生意就在哪里。"每天有2亿~3亿的人聚集在这个社区,自然构成了一个巨大的市场。很多人在快手发现了商机,改善了自己的生活质量。

普惠原则让普通个体也有机会。快手CEO宿华曾说,快手希望把注意力像阳光一样,平等地分配给所有人。

"真实"成为快手视频的主旋律,带来的一个效果是,"我也可以"。

一个典型的案例,福建古田一个种白木耳的姑娘叫吴冰英,她下载快手App后,第一次真切地看到了草原上人们的生活。她认为这些人可以拍快手,她也能拍。通过快手,很多人第一次看到了新鲜的白木耳,她的生意就这么做起来了。

"我也可以"的效应,在快手无处不在。

三

快手是一个复杂的生态社区,不断繁衍发展。除了短视频和商业,快手还有很多面。

快手是生产信任的机器。通过长期关注一个主播,你会对他日渐熟悉，实际上那个人就变成了你的邻居。所以，现实世界中的空间距离，在视频社区中不复存在，真正可以做到"天涯若比邻"。

工业化时代之前，大部分人住在村里，有时会去邻居家买东西，邻居家卖的鸡是不是走地鸡、吃什么饲料，你是知道的，信任自然存续。邻居作假的成本其实很高，因为你找他理论时，其他邻居可以看到。

在快手直播间，如果几百个粉丝同时在线，卖假货的代价极高。一旦有人在直播间当众指出来，主播辛苦构建的信任会顷刻崩塌。

信任经济以新的形式存在。我们仿佛又回到了工业化之前的年代，那个从邻居家买货或从走街串巷的货郎处买货的年代。快手正是一部生产信任的机器。

加拿大学者麦克卢汉提出"地球村"的概念，指随着新技术的发展，大家越来越像生活在一个村子里，能够面对面进行交流。因为短视频的出现，"地球村"真正成为现实了。

这对未来的商业形态很有启发意义。现在的商业，在生产者和终端买家之间隔了好多链条。这些环节很多是由空间上的距离造成的。你和客户不在同一个地方，沟通起来成本很高。

在短视频社区里，空间距离其实并不存在，大家都是"邻居"，生产者可以直观地展示自己的商品，与终端买家"面对面"交易。因为距离带来的很多链条未来将会消失。这可能是商业发展的一个重要方向。

快手是生产和传播知识的平台。 中国有很多人没吃过猕猴桃，或者没见过猕猴桃是怎么长出来的，"罗拉快跑"就通过拍摄猕猴桃的视频，在快手上生产关于猕猴桃的知识。

很多中国人吃过海鲜,但是没见过海鲜的捕捞过程,快手让很多中国人第一次看到了活生生的海鲜,这也是知识生产的过程。

70多年前,电视在美国普及时,麦克卢汉提出了过程和结果的关系。此前,我们通过文字了解一件事,但它发展的生动过程,只有通过视频才能直观感受。相比文字,视频记录本身就是新知识的生产和传播过程。

快手是人工智能社区。快手每天有1 500万条以上的短视频上传,精准分发给2亿多用户,这需要领先的精准分发技术及对视频、用户的超强理解能力。

快手将高深的技术普惠化,让每一个普通人都可以无障碍地使用。比如,以前只有最高级的智能手机才能拍摄某些特效,快手工程师通过技术研发,使每一部智能手机都能使用所有特效。

快手CEO宿华说过,快手的目标是让人工智能技术被不掌握这些技术的普通人享用。

快手是扶贫利器,是保护非遗文化的最佳工具。 贫困的原因有很多,从经济上来说,要么是生产不出受市场认可和欢迎的东西,要么是找不到市场。快手本身是一个2亿人的大市场,可以让你的商品足够直观地展现给普罗大众,大大降低交易成本。交易一旦进行,就可以赚钱,因此,快手自然而然就成了一种有效的扶贫工具。

比如,大凉山地区比较贫困,但出产极美味的苹果。通过快手,当地的苹果大量售出,大家甚至愿意集资修一条路用来运送苹果,这在以前是很难想象的。

快手不仅仅是短视频平台,更是一个立体的网络,一个不断演进的生态。快手的力量,正在被更多人看见。